डॉ. कलाम के सपनों का बिहार

डॉ. कलाम के सपनों का बिहार

ललित कुमार सिंह

प्रतिभा प्रतिष्ठान, नई दिल्ली

प्रकाशक : प्रतिभा प्रतिष्ठान

694–बी (निकट अजय मार्केट), चावड़ी बाजार, दिल्ली–110006

संस्करण : 2025 / मूल्य : पाँच सौ रुपए

मुद्रक : नरुला प्रिंटर्स, दिल्ली

ISBN 978-93-86001-36-8

DR. KALAM KE SAPANON KA BIHAR

by Shri Lalit Kumar Singh ₹ 500.00

Published by **PRATIBHA PRATISHTHAN**

694-B (Near Ajay Market), Chawri Bazar, Delhi-110006

यह पुस्तक
उन सभी युवाओं को समर्पित है,
जो बिहार की समृद्धि के लिए
रचनात्मक नेतृत्व प्रदान कर
बिहार को देश का विकसित राज्य
बनाना चाहते हैं।

अगर आप सूर्य की तरह चमकना
चाहते हैं तो पहले उसकी तरह जलिए।

—**डॉ. ए.पी.जे. अब्दुल कलाम**

भूमिका

अपने गुरु डॉ. कलाम के बारे में ललितजी की लिखी इस पुस्तक की भूमिका लिखते हुए मुझे बहुत अधिक खुशी हो रही है। मैं यह स्वीकार करता हूँ कि डॉ. कलाम से संबंधित किसी पुस्तक की भूमिका लिखना हमेशा बहुत कठिन कार्य होता है, क्योंकि उनका प्रभाव बहुत व्यापक है, उनकी अंतर्दृष्टि बहुत गहन थी, उनकी समझ बहुत विशाल थी और उनकी योजनाएँ बहुत विस्तृत थीं। मेरा यह प्रयास गागर में सागर भरने जैसा है, लेकिन मेरे गुरु डॉ. कलाम सदैव कहा करते थे—'कोशिश करनेवाले को ही सफलता मिलती है।' इसलिए मैं यह ईमानदार कोशिश कर रहा हूँ।

ललितजी ने इस पुस्तक में डॉ. कलाम से जुड़े विभिन्न पहलुओं को विविधतापूर्ण तरीके से समेटा है, खासकर बिहार राज्य के बारे में उनके विजन को। इस पुस्तक में बहुत सुंदरता के साथ राष्ट्रपति भवन के बाग में डॉ. कलाम के साथ रात्रि-सैर का वर्णन किया गया है, जिसमें ललितजी मौजूद थे और संभवत: उस घटना ने उन पर हमेशा के लिए बहुत गहरा प्रभाव छोड़ा था। पुस्तक के आरंभिक पृष्ठों में डॉ. कलाम के सबसे महत्त्वपूर्ण गुण के बारे में सुंदरतापूर्वक बताया गया है, 'मैं क्या दे सकता हूँ?'

ललितजी ने इस पुस्तक में बिहार राज्य के बारे में डॉ. कलाम के विचारों और योजनाओं का बारीकी से विश्लेषण किया है। 2009 से 2015 के बीच मैंने बिहार के कई हिस्सों की यात्रा की। मैंने उनके साथ कई भाषणों और बिहार के लिए बनाई योजनाओं पर काम किया है। मैं बिहार, खासकर बिहार के युवाओं और किसानों के प्रति उनके प्रेम और आशा का प्रत्यक्षदर्शी रहा हूँ। जब वे बिहार में नहीं भी होते थे, तब भी वे बिहार के कल्याण के बारे में सोचते रहते थे।

वर्ष 2010 में डॉ. कलाम और मैं महाराष्ट्र में वारना पुरा के उद्घाटन समारोह

में गए थे। यह एक अनोखी जगह है, जिसका संचालन एक सहकारी समिति करती है और उसने इलाके के सभी डेढ़ लाख लोगों के बीच संपूर्ण साक्षरता और गरीबी-उन्मूलन का लक्ष्य हासिल किया है। डॉ. कलाम इस पहल से बहुत प्रभावित थे। इसके कुछ ही दिनों पहले, प्रबंधन और प्रौद्योगिकी के जरिए किसानों की तरक्की के बारे में हमने भारतीय प्रबंधन संस्थान अहमदाबाद के कुछ प्रोफेसरों से मुलाकात की थी।

वारना से लौटने के बाद डॉ. कलाम ने मुझसे कहा था, हमें यह सुनिश्चित करना चाहिए कि बिहार के किसानों के पास राष्ट्र में सबसे अच्छा दिमाग मौजूद हो। इस प्रकार हमने बिहार के पालीगंज के कुछ किसानों के लिए आई.आई.एम. अहमदाबाद और फिर कोल्हापुर के पास स्थित वारना तक की यात्रा की योजना बनाई। बिहारी किसानों के इस दल की जब यह शैक्षणिक यात्रा पूरी हुई तो डॉ. कलाम ने उन्हें बुलाया और उन्होंने जो कुछ सीखा था, उसके बारे में पूछा। मैं उनकी बातचीत में भाषाई अनुवादक की भूमिका निभा रहा था। संतोषजनक उत्तर पाने के बाद उन्होंने उन किसानों से पूछा कि अब वे सरकार से क्या चाहते हैं। किसानों ने उत्तर दिया—हम मुफ्त सामान, मुफ्त बिजली या खाद नहीं चाहते। हम बेहतर प्रौद्योगिकी और बाजार तक बेहतर पहुँच चाहते हैं। बाकी हम खुद कर लेंगे।

बिहार के किसानों का यह संदेश डॉ. कलाम ने बिहार से जुड़े सारे महत्त्वपूर्ण लोगों—जिला कलेक्टरों, मंत्रियों और मुख्यमंत्री के सामने दोहराया। वे इस नारे के पक्ष में थे कि विकसित भारत के लिए हमें विकसित और खुशहाल बिहार चाहिए।

ललितजी ने इस पुस्तक में बिहार के विकास के लिए डॉ. कलाम के दस सूत्रीय विजन पर प्रकाश डाला है। सारे नीति-निर्माताओं के लिए सचमुच यह महत्त्वपूर्ण निर्देशिका है। डॉ. कलाम का विश्वास था कि इतनी सारी युवा शक्ति, इतने सारे प्राकृतिक संसाधनों तथा धर्मों के गौरवशाली इतिहास वाला सांस्कृतिक रूप से समृद्ध बिहार राष्ट्र और विश्व का अग्रणी प्रांत हो सकता है। मुझे विश्वास है कि इस राज्य के नीति-निर्माता और युवा अधिकारी इस पुस्तक के पहलू को नए विचार और डॉ. कलाम की तरह की सोच पैदा करने में उपयोगी पाएँगे।

पुस्तक के अंतिम भाग में डॉ. कलाम के जीवन और मिशन के बारे में कुछ बहुत दिलचस्प घटनाएँ बताई गई हैं, जिनमें अग्नि मिसाइल प्रक्षेपण से लेकर अनाथ बच्चों के लिए पार्टी आयोजन तक से जुड़ी कई घटनाएँ हैं। यह उनका हॉलमार्क था। चुनौतियों के सामने वे इस्पात बन जाते थे और लोगों से मिलते समय एकदम मृदु हो जाते थे।

मुझे यकीन है कि यह पुस्तक बच्चों से लेकर नौकरीपेशा लोगों तक, युवाओं से लेकर अनुभवी लोगों तक, सभी आयु वर्ग के पाठकों को खासकर बिहार के बारे में डॉ. कलाम की सोच से परिचित कराने में मददगार होगी। इसकी भाषा की सरलता देखकर मुझे बहुत खुशी हुई है। इसमें विचारों का प्रवाह बहुत सहज है और संपादन बहुत ही शानदार है। मैं एक बार फिर से ललितजी को अपनी शुभकामनाएँ देता हूँ।

—सृजनपाल सिंह

लेखकीय

'डॉ. कलाम के सपनों का बिहार' नाम की यह पुस्तक आपके समक्ष प्रस्तुत कर मुझे अत्यंत प्रसन्नता हो रही है। बिहार राज्य का इतिहास अत्यंत ही प्राचीन एवं गौरवशाली रहा है। पूर्व ऐतिहासिक काल से ही विकसित होनेवाली संस्कृतियों का यह राज्य महत्त्वपूर्ण केंद्र रहा है और विभिन्न युगों में इसने देश के इतिहास एवं सांस्कृतिक जीवन में अग्रणी भूमिका निभाई है। चंद्रगुप्त मौर्य, सम्राट् अशोक, महात्मा बुद्ध, भगवान् महावीर, गुरु गोविंद सिंह से लेकर विद्वानों में आर्य भट्ट, नागार्जुन, चाणक्य इत्यादि महापुरुषों ने इस राज्य की धरोहर को गरिमामय बनाते हुए संपूर्ण मानवजाति के लिए शांति एवं अहिंसा का संदेश दिया है। प्रसिद्ध चीनी यात्री ह्वेन सांग एवं फाह्यान की इस कर्मभूमि ने नालंदा एवं विक्रमशिला जैसे विश्वविद्यालय से सुशोभित होकर संपूर्ण जगत् को प्रकाशमय बनाया। मध्यकालीन शासक शेरशाह ने भी इस राज्य को प्रगति के पथ पर अग्रसर किया। आधुनिक काल में बिहार की राजनैतिक सीमाएँ पिछले दशकों में कई बार बदली गईं। बीसवीं शताब्दी के आरंभ में बिहार एवं उड़ीसा बंगाल प्रांत के अंग थे। सन् 1912 में बिहार एवं उड़ीसा को बंगाल से अलग कर नए प्रांत के रूप में संगठित किया गया। तत्पश्चात् सन् 1935 में उड़ीसा से बिहार को पृथक कर नए प्रांत का रूप दिया गया। आधुनिक काल में भी महात्मा गांधी, राजेंद्र प्रसाद, डॉ. श्रीकृष्ण सिंह से लेकर लोकनायक जयप्रकाश नारायण तक सभी ने बिहार को अपनी तपोस्थली व कर्मभूमि मानते हुए विकास के रास्ते पर चलना सिखाया, जिसके कारण आज बिहार विकास के रास्ते पर लगातार चलते हुए अग्रणी हो रहा है।

इतना प्राचीन एवं गौरवशाली अतीत होने के बावजूद आज हमारा राज्य विकसित राज्यों की श्रेणी से बाहर है। इसी विषय पर केंद्रित यह पुस्तक 'डॉ.

कलाम के सपनों का बिहार' वस्तुत: विकसित बिहार की वह रूपरेखा है, जहाँ डॉ. ए.पी.जे. अब्दुल कलाम के बिहार के प्रति सकारात्मक सोच को मूल अवधारणा के रूप में रखकर तैयार किया गया है। भारत के मिसाइल पुरुष डॉ. ए.पी.जे. अब्दुल कलाम के द्वारा बिहार को विकसित राज्य बनाने के लिए न सिर्फ वैज्ञानिक सोच, बल्कि सामाजिक परिवर्तन की भी रूपरेखा तैयार की गई है, जिसे इस पुस्तक के माध्यम से बिहार के सभी नागरिकों, खासकर युवा वर्गों के बीच रखने का प्रयास किया जा रहा है। इस संपूर्ण रूपरेखा का केंद्रबिंदु डॉ. कलाम का वह मूल मंत्र है, "What Can I Give to Our Nation" जिसके सहारे राज्य के सभी युवाओं से अपील करना चाहता हूँ कि आप इस राज्य को विकसित राज्य बनाने में सक्रिय भूमिका निभाएँ। आपकी यह भूमिका सामाजिक क्षेत्र में, वैज्ञानिक क्षेत्र में, शिक्षा के क्षेत्र में, राजनीति के क्षेत्र इत्यादि में हो सकती है। इस राज्य को विकसित बनाने में आपकी प्रत्यक्ष भूमिका सुनिश्चित होनी चाहिए। कार्यक्षेत्र का चयन आप स्वयं निर्धारित करें। बिहार के युवाओं में वे सभी गुण मौजूद हैं, जिन्हें यदि इस्तेमाल किया जाए तो निश्चित रूप से बिहार एक विकसित राज्य होगा। डॉ. ए.पी.जे. अब्दुल कलाम द्वारा दिए गए प्रमुख सुझावों का पालन करना न सिर्फ यहाँ के नागरिकों, बल्कि यहाँ की सरकार की भी जिम्मेवारी है, जिससे कि यह राज्य विकसित राज्यों की श्रेणी में अग्रणी हो सके।

डॉ. ए.पी.जे. अब्दुल कलाम की बिहार-यात्रा और इस यात्रा के क्रम में भाषण के माध्यम से दिया गया संदेश 'महात्मा बुद्ध के संदेश' के सदृश्य बिहार की प्रगति के लिए वरदान है। डॉ. कलाम की उन्हीं बिहार-यात्राओं और यात्राओं के क्रम में दिए गए संदेशों का संकलन विभिन्न स्रोतों से प्राप्त कर इस पुस्तक के माध्यम से प्रस्तुत करने की एक छोटी सी कोशिश है, जो बिहार के सभी युवाओं के लिए प्रेरणादायक एवं अनुकरणीय है। इस पुस्तक में रही कमियों के प्रति ध्यान आकृष्ट कराने हेतु सदा पाठकगणों का आभारी रहूँगा। अत: इस पुस्तक के संबंध में अपनी प्रतिक्रिया हमें जरूर भेजें, जिससे कि उस पर विचार किया जा सके।

आशा है, बिहार के सभी युवा इस पुस्तक का भरपूर लाभ उठाकर बिहार को विकसित राज्य बनाने में अग्रणी भूमिका निभाएँगे। इन्हीं आशाओं एवं शुभकामनाओं के साथ।

—ललित कुमार सिंह

महनार, वैशाली, बिहार-844506

मो.: 8002706279

आभार

'डॉ. कलाम के सपनों का बिहार' नाम की यह पुस्तक लिखने के पीछे मेरा उद्देश्य यह है कि बिहार ऐतिहासिक एवं सांस्कृतिक रूप से समृद्ध होने के बावजूद आर्थिक रूप से विकसित राज्य की श्रेणी से बाहर है, इसके लिए इस पुस्तक के माध्यम से बिहार के युवाओं में चेतना जगाना चाहता हूँ, जिससे कि वे बिहार को अपनी रचनात्मकता से रोशन कर सकें और बिहार को विकसित राज्य बना सकें। सर्वप्रथम मैं अपनी ओर से दिवंगत महामहिम डॉ. ए.पी. जे. अब्दुल कलाम को उनकी बिहार के प्रति सच्ची श्रद्धा व समर्पण के लिए उनके प्रति आभार व्यक्त करना चाहता हूँ, जिन्होंने बिहार को अपने आत्मीय संबंधों के द्वारा जोड़कर इस राज्य के उज्ज्वल भविष्य की कामना की और उसके लिए हमें कुछ करने हेतु प्रेरित किया।

इस पुस्तक को लिखने का विचार वर्ष 2014 से ही मेरे मन में चल रहा था, परंतु किसी–न–किसी कारणवश यह कार्य प्रारंभ नहीं हो पा रहा था, परंतु डॉ. कलाम साहब के अचानक निधन के बाद इस पुस्तक की अहमियत एवं मेरी पत्नी अनिता के द्वारा बार–बार मुझे इसे लिखने हेतु प्रेरित किए जाने ने सचमुच में इस पुस्तक की रचना के पीछे आत्मबल के रूप में काम किया। अत: मैं अपनी ओर से अनिता के प्रति आभार व्यक्त करता हूँ, जिसने सच्चे मन से इस कार्य को संपन्न करने में आत्मबल के रूप में सहयोग किया। पुस्तक की रचना के क्रम में बड़ी बेटी अदिति के द्वारा बार–बार यह पूछा जाना कि पापा क्या लिख रहे हैं, किसके लिए लिख रहे हैं और इसके लिखने से क्या होगा, इत्यादि प्रकार के प्रश्न भी निश्चित रूप से मेरे आत्मबल को बढ़ाने में सहायक सिद्ध हुए, जिनकी बदौलत इस पुस्तक को मूर्त रूप दिया जा सका। छोटी बेटी अंकिता (निक्की) एवं पुत्र अभिजीत (मोनू) का गोद में आकर चुपचाप बैठकर कार्य करने में सहयोग देना भी काफी

उत्साहवर्धक रहा। इसके अलावा साथ में रह रहे भांजे संदीप एवं जीजा संजयजी का सहयोग भी काफी सराहनीय रहा, जिन्होंने मेरे अन्य कार्यों में हाथ बँटाकर मेरे इस कार्य को आसान बनाया। अतः मैं परिवार के इन सभी सदस्यों के प्रति आभार व्यक्त करता हूँ, जिनके सहयोग से इस पुस्तक को मुकाम तक पहुँचाया जा सका, साथ ही, इस कार्य में परोक्ष, परंतु महत्त्वपूर्ण भूमिका के लिए अपने चालक मो. काशिमजी का भी आभार व्यक्त करता हूँ, जिनके सहयोग से समय-समय पर पटना जाकर इस कार्य को संपन्न किया गया।

मैं डॉ. कलाम साहब के सहयोगी रहे दरभंगा के वैज्ञानिक डॉ. मानस बिहारी वर्माजी का आभार व्यक्त करना चाहता हूँ, जिन्होंने इस पुस्तक की रचना में महत्त्वपूर्ण सुझाव एवं सहयोग दिया। मैं अपने दोस्त बबलू शर्मा एवं शशिजी का भी आभार व्यक्त करता हूँ, जिनके सहयोग ने कार्य की पूर्णता में अहम भूमिका निभाई।

इसके अलावा इस पुस्तक के प्रकाशन एवं रचना हेतु माँ अंबे डिजाइनिंग, दरियापुर, पटना के श्री जयकांत चौधरी, श्री मुरारी मोहन चौधरी एवं श्री संतोष चौधरी का भी आभार व्यक्त करना चाहता हूँ, जिन्होंने समय-समय पर इस पुस्तक की पांडुलिपियों को पुस्तक के रूप में मूर्त रूप देने में सहयोग किया।

अंत में, इस पुस्तक की सफल रचना में सभी प्रकार की शक्ति व सहयोग प्रदान करने के लिए मैं अपनी ओर से सर्वशक्तिमान ईश्वर के प्रति भी आभार व्यक्त करता हूँ, जिनकी प्रेरणा से इस कठिन कार्य को सफलतापूर्वक संपन्न किया गया।

अनुक्रम

डॉ. कलाम के अनमोल वचन

"एक फूल को देखें, वह कितने उन्मुक्त भाव से अपनी सुगंध और अपना पराग लुटाता है, लेकिन अपना संपूर्ण दे चुकने के बाद, वो चुपचाप मुरझाकर गिर जाता है।"

डॉ. कलाम की सेवा में बिताए गए वे दिन

27 जुलाई, 2015 की शाम भारतीय इतिहास के लिए काली शाम साबित हुई। भारतीय मिसाइल के जनक एवं पूर्व राष्ट्रपति डॉ. कलाम साहब की अचानक मृत्यु ने सभी भारतीयों को अंदर तक झकझोर दिया। उनकी मृत्यु की खबर मुझे भी रात करीब 9 बजे मेरे मित्र ने मोबाइल पर दी, क्योंकि मैं डॉ. कलाम साहब के साथ बिताए गए दिनों की अपनी कहानियों को उनसे बताया करता था। बिहार प्रशासनिक सेवा में आने के पूर्व मैं दिल्ली पुलिस में सब-इंस्पेक्टर के पद पर कार्यरत था। वर्ष 2006 के जनवरी माह में पुलिस ट्रेनिंग कॉलेज, झरोदा कला, नई दिल्ली से ट्रेनिंग समाप्त कर पहली पोस्टिंग के रूप में राष्ट्रपति भवन मिला। मैं यहाँ यह कहूँ कि शायद मैं किस्मत का धनी था कि मुझ जैसे साधारण इनसान को राष्ट्रपति भवन में नौकरी करने का मौका इतनी जल्दी मिल गया। राष्ट्रपति भवन की सुरक्षा-व्यवस्था इतनी पुख्ता होती है कि शायद परिंदे को भी अंदर आने-जाने से पहले सोचना पड़ता होगा, वहीं मैं पुलिस अधिकारी होने के नाते सभी जगहों पर घूम पाता था।

मेरी ड्यूटी प्राय: सुबह में लगती थी और वह भी कभी हर्बल गार्डन तो कभी मुगल गार्डन। ड्यूटी के प्रथम दिन ही इंस्पेक्टर साहब द्वारा बतला दिया गया था कि डॉ. कलाम साहब प्रतिदिन मुगल गार्डन होते हुए हर्बल गार्डन घूमने आते हैं, इसलिए उनके आने से पहले गार्डन की एंटी सैबटाज जाँच करवाकर कंट्रोल रूम में सूचित किया जाता है। दो-तीन दिनों तक मैं दिए गए निर्देश के आलोक में सुबह-सुबह डॉग स्क्वॉड एवं एंटी सैबटाज जाँच करवाकर कंट्रोल रूम को सूचित कर दिया करता था, परंतु डॉ. कलाम साहब हर्बल गार्डन घूमने नहीं आए।

उन्हें देखने की लालसा इतनी ज्यादा थी कि उनका एक दिन भी नहीं आना मेरे लिए मायूसी का सबब था। तभी दो-तीन दिनों के बाद एकाएक वायरलेस सेट पर कंट्रोल रूम के द्वारा बतलाया गया, ''राष्ट्रपति महोदय मुगल गार्डन से होते हुए हर्बल गार्डन की ओर प्रस्थान कर रहे हैं, अपनी पोजीशन बताएँ।'' मैंने तुरंत अपना जवाब दिया ''पोजिशन हर्बल गार्डन'' और इतना कहते ही डॉ. कलाम साहब ने कुछ अधिकारियों (निजी सुरक्षा कर्मी एवं अन्य) के साथ हर्बल गार्डन में प्रवेश किया। हमें बतलाया गया उनके पैदल चलनेवाले पथ की बगल में खड़ा हो जाने के लिए। निर्देशानुसार मैं बगल में खड़ा होकर डॉ. कलाम साहब के पास आने का इंतजार कर रहा था। उस समय खुशी इतनी हो रही थी कि मानो मैंने दुनिया की जंग जीत ली हो और जब वह पास आए तो मैं सैल्यूट लगाते हुए बोला, ''जय हिंद सर''। उनका जवाब था, ''जय हिंद! हाऊ आर यू ?'' ''सर आई एम फाइन''—मैंने उत्तर दिया और वह मुसकराते हुए आगे बढ़ गए। मेरी जिंदगी का वह अद्भुत विलक्षण पल, जो हमेशा मेरे चेहरे पर मुसकान लाता था और आगे बढ़ने का हौसला देता था। 27 जुलाई, 2015 की वह शाम उस खुशी को एकाएक हमसे छीनकर आँखों में आँसू दे गई। अब उनकी सिर्फ यादें रह गई हैं। कुल तीन महीनों के लिए मैं राष्ट्रपति भवन में रहा और इतने कम समय में दर्जनों बार डॉ. कलाम साहब को ''जय हिंद सर'' कहने का मौका मिला और दर्जनों बार उनके चेहरे पर मुसकराहट को सामने से देखने का मौका मिला। एक बार जब मेरी ड्यूटी नाइट शिफ्ट में थी, तब वह विदेश की यात्रा से लौट रहे थे। रात के करीब 2 बज रहे थे। सभी पुलिसकर्मी उनके आने के इंतजार में थे, क्योंकि उनके राष्ट्रपति भवन में प्रवेश के बाद ही कोई भी पुलिसकर्मी साँस ले सकता था। तभी कंट्रोल रूम से मैसेज आया, ''राष्ट्रपति महोदय ग्यारह मूर्ति गेट से अंदर आ चुके हैं।'' इसके बाद सभी पुलिस कर्मियों ने राहत की साँस ली, लेकिन कुछ ही समय बाद फिर कंट्रोल रूम ने मैसेज दिया, ''राष्ट्रपति महोदय का प्रस्थान मुगल गार्डन की ओर हो रहा है'' और इतना सुनते ही मैं तुरंत अलर्ट हो गया, क्योंकि उस दिन मेरी ड्यूटी वहीं थी। तभी डॉ. कलाम साहब एकाएक मुगल गार्डन पहुँच गए और उस समय रात के करीब 2:30 बज रहे होंगे और वह उस समय एक-एक पेड़-पौधों को घूम-घूमकर देख रहे थे, जैसे वह उन सभी से हालचाल पूछ रहे हों कि ''मेरे प्रवास के दौरान कोई तकलीफ तो नहीं हुई ?'' ऐसे थे डॉ. कलाम साहब, जो रात के समय भी राष्ट्रपति भवन के एक-एक पौधे का खयाल रखते थे। सुबह में कभी मुगल गार्डन तो कभी हर्बल गार्डन वे अकसर घूमा करते थे। यहाँ यह

बताना जरूरी समझता हूँ कि डॉ. कलाम साहब ने ही हर्बल गार्डन राष्ट्रपति भवन में बनवाया, जहाँ देश-विदेश के कई हर्बल (औषधीय) पौधे मौजूद हैं। जब भी वे सुबह में घूमने आते, अपने हाथों से छोटे-छोटे खरगोश, हिरण इत्यादि जानवरों को अनाज का दाना खिलाते थे, क्योंकि वहाँ पौधों के साथ-साथ वे जानवरों से भी बहुत प्यार करते थे।

पिछले वर्ष 2014 के जून माह में मैं अपने साथी बबलू शर्मा, जो दिल्ली में इंजीनियर के पद पर कार्यरत हैं, के साथ डॉ. कलाम साहब से मिलने 10, राजाजी मार्ग, नई दिल्ली पहुँचा। उस वक्त अपराह्न करीब 03:30 बज रहे थे। गरमी एवं धूप अपनी चरम पर थी। मैं डॉ. कलाम साहब से मिलने अपनी इसी पुस्तक के सिलसिले में गया था। मैंने अपना परिचय एवं विषय लिखकर अंदर भिजवाया और जवाब आया कि लिखी जानेवाली पुस्तक की तैयारी हो जाने के बाद पुनः आएँ। यहाँ जो अद्‍भुत दृश्य हम लोगों ने देखा, वह बताता हूँ—हम लोगों की गाड़ी एसी थी और गाड़ी से बाहर निकलते ही गरमी एवं धूप से लगा शरीर जल गया, परंतु डॉ. कलाम साहब उस प्रचंड गरमी एवं धूप में भी बाहर पार्क में घूम रहे थे। ऐसी थी उनकी प्रतिभा कि शायद उस गरमी एवं धूप में भी उतनी ताकत नहीं कि वह उन्हें हरा सके। सचमुच में वे इस भारत के वैसे लौह-स्तंभ थे, जिसपर कभी जंग नहीं लग सकती और मृत्यु के उपरांत भी हम जैसे युवाओं के लिए उनकी लिखी गई पुस्तकें खासकर उनकी जीवनी 'माई जर्नी—ट्रांसफॉर्मिंग ड्रीम्स इंटू एक्शन' हमेशा प्रकाश-स्तंभ बनकर हममें शक्ति का संचार करती रहेगी।

डॉ. कलाम साहब से पुनः मिलने की तैयारी मैं कर ही रहा था और इसी सिलसिले में डॉ. कलाम साहब के बहुत ही करीब रहे श्री मानस बिहारी वर्मा, जो खुद एक वैज्ञानिक हैं और दरभंगा में रहते हैं, से मुलाकात की। वे खुद इसी वर्ष (2015) एक कार्यक्रम के सिलसिले में गया जा रहे थे तो वह जहानाबाद समाहरणालय स्थित मेरे कार्यालय में आए। आने के पूर्व उन्होंने खुद फोन द्वारा मुझे सूचित किया कि वह विशेष कार्य हेतु गया जा रहे हैं और वे चाहते हैं कि हम लोग जहानाबाद में ही मुलाकात करें। उनके आने की प्रतीक्षा में मैंने अपने कार्यालय को साफ-सुथरा कराया और नाश्ता, पानी, चाय इत्यादि की व्यवस्था की जैसे मानो, मैं डॉ. कलाम साहब के ही स्वागत में लगा हूँ। उनके आने की जानकारी मैंने अपने कुछ कर्मियों को भी दी और मैं उनके आने का इंतजार कर रहा था। तय समय के अनुरूप वह कार्यालय आए। उनसे मिलकर इतनी प्रसन्नता हुई कि जैसे मैं पुनः डॉ. कलाम साहब से मिला हूँ। उनसे मिलकर डॉ. कलाम साहब से मिलने का प्रस्ताव मैंने रखा, जिसे उन्होंने सहज

स्वीकार किया। संभवतया: इसी वर्ष अक्तूबर में डॉ. कलाम साहब से मिलने 10, राजाजी मार्ग, नई दिल्ली जाते और अपनी पुस्तक की रूपरेखा उन्हें दिखाते, लेकिन अब मेरा सपना, सपना ही रह गया और डॉ. कलाम साहब हमेशा के लिए हमसे दूर हो गए। उनकी पुस्तक 'माई जर्नी—ट्रांसफॉर्मिंग ड्रीम्स इंटू एक्शन' ने तो उनसे मिलने के लिए मुझे और भी आतुर कर दिया। उनके कथन 'व्हाट कैन वी गिव टू आवर नेशन' को चरितार्थ करते हुए अपने देश को विकसित राष्ट्र बनाने के लिए हम सभी भारतवासी संकल्प लें, यही उनके प्रति हमारी सच्ची श्रद्धांजलि होगी।

"जय हिंद!"

❑

डॉ. कलाम के अंतिम क्षण

27 जुलाई, 2015 को भारत के महान् वैज्ञानिक डॉ. कलाम का आई.आई.एम. शिलाँग में अंतिम संबोधन होगा, कोई नहीं जानता था। डॉ. कलाम को भी यह एहसास नहीं था कि अपनी अंतिम इच्छा, 'टीचर' के रूप में ही इस पृथ्वी से सूदूर कक्षा के लिए 'पलायन वेग' से हमेशा के लिए पृथ्वी से पलायन कर जाएँगे और वह भी चंद मिनटों में। उपग्रह को भी कक्षा में भेजने और स्थापित करने से पहले 'काउंट डाउन' करते हुए शून्य की गिनती पर लाया जाता है, परंतु डॉ. कलाम जैसे उपग्रह को कक्षा में भेजने से पहले डॉ. कलाम रूपी उपग्रह को छोड़ने वाले वैज्ञानिकों ने तो हद ही कर दी और बिना 'काउंट डाउन' प्रारंभ किए ही एकाएक डॉ. कलाम जैसे उपग्रह को सुदूर कक्षा में हमेशा–हमेशा के लिए स्थापित कर दिया। इस विज्ञान को आप क्या नाम देंगे? क्या ऐसे विज्ञान पर मानव वैज्ञानिक कभी सफलता पा सकेंगे? खैर, इसका उत्तर जो भी हो, हम अपने उस सुदूर कक्षा में स्थापित डॉ. कलाम रूपी उपग्रह से विनती करें कि वे हम सब युवाओं को इतनी शक्ति और आत्मबल दें कि उनके सपनों को हम सब युवा साकार कर सकें और भारत को एक विकसित राष्ट्र बना सकें।

27 जुलाई, 2015 को डॉ. कलाम साहब के सफर की शुरुआत से अंतिम क्षणों तक उनके साथ रहे सृजन पाल सिंह, जो डॉ. ए.पी.जे. अब्दुल कलाम की पुस्तकों के सह–लेखक एवं सस्टेनेबल डेवलपमेंट के एक्सपर्ट भी हैं, उन्हीं के शब्दों में प्रस्तुत है डॉ. कलाम साहब के वे अंतिम क्षण, जो थोड़ी देर के लिए ही सही, साँस रोककर पढ़ने के लिए मजबूर कर देंगे और पढ़ने के बाद अपने–आप पर और भारत के भविष्य को लेकर सोचने के लिए मजबूर कर देंगे। प्रस्तुत है सृजन पाल सिंह द्वारा व्यक्त डॉ. कलाम का वह अंतिम क्षण—(प्रकाशित–दैनिक भास्कर, पटना दिनांक—29 जुलाई, 2015)

आठ घंटे हो चुके हैं (यह लिखते वक्त), जब हमने आखिरी बार (डॉ. कलाम से) बात की थी—नींद कोसों दूर है और यादों का सैलाब चला आ रहा है, कभी-कभी आँसुओं के रूप में। 27 जुलाई को हमारे दिन की शुरुआत दोपहर 12 बजे हुई थी, जब हम गुवाहाटी जानेवाली फ्लाइट में सवार हुए। वह अपनी खास शैली का गहरे रंग का 'कलाम सूट' पहने हुए थे और मैंने सराहना करते हुए कहा, 'बहुत ही अच्छा रंग है!' तब मुझे क्या मालूम था कि मैं उन पर फबता अंतिम रंग देख रहा हूँ। मानसून के मौसम में 2 घंटे 50 मिनट का हवाई सफर। ऐसे मौसम में हवाई जहाज के थरथराने से मुझे नफरत है, जबकि कलाम साहब ने तो इस पर प्रभुत्व पा लिया था और कहते, "अब तुम्हें डर नहीं आएगा।" हवाई यात्रा के बाद 2 घंटे 50 मिनट का उतना ही समय कार से आई.आई.एम., शिलाँग तक जाने में लगा। उनकी हर यात्रा की तरह यह यात्रा भी खास थी। तीन चर्चाएँ/वाकेआ खासतौर पर हमारे आखिरी सफर की चिरस्थायी यादों में बस गए हैं।

एक, डॉ. कलाम पंजाब में हुए आतंकवादी हमले से बहुत चिंतित थे। निर्दोष लोगों के जान गँवाने से उनमें गहरा दुःख भर गया था। आई.आई.एम. शिलाँग में व्याख्यान का विषय था 'क्रिएटिंग ए लिवेबल प्लेनेट ऑन अर्थ' (धरती पर जीने योग्य ग्रह का निर्माण)। उन्होंने आतंकी हमले की घटना को विषय से जोड़ते हुए कहा, "ऐसा लगता है कि पृथ्वी के जीवन योग्य बने रहने के लिए मानवकृत शक्तियाँ उतना ही बड़ा खतरा है, जितना प्रदूषण।" हमने चर्चा में कहा कि प्रदूषण और मानव की विवेकहीन गतिविधियों का यह सिलसिला जारी रहा तो हम धरती छोड़ने पर मजबूर हो जाएँगे। उन्होंने कहा, "इसकी हम जो रफ्तार देख रहे हैं, उससे तो शायद यह नौबत 30 साल में ही आ जाएगी।" उन्होंने युवाओं से कहा, "आपको इस बारे में कुछ करना चाहिए...यही तो आपके भविष्य की दुनिया होगी।"

दो, हमारी यह चर्चा अधिक राष्ट्रीय रंग लिये हुए थी। पिछले दो दिनों से डॉ. कलाम इस बात से चिंतित थे कि संसद् बार-बार ठप हो जाती है। उन्होंने कहा, "मैंने अपने कार्यकाल में दो भिन्न सरकारें देखीं। उसके बाद मैंने कुछ और देखीं। यह हंगामा बार-बार होता ही रहता है। यह ठीक नहीं है। मुझे वाकई कोई ऐसा रास्ता निकालना होगा, जिससे यह सुनिश्चित किया जा सके कि संसद् विकास की राजनीति पर काम करे।" उसके बाद उन्होंने मुझे आई.आई.एम. शिलाँग के छात्रों के लिए सरप्राइज असाइनमेंट क्वेश्चन तैयार करने को कहा, जो उन्हें व्याख्यान के अंत में दिया जाना था। वे चाहते थे कि छात्र तीन ऐसे इनोवेटिव तरीके बताएँ,

जिससे संसद् अधिक फलदायक और जीवंतता से परिपूर्ण हो जाए। फिर कुछ देर बाद उन्होंने कहा, ''यदि मेरे पास कोई समाधान न हो तो मैं कैसे सुझाव देने को कह सकता हूँ।'' अगले एक घंटे तक हम विकल्पों पर विचार करते रहे। हम इस चर्चा को अपनी आगामी पुस्तक 'Advantage India—From Challenge to opportunity' में शामिल करना चाहते थे।

तीन, यह उनकी सुंदर विनम्रता का अनुभव था। हम 6-7 कारों के काफिले में थे। डॉ. कलाम और मैं दूसरी कार में थे। आगे खुली जिप्सी थी, जिस पर तीन सैनिक थे। दो सैनिक दोनों ओर बैठे थे और एक छरहरा जवान अपनी बंदूक ताने खड़ा था। एक घंटे के बाद डॉ. कलाम ने कहा, ''वह खड़े क्यों हैं? वह तो थक जाएँगे। यह तो सजा जैसी बात है। क्या आप वायरलैस मैसेज दे सकते हैं कि वह चाहें तो बैठ सकते हैं?'' मुझे उन्हें यकीन दिलाना पड़ा कि बेहतर सुरक्षा के लिए शायद उन्हें खड़े रहने के निर्देश हैं, पर वह नहीं माने। हमने रेडियो मैसेजिंग का प्रयास किया, पर वह चला ही नहीं।

1 घंटे 50 मिनट की आगे की यात्रा में उन्होंने मुझे तीन बार याद दिलाया कि क्या हाथ के इशारे से उन्हें बैठने को कहा जा सकता है। आखिर में उन्हें अहसास हो गया कि इस बारे में ज्यादा कुछ किया नहीं जा सकता। उन्होंने मुझे कहा, ''मैं उनसे मिलना चाहता हूँ, धन्यवाद देना चाहता हूँ।'' बाद में जब हम आई.आई.एम. शिलाँग पहुँचे तो मैं उस जवान को अंदर ले गया और डॉ. कलाम ने हाथ मिलाते हुए कहा, ''थैंक्यू बडी। क्या आप थक गए हैं, क्या आप कुछ खाना चाहेंगे? मुझे खेद है कि मेरी वजह से आपको इतनी देर तक खड़े रहना पड़ा।'' डॉ. कलाम के इस व्यवहार पर काली वरदी पहना वह जवान भौचक्का रह गया। उसे शब्द नहीं मिल रहे थे। अंत में इतना ही कहा, ''सर, आपके लिए 6 घंटे भी खड़े रहेंगे।''

हम लेक्चर हॉल में गए। वह नहीं चाहते थे कि लेक्चर के लिए पहुँचने में देरी हो जाए। वह हमेशा कहा करते, ''छात्रों से कभी इंतजार नहीं करवाना चाहिए।'' जब मैं माइक लगा रहा था, वह मुसकराए और कहने लगे, ''फनी गाय! क्या तुम्हारा सबकुछ ठीक चल रहा है?'' वह जब 'फनी गाय' कहते तो कहने के लहजे और आपके आकलन के मुताबिक उसके कई अर्थ हो सकते थे। इसका मतलब हो सकता था कि आपने अच्छा काम किया है, आपने कुछ गड़बड़ कर दी है, आप निरे नादान हैं या फिर ऐसा वह मौज में आकर कह रहे होते। इस बार उन्होंने मौज में आकर ऐसा कहा था।

''फनी गाय! आर यू डूइंग वेल?'' उन्होंने कहा। मैं मुसकराया और कहा,

''हाँ।'' मुझसे कहे उनके यही अंतिम शब्द थे। भाषण शुरू हुए दो मिनट हुए। मैं उनके पीछे बैठा था। एक वाक्य पूरा करने के बाद लंबा अंतराल छा गया। मैंने उनकी ओर देखा और वह गिर गए। हमने उन्हें सँभाला। डॉक्टर दौड़े आए, हमने जो भी मुमकिन था, किया। उनकी तीन-चौथाई खुली आँखों का दृश्य मैं कभी नहीं भूल सकता। मैंने उनके सिर को एक हाथ में सँभाला और जैसे भी संभव था, उनकी चेतना लौटाने का प्रयास किया। उनके हाथों ने मेरी अंगुलियाँ पकड़ लीं। चेहरे पर शांति थी। उनकी स्थिर आँखें विद्वत्ता बिखेर रही थीं। पाँच मिनट में हम नजदीक के अस्पताल में थे। कुछ ही मिनटों में उन्होंने संकेत दे दिया कि मिसाइलमैन उड़ान भर चुके हैं, हमेशा के लिए। मैंने उनके चरण स्पर्श किए, आखिर बार। अलविदा मित्र! मेरे महान् संरक्षक! अब तो मन में ही आपके दर्शन होंगे और मुलाकात होगी अगले जन्म में। पीछे मुड़ा तो विचारों का प्रवाह खुल गया। वह प्रायः मुझसे कहा करते थे, ''आप युवा हैं, तय कर लें कि आप किस बात के लिए याद किए जाना पसंद करेंगे?'' मैं प्रभावित करनेवाले कई उत्तरों पर विचार करता और आखिर थककर मैंने उनसे ही पूछ लिया, ''पहले आप बताएँ कि आप किस बात के लिए याद किए जाना पसंद करेंगे? राष्ट्रपति, वैज्ञानिक, लेखक, मिसाइलमैन, इंडिया 2020, टार्गेट थ्री बिलियन...क्या? मुझे लगा कि मैंने विकल्प देकर प्रश्न आसान बना दिया है, लेकिन उन्होंने मुझे चौंका दिया, 'टीचर' उनका जवाब था। आज मैं पीछे मुड़कर देखता हूँ; उन्होंने अपनी अंतिम यात्रा टीचिंग करते हुए शुरू की। वे यही चाहते थे कि उन्हें टीचर के रूप में ही याद किया जाए। एक महान् टीचर के रूप में वे हमसे विदा हुए।

❑

डॉ. कलाम की जीवन-यात्रा

पूरा नाम : अबुल पकिर जैनुलाब्दीन अब्दुल कलाम

जन्म :
15 अक्तूबर, 1931,
रामेश्वरम, तमिलनाडु

मृत्यु :
27 जुलाई, 2015,
आई.आई.एम. शिलाँग, मेघालय

सादगी की प्रतिमूर्ति, कर्मनिष्ठा और कामयाबी, सहजता और सहृदयता के पर्याय डॉ. कलाम साहब अब भले ही हमारे बीच नहीं हैं, लेकिन उनके कहे और लिखे गए शब्द वर्तमान और आनेवाली पीढ़ियों के लिए अमूल्य धरोहर हैं, जो हमें सदियों तक प्रेरणा देते रहेंगे। डॉ. कलाम साहब के शब्द सिर्फ दूसरों के लिए उपदेश के शब्द नहीं हैं, बल्कि इसी के अनुरूप उन्होंने अपने जीवन और कर्म की मिसाल भी छोड़ी है। उनकी रुचियों का दायरा व्यापक है। गहन वैज्ञानिक शोध से लेकर पुस्तकों, भाषणों, लेखों और कविताओं तक में व्यक्त उनके विचार प्रेरणा के पुंज समान हैं। बचपन से गीता व कुरान; दोनों पढ़नेवाले सरल स्वभाव के डॉ. कलाम कामयाबी के शिखर पर यूँ ही नहीं पहुँचे। उनका संघर्ष भरा जीवन हर शख्स के लिए प्रेरणादायी है।

संघर्षपूर्ण जीवन और सादगी की प्रतिमूर्ति डॉ. कलाम साहब की जीवन-यात्रा हम सभी के लिए अनुकरणीय एवं प्रेरणापुंज है। उनके जीवन को समर्पित एवं उनसे निकलती प्रेरणा का वह पुंज; जो हमारे लक्ष्य, कर्म एवं लगन की नई दिशा को प्रफुल्लित करता है, इस प्रकार है—रॉबर्ट फ्रॉस्ट की एक मशहूर कविता है 'स्टॉपिंग बाय वुड्स ऑन ए स्नोवी ईवनिंग'। कहते हैं पंडित नेहरू के निधन के बाद उनकी मेज पर काँच के नीचे इस कविता की अंतिम चार पंक्तियाँ लिखी मिली थीं। इन पंक्तियों का हरिवंश राय बच्चन का किया अनुवाद आज भी लोगों

की जुबान से सुनने को मिल जाता है।

'सुघन, मनोहर, सुंदर तरुवर, अकसर मुझे बुलाते हैं।
किंतु किए जो वादे मैंने, याद मुझे आ जाते हैं।
अभी कहाँ आराम बदा, यह मूक निमंत्रण छलना है।
और अभी तो मीलों मुझको, मीलों मुझको चलना है।'

नेहरू की तरह डॉक्टर ए.पी.जे. अब्दुल कलाम को रॉबर्ट फ्रास्ट की यह कविता पसंद थी या नहीं, यह तो दावे के साथ नहीं कहा जा सकता, लेकिन एक बात बेखटके कही जा सकती है। तेज कदमों से चलने के अभ्यस्त नेहरू जैसे अपनी तेज चाल से समय की रफ्तार को मात देना चाहते थे और निरंतर भारत-निर्माण के अपने स्वप्न के पीछे दौड़ते थे, कलाम साहब का जीवन भी वैसी ही मिसाल है। एक मंजिल के बाद कोई दूसरी मंजिल लगातार उन्हें बुलाती रही। विश्राम उन्हें भी नहीं बदा था, मीलों उन्हें भी चलना था और आखिरी वक्त तक कलाम साहब काल से होड़ लेते हुए अपने स्वप्न के पीछे भागते रहे।

देश के सर्वोच्च पद से रिटायर होने के बाद पहले साल का उनका रिकॉर्ड सार्वजनिक महत्त्व के पद पर बैठे किसी हस्ती के लिए ही नहीं, आम नागरिक तक के लिए अपने आप में नजीर है। राष्ट्रपति के पदभार से मुक्त होकर शुरुआती 227 दिनों में कलाम साहब ने 180 सभाओं को संबोधित किया, 11 राज्यों के दौरे पर गए और अमेरिका, ब्रिटेन तथा इजरायल सहित कुल छह मुल्कों में अलग-अलग विषयों पर व्याख्यान दिए। इस दौरान उनका कर्मक्षेत्र शैक्षिक-संस्थानों तक सीमित नहीं रहा, उसके दायरे में जहाँ नास्कॉम और स्पेस सिक्योरिटी कॉन्फ्रेंस को संबोधित करना शामिल था, वहीं कन्या भ्रूणहत्या व स्पेशल इकोनॉमिक जोन जैसे विषयों पर विशेषज्ञों और आम नागरिकों को जागरूक करना भी। शिलाँग में ऐन व्याख्यान के बीच हृदयघात की क्रूर चपेट में आने से पहले तक का लम्हा गवाह है कि कलाम साहब की यह सक्रियता जीवनपर्यंत बनी रही।

अनथक जीवन और विविध-विशाल कर्मक्षेत्र में सक्रियता उन्हीं लोगों को हासिल हो पाती है, जो जीवन की विविधता का समाहार किसी एकता में करना जानते हों। कलाम साहब के लिए जीवन की विविधता के बीच एकता स्थापित करने का सूत्र विज्ञान था। धर्म-ज्ञान की पुस्तकों को पढ़ने और वीणा बजाने जैसा गहन एकांत का क्षण हो या फिर दुनिया की जहीन हस्तियों के बीच विश्व की समस्याओं पर राय रखने और समाधान विचारने का शोरगुल से भरा सार्वजनिक क्षण, कलाम साहब के अंतरतम में एक वैज्ञानिक हमेशा जागता रहता था, एक

वैज्ञानिक, जिसके भीतर जगत् के लिए करुणा भरी थी। यह वैज्ञानिक जानता था कि विचार को कोई आवरण या लिबास पसंद नहीं होता और इस वैज्ञानिक को यह भी पता था कि भीतर की लय सध गई हो तो बाहर की कोई भी बेतरतीबी सहज ही सध जाती है। शायद इसी कारण इस मीडियामुखी समय में, जब सार्वजनिक जीवन का सारा जोर छवियों को रचने और चमकाने पर केंद्रित है, कलाम साहब को हम प्रभाव जमाने की जीवनशैली के अनुरूप धारण की जानेवाली वेशभूषा या विशिष्ट भावमुद्रा के कारण नहीं, बल्कि हमेशा मुसकान बिखेरती, सादगी की एक प्रतिमूर्ति के रूप में याद कर पा रहे हैं। ऐसी सादगी, जो बच्चों और विशेषज्ञों का दिल समान रूप से जीत लेती थी और अपने ऊपर विशिष्टता के इस गर्व को हावी नहीं होने देती थी कि देश ने उसे 'मिसाइल मैन' और 'भारत-रत्न' जैसा बाना पहना रखा है।

कलाम साहब की सादगी के सैकड़ों किस्से मशहूर हैं और ये सारे किस्से बस एक ही बात कहते हैं कि निजी जीवन की ऊँचाइयाँ चढ़ते हुए सारी दुनिया को बराबरी के भाव से देखना वे कभी नहीं भूले। बनारस हिंदू यूनिवर्सिटी के एक समारोह में वे मुख्य अतिथि के रूप में आमंत्रित थे। मंच पर कलाम साहब अपनी कुरसी पर नहीं बैठे, क्योंकि वह बाकी कुरसियों से बड़ी थी। उनकी सादगी के बारे में एक किस्सा यह भी है कि राष्ट्रपति बनने के बाद जब वे केरल के अपने पहले दौरे पर वहाँ के राजभवन पहुँचे, तो त्रिवेंद्रम (तिरुअनंतपुरम) की एक सड़क के किनारे बैठनेवाले एक मोची और एक साधारण से ढाबे के मालिक को अपने अतिथि के तौर पर राजभवन बुलाया। उन्होंने याद रखा था कि बतौर वैज्ञानिक त्रिवेंद्रम में काम करते हुए उनके निजी जीवन और जरूरतों की पूर्ति में ये दोनों कभी मददगार रहे थे। शायद यही उनकी सादगी हम सभी के लिए एक संदेश है कि अभाव और गरीबी का जीवन जीनेवालों को भी अपने समतुल्य समझकर स्वीकार करना चाहिए, जिन्होंने एक क्षण भी हमारे जीवन में आकर हमें आगे बढ़ने हेतु अपना श्रम हमें प्रदान किया। (स्रोत—संपादकीय, प्रभात खबर, पटना, दिनांक—29 जुलाई, 2015)

रामेश्वरम से राष्ट्रपति भवन तक की यात्रा

डॉ. अब्दुल कलाम का जन्म 15 अक्तूबर, 1931 को तमिलनाडु के रामेश्वरम कस्बे के एक मध्यमवर्गीय परिवार में हुआ। उनके पिता जैनुल आबेदीन नाविक

थे। वह दूसरों की मदद के लिए सदैव तत्पर रहते थे। कलाम की माता का नाम आशियम्मा था। वह एक धर्मपरायण और दयालु महिला थीं। सात भाई-बहनोंवाले परिवार में कलाम सबसे छोटे थे, इसलिए उन्हें अपने माता-पिता का विशेष दुलार मिला। पाँच वर्ष की अवस्था में रामेश्वरम के प्राथमिक स्कूल में कलाम की शिक्षा का प्रारंभ हुआ। उनकी प्रतिभा को देखकर उनके शिक्षक बहुत प्रभावित हुए और उन पर विशेष स्नेह रखने लगे। एक बार बुखार आ जाने के कारण कलाम स्कूल नहीं जा सके। यह देखकर उनके शिक्षक मुत्थुशजी काफी चिंतित हो गए और वह स्कूल समाप्त होने के बाद उनके घर जा पहुँचे। उन्होंने कलाम के स्कूल न जाने का कारण पूछा और कहा कि यदि उन्हें किसी प्रकार की सहायता की आवश्यकता हो, तो वह निस्संकोच कह सकते हैं।

चमत्कारिक प्रतिभा के धनी डॉ. कलाम भारत के पहले वैज्ञानिक थे, जो देश के राष्ट्रपति भी बने। राष्ट्रपति बनने से पहले देश के सभी सर्वोच्च नागरिक सम्मान (पदम्श्री, पदम्भूषण, पदम्विभूषण और भारत रत्न) पानेवाले वह एकमात्र राष्ट्रपति थे। कलाम का बचपन संघर्षपूर्ण रहा। प्रतिदिन सुबह चार बजे उठकर गणित का ट्यूशन पढ़ने जाते थे। पाँच बजे लौटते, तो पिता के साथ नमाज पढ़ते, फिर घर से तीन किमी दूर स्थित धनुषकोडि स्टेशन से अखबार लाते और पैदल घूम-घूमकर बेचते। आठ बजे घर लौटते। फिर स्कूल जाते। स्कूल से लौटकर अखबार के पैसों की वसूली करते। कलाम को रोटियों से विशेष लगाव था। इसलिए उनकी माँ उन्हें प्रतिदिन खाने में दो रोटियाँ अवश्य देती थीं। एक बार उनके घर में खाने में गिनी-चुनी रोटियाँ ही थीं। माँ ने अपने हिस्से की रोटी उन्हें दे दी। बड़े भाई ने कलाम को धीरे से यह बात बता दी। इससे कलाम अभिभूत हो उठे और दौड़कर माँ से लिपट गए। प्राइमरी स्कूल के बाद कलाम ने श्वाट्र्ज हाईस्कूल, रामनाथपुरम में प्रवेश लिया। उन्होंने सेंट जोसेफ कॉलेज, त्रिची से भौतिकी और गणित विषयों के साथ बीएससी की डिग्री प्राप्त की। अध्यापकों की सलाह पर उन्होंने स्नातकोत्तर शिक्षा के लिए मद्रास इंस्टीट्यूट ऑफ टेक्नॉलोजी का रुख किया और एयरोनॉटिकल इंजीनियरिंग का चयन किया। वायुसेना में भरती न हो सके, तो बेमन से रक्षा मंत्रालय के तकनीकी विकास एवं उत्पाद डीटीडी एंड पी (एअर) का चुनाव किया। 1958 में तकनीकी केंद्र (सिविल विमानन) में वरिष्ठ वैज्ञानिक सहायक बने। पहले ही वर्ष सुपरसोनिक विमान का डिजाइन तैयार कर स्वर्णिम सफर की शुरुआत की। कलाम के जीवन में महत्त्वपूर्ण मोड़ तब आया, जब वह 1962 में इसरो से जुड़े। यहाँ उन्नत संयोजित पदार्थों का विकास आरंभ किया।

त्रिवेंद्रम में स्पेस साइंस एंड टेक्नॉलोजी सेंटर में 'फाइबर रीइनफोर्स्ड प्लास्टिक डिवीजन' की स्थापना की। उन्होंने अनेक महत्त्वपूर्ण परियोजनाओं की शुरुआत की। उन्हीं दिनों इसरो में स्वदेशी क्षमता विकसित करने के उद्‌देश्य से 'उपग्रह प्रक्षेपण यान कार्यक्रम' की शुरुआत हुई। कलाम की योग्यता को देखते हुए उन्हें इस योजना का प्रोजेक्ट डायरेक्टर बनाया गया।

भारत को रक्षा के क्षेत्र में आत्मनिर्भर बनाने के उद्‌देश्य से कलाम ने रक्षामंत्री के तत्कालीन वैज्ञानिक सलाहकार डॉ. वी.एस. अरुणाचलम के मार्गदर्शन में 'इंटीग्रेटेड गाइडेड मिसाइल डेवलपमेंट प्रोग्राम' की शुरुआत की। इस योजना के अंतर्गत त्रिशूल, पृथ्वी, आकाश, नाग, अग्नि और ब्रह्मोस मिसाइलें विकसित हुईं। जुलाई 1992 से दिसंबर 1999 तक रक्षामंत्री के विज्ञान सलाहकार तथा डीआरडीओ के सचिव रहे। उन्होंने भारत को 'सुपर पॉवर' बनाने के लिए 11 मई और 13 मई, 1998 को सफल पोखरण परमाणु परीक्षण किया। नवंबर 2001 में अन्ना विश्वविद्यालय में प्रोफेसर के रूप में सेवाएँ प्रदान कीं। 25 जुलाई, 2002 को भारत के ग्यारहवें राष्ट्रपति के रूप में निर्वाचित हुए। वे 25 जुलाई, 2007 तक इस पद पर रहे।

नोटः-डॉ. अब्दुल कलाम की संपूर्ण जीवनी हेतु उनकी पुस्तक 'माई जर्नीः ट्रांसफॉर्मिंग ड्रीम्स इंटू एक्शन' पढ़ी जा सकती है, जो सभी युवाओं को अंदर से आत्मबल एवं प्रेरणा का संचार करती है और वह आपके जीवन को एक नई दिशा प्रदान करती है। आशा है, एक बार आप जरूर इसे पढ़ेंगे।

Awards and Honours

Dr. A.P.J. Abdul Kalam's 79th Birthday was recognised as World Student's Day by United Nations. He has also received honorary doctorates from 40 universities. The Government of India has honoured him with the Padma Bhushan in 1981 and the Padma Vibhushan in 1990 for his work with ISRO and DRDO and his role as a scientific advisor to the Government. In 1997, Kalam received India's highest civilian honour, the Bharat Ratna for his immense and valuable contribution to the scientific research and modernisation of defence technology in India. In 2005, Switzerland declared May 26 as science day to commemorate Kalam's visit in the country.

इयर ऑफ अवॉर्ड और ऑनर	नेम ऑफ अवॉर्ड और ऑनर	अवॉर्ड ऑर्गेनाइजेशन
2012	डॉक्टर ऑफ लॉस (ऑनरिस कॉसा)	सिमन फ्रासर यूनिवर्सिटी
2011	आईईई ऑनररी में बरशिप	आईईई
2010	डॉक्टर ऑफ इंजीनियरिंग	यूनिवर्सिटी ऑफ वाटरलू
2009	ऑनररी डॉक्टरेट	ऑकलेंड यूनिवर्सिटी
2009	हूवर मैडल	एएसएमई फाउंडेशन, यूएसए
2009	इंटरनेशनल वोन करमान विंग्स अवॉर्ड	कैलिफोर्निया इंस्टीट्यूट ऑफ टैक्नॉलोजीकल यूएसए
2008	डॉक्टर ऑफ इंजीनियरिंग (ऑनरिस कॉसा) मैडल	नन्यांग टैक्नॉलोजीकल लोजीकल यूनिवर्सिटी, रॉयल सोसाइटी, यू.के.
2007	किंग चार्ल्स द्वितीय मैडल	यूनिवर्सिटी ऑफ
2007	ऑनररी डाइक्टरेट ऑफ साइंस	यूनिवर्सिटी ऑफ वॉल्वरहेंप्टन
2000	रामानुजन अवॉर्ड	अल्वार्स रिसर्च सेंटर, चेन्नई
1998	वीर सावरकर अवॉर्ड	गवर्नमेंट ऑफ इंडिया
1997	इंदिरा गांधी अवॉर्ड फॉर नेशनल इंटीग्रेशन	इंडियन नेशनल कांग्रेस
1997	भारत रत्न	गवर्नमेंट ऑफ इंडिया
1990	पद्म विभूषण	गवर्नमेंट ऑफ इंडिया
1981	पद्म विभूषण	गवर्नमेंट ऑफ इंडिया
1980	नेशनल डिजाइन अवॉर्ड	इंस्टीट्यूट ऑफ इंजीनियरिंग (इंडिया)

डॉ. कलाम से संबंधित प्रकाशित महत्त्वपूर्ण पुस्तकें

क्रम सं.	पुस्तक का नाम
1.	अग्नि की उड़ान
2.	टर्निंग प्वॉइंट्स
3.	तेजस्वी मन
4.	हम होंगे कामयाब

5.	करिश्माई कलाम
6.	क्या हैं कलाम
7.	एपीजे अब्दुल कलाम—रामेश्वरम से राष्ट्रपति भवन तक
8.	भारत भाग्य विधाता
9.	भारत की आवाज
10.	मेरे सपनों का भारत
11.	महाशक्ति भारत
12.	आपका भविष्य आपके हाथ में
13.	जाग्रत् भारत—श्रेष्ठ भारत
14.	परिवर्तन की रूपरेखा
15.	खुशहाल व समृद्ध विश्व
16.	भारत 2020
17.	You are Born to Blossom
18.	Governance for Growth in India
19.	Beyond 2020—A vision for Tomorrow's India
20.	My Journey—Transforming Dreams into Actions
21.	Guiding Souls—Dialogues on the purpose of Life.
22.	The Scientific Indian: A twenty first century guide to the world around us
23.	Target Three Billion
24.	Indomitable Spirit
25.	The Family and the Nation
26.	Envisioning An Empowered Nation
27.	Reignited-Scientific Pathways to A Brighter Future
28.	My India: Ideas for the future
29.	Adva

ntage India: From Challenge to Opportunity

डॉ. कलाम के अनमोल वचन

"मैं चाहता हूँ कि हरेक युवा की जिंदगी में दो सबसे महत्त्वपूर्ण लक्ष्य जरूर हों—एक तो यह कि वह कुछ ऐसा करे कि उसके पास उपलब्ध समस्या बढ़ जाए। दूसरा यह कि उसके पास जो समय है, वह उतने ही समय में ज्यादा-से-ज्यादा काम करके अधिक-से-अधिक उपलब्धियाँ हासिल करे।"

विकसित बिहार : डॉ. कलाम का सपना

डॉ. कलाम हमेशा से ही युवाओं के लिए प्रेरणास्रोत रहे हैं। डॉ. कलाम भी देश के युवाओं से अपेक्षा करते थे कि वे अपने आत्मबल और आत्मविश्वास से ओतप्रोत होकर विजयपताका लहराते रहें। ऊर्जा, उत्साह एवं आकांक्षा को वे विजय प्राप्त करने के लिए हथियार मानते थे। बिहार को विकसित राज्य की श्रेणी में लाने के लिए वे यहाँ के युवाओं को 'आत्म शक्ति' से परिचय अपनी कविता द्वारा इस प्रकार कराते हैं—

बिहार के युवाओं के लिए

"बिहार का दौरा करते हुए मैंने युवकों व बच्चों की एक सभा को संबोधित किया। उनकी ऊर्जा, उत्साह व आकांक्षा को देखकर मैंने एक कविता लिखी, जिसे मैं आपको सुनाना चाहता हूँ—

मैं बिहार की संतान हूँ,
मेरा जन्म बिहार में हुआ,
मैं रहता हूँ, मैं उस जमीं पर पाँव रख चलता हूँ,
जहाँ भगवान् बुद्ध को ज्ञान प्राप्त हुआ।
मैं उस पवित्र जमीं पर पढ़ता-लिखता हूँ,
जहाँ भगवान् महावीर ने उपदेश दिए।
मैं उस धन्य जमीं पर पला-बढ़ा,
जहाँ गुरु गोविंद सिंह ने बार-बार कदम रखे।
मैं पढ़ता हूँ, पढ़ूँगा, उस जमीं पर,

जहाँ महान् खगोलविद् आर्यभट्ट ने पृथ्वी की कक्षा की खोज की,
सूर्य की कक्षा व ग्रहों-तारों के रहस्य खोले।
गंगा नदी मुसकराती है,
बिहार की उर्वर-भूमि मेरा स्वागत करती है
कड़ी मेहनत के लिए।
ऐसी सुंदर भूमि में, ईश्वर मेरे साथ हैं।
मैं काम करूँगा, काम करूँगा और सफल होऊँगा।

उक्त कविता 16 जून, 2012 को 'प्रभात खबर' द्वारा प्रकाशित की गई थी, जो डॉ. कलाम साहब ने 'प्रभात खबर' के अतिथि संपादक के रूप में दिनांक 15 जून, 2012 को बिहार के युवाओं के लिए लिखी थी। अतिथि संपादक के रूप में उन्होंने 'बिहार की मेरी आध्यात्मिक यात्रा' शीर्षक से अपने विचारों को बिहार के सामने रखा था, जो विकसित बिहार की रूपरेखा को दरशाती है। प्रस्तुत है डॉ. कलाम साहब की उस आध्यात्मिक यात्रा की कहानी, जो बिहार के सभी लोगों—खासकर युवाओं के लिए प्रेरणादायी है। भले ही वे अब हमारे बीच नहीं हैं, परंतु उनके सपनों को साकार करना ही उनके प्रति हमारी सच्ची श्रद्धांजलि होगी।

बिहार की मेरी आध्यात्मिक यात्रा

''मैं जब बिहार आता हूँ, सचमुच चकित होता हूँ कि किस प्रकार बिहार की धरती एकीकृत आध्यात्मिक इकाई के रूप में विकसित हुई। मैं पवित्र शहर पावापुरी गया था। यह जैन धर्म का पावन केंद्र है। यहाँ सफेद संगमरमर से बना सुंदर मंदिर है। यहीं भगवान् महावीर ने धर्मोपदेश दिया था। हवा में तैरते धार्मिक श्लोकों के बीच जलमंदिर में, जहाँ भगवान् महावीर ने निर्वाण पाया था, मैंने अपनी श्रद्धा निवेदित की। मेरे आसपास तालाब में कमल के फूल खिले थे। मैं फूलों के बारे में सोच रहा था, तभी 2000 साल पहले प्रसिद्ध तमिल कवि तिरुवल्लुवर की कविता की कुछ पंक्तियाँ याद आईं, जो जीवन के सच को व्यक्त करती हैं। इस दोहे का मतलब है—तालाब की गहराई कितनी भी क्यों न हो, सफाई की स्थिति जैसी भी हो, कमल तनकर खड़ा होता है और सूर्य की तरफ देखते हुए खिल उठता है। इसी तरह मानव जीवन स्तर को उद्देश्यपूर्ण व ऊँचे स्तर पर पहुँचाया जा सकता है, जब व्यक्ति का मस्तिष्क किसी महानलक्ष्य से बँध जाए। मैं बिहार स्कूल ऑफ योगा भी गया था, जहाँ आदि शंकराचार्य से प्रेरित योगा प्रोजेक्ट व

प्रतिष्ठित अस्पतालों से जुड़कर होनेवाली मेडिकल रिसर्च को गाइड किया जाता है। हम सौ साल पहले प्रसिद्ध सूफी मौलाना मोहम्मद अली द्वारा निर्मित पवित्र खानकाह रहमानी भी गए। इस धार्मिक स्थल के प्रति जैसी श्रद्धा मुसलमानों में है, वैसी ही गैर-मुसलमानों में। हम महाबोधि मंदिर गए, जहाँ पूर्णिमा को भगवान् बुद्ध को ज्ञान प्राप्त हुआ व पूर्णिमा को ही निर्वाण भी। हम तख्त श्रीहरमंदिर साहिब भी गए। यह पाँच पवित्र तख्तों में एक है। यहाँ गुरु गोविंद सिंहजी का जन्म हुआ। इन सभी स्थानों पर मैंने पाया कि महान् आत्माओं ने सुंदर जीवन-दर्शन का प्रचार किया। बहुधार्मिक माहौल ने लोगों के लिए शांति व खुशहाली के साथ जीने के लिए सामंजस्यपूर्ण वातावरण बनाया।

किसानों के साथ संवाद : पिछले दिनों मैं मई 2011 में पालीगंज गया था। इस दौरान पालीगंज के किसानों के साथ इस बात पर चर्चा हुई कि कृषि उपज किस तरह बढ़ाई जा सकती है, विभिन्न जिलों के किसानों की इसमें क्या भूमिका होगी। किसानों ने कई सुझाव दिए। इनमें एक जबरदस्त सुझाव गिरधारी शर्मा का था। उन्होंने कहा, हम किसानों को खेती के लिए सब्सिडी की जरूरत नहीं है। हमें बस अच्छी गुणवत्तावाले बीज, खाद-उर्वरक की जरूरत है। यह समय पर मिले। यह संसाधन सर्टिफाइड आपूर्तिकर्ता से मिलें। इसके साथ ही हमें अच्छी तकनीक, मुश्किल समय में सिंचाई सुविधा व बिना रुकावट के बिजली चाहिए। किसानों की ये बातें नए उभरते बिहार का प्रतिनिधित्व करती हैं।

विधानसभा के सदस्यों से संवाद : 15 नवंबर, 2000 को मैंने बिहार विधानसभा के सदस्यों को संबोधित किया। मैंने वहाँ इस बात की चर्चा की कि किस प्रकार आप अपने चुनाव क्षेत्र के लिए और विशेषकर समग्र बिहार के लिए विकास का पाया बन सकते हैं। मैंने उनके सामने कुछ प्रश्न रखे। सदस्यों ने इनका उत्साह के साथ जवाब दिया, जो विशिष्ट तरह के थे। इन जवाबों पर मैंने अपने संबोधन में चर्चा की।

क्षेत्र के लिए दृष्टि : जब मैं उनसे मिला, तो मैंने पूछा कि वर्षों तक अच्छा काम करने के बावजूद हमारी राजनीतिक व्यवस्था जनता का विश्वास हासिल क्यों नहीं कर पाई है ? राजनीति के प्रति लोगों में आदर-भाव कैसे पैदा हो। राजनीतिक व्यवस्था राजनीतिक राजनीति व विकास की राजनीति के समकक्ष होती है। जैसे-जैसे विकास की राजनीति पर जोर होगा, नागरिकों के बीच सम्मान बढ़ेगा। राजनीतिक राजनीति आपके चुनाव के लिए जरूरी है। आपने यह कार्य पूरा कर लिया है। आज राजनीतिज्ञों व उनके क्षेत्र के लिए सबसे जरूरी है—विकास की

राजनीति। बड़ी संख्या में लोग गरीबी रेखा से नीचे हैं। निरक्षरता काफी है। रोजगार चाहनेवालों की संख्या रोजगार के अवसर से अधिक हैं। इसीलिए मिशन यह होना चाहिए कि आपका क्षेत्र आर्थिक तौर पर विकसित हो। इसके लिए क्षेत्र के लोगों में खुशहाली लानी होगी। इसके लिए मिशन क्या हो ?

मिशन बिहार का विकास

1. कृषि व कृषि-उत्पादों के मामले में बिहार में अच्छी संभावना व सामर्थ्य है। कृषि उत्पादकता बढ़ाने के लिए छोटी जोत एक समस्या है। इसीलिए किसानों का को-ऑपरेटिव बनाया जाए, ताकि बड़े आकार के फार्म में मिशन का इस्तेमाल किया जा सके।

2. मैंने खासकर पालीगंज के किसानों से जाना कि जब वे बड़ी मात्रा में अनाज, फल व सब्जियों का उत्पादन करते हैं, तो तीन तरह की समस्याएँ आती हैं—भंडारण, उचित कीमत व बिचौलियों का दबदबा। इसके मद्देनजर मैंने राज्य सरकार को सामुदायिक कृषि मार्केटिंग सिस्टम बनाने का सुझाव दिया। इस दिशा में काम करने से कृषि-उत्पाद का बिहार ब्रांड बनेगा, जो अपनी गुणवत्ता व किसानों के सशक्तिकरण पर आधारित होगा।

3. अगर को-ऑपरेटिव आंदोलन से फार्म का आकार बढ़ाया जा सका, तो कृषि में लगी श्रमशक्ति का एक हिस्सा बेकार हो जाएगा, जिसे कृषि मार्केटिंग नेटवर्किंग में लगाया जाना चाहिए। कृषि-उत्पादों को और बेहतर बनाने के लिए वैल्यू एड व अन्य विकसित तरह के काम में लगाया जाना चाहिए।

4. ब्रांड मार्केटिंग क्षमता के साथ समन्वित करते हुए कृषि व कृषि-उत्पादों की तरह कुछ और क्षेत्र हैं, जैसे पर्यटन। यह सौभाग्य की बात है कि बिहार में पर्यटन के लिहाज से धार्मिक केंद्र हैं। विभिन्न धर्मों के केंद्र हैं, जिनमें विदेशी पर्यटकों तक को आकर्षित करने की क्षमता है। इसके लिए 10 लाख विदेशी व एक करोड़ देशी पर्यटकों को आकर्षित करने की योजना बनाई जानी चाहिए। निश्चित रूप से बिहार को पाँच वर्षों का पर्यटन मिशन बनाना चाहिए। इसके लिए आधारभूत ढाँचा व मानव संसाधन को ट्रेंड करना होगा, जिसे पर्यटन उद्योग के अंतरराष्ट्रीय मानकों के अनुकूल होना चाहिए। यह ध्यान रखना चाहिए कि धार्मिक केंद्रों के लिए आधारभूत ढाँचे के निर्माण के लिए कई अंतरराष्ट्रीय समूहों के साथ पार्टनरशिप भी संभव है। इस तरह बिहार में पर्यटन क्षेत्र में पूरे बिहार में

जबरदस्त संभावना है।

5. बिहार में 38 जिले हैं। यह जरूरी है कि विधानसभा में इस बात पर चर्चा होनी चाहिए कि हर जिले व विधानसभा क्षेत्र में मध्यम व छोटे आकार के उद्योगों को स्थापित किया जाए व जिले की खासियत का इस्तेमाल किया जाए। इसके लिए बाजार, रणनीति व गुणवत्ता को बनाए रखना होगा, ताकि प्रतियोगिता में टिके रहा जा सके।

6. प्रदेश से गंगा व उसकी कई सहायक नदियाँ बहती हैं, पर अधिकतर विधानसभा क्षेत्र बार-बार या तो बाढ़ से पीड़ित होते हैं अथवा सूखे से। बिहार के लोगों का एक बड़ा सपना है। क्या कभी बिहार बाढ़मुक्त बन पाएगा, क्या जल संकट से मुक्ति मिलेगी? इस सपने को पूरा करने का मतलब है कि विधायकों को केवल अपने पाँच साल के कार्यकाल तक के बारे में नहीं सोचना होगा। उन्हें अगले 15 वर्षों तक के लिए दृष्टि व योजना पेश करनी चाहिए। बिहार के पास आधुनिक जल मार्ग होना चाहिए, जो प्रदेश को बाढ़मुक्त बनाएगा, बिजली मिलेगी, दीर्घकालिक सिंचाई सुविधाओं का विकास होगा व प्रदूषणमुक्त वातावरण बनेगा। इसके साथ ही ये जल मार्ग देशी-विदेशी पर्यटकों को आकर्षित करेंगे। यह जल मार्ग सभी 45000 गाँवों को एक-दूसरे से जोड़ेंगे। हिंदू, बौद्ध, जैन, सिख व इसलामी सभी धार्मिक केंद्रों को जोड़ेंगे, जो विभिन्न हिस्सों में हैं। ऐसे आधुनिक जल मार्ग अतिरिक्त जलाशयों की तरह होंगे। मध्यम आकार के डैम बनाने होंगे। इससे 50 लाख एकड़ भूमि में सिंचाई संभव होगी।

500 मेगावाट से अधिक बिजली का उत्पादन संभव हो सकेगा व 90 लाख लोगों के लिए रोजगार के अवसर उपलब्ध होंगे। तेज जल निकासी के कारण यह उपाय बार-बार बाढ़ की विभीषिका से मुक्ति दिलाएँगे, वहीं अतिरिक्त जल का भंडारण भविष्य में जल-संकट होने पर काम का साबित होगा।

7. बिहार के 45000 गाँवों के विकास के लिए सबसे महत्त्वपूर्ण औजार के बतौर 'पुरा' प्रस्तावित करता हूँ, जिससे गाँवों में शहरों की सुविधाएँ उपलब्ध कराई जा सकें। इसका अर्थ है कि फिजिकल, इलेक्ट्रॉनिक, नॉलेज कनेक्टिविटी गाँवों में समृद्धि का रास्ता खोलनेवाली होगी। मैं प्रस्तावित करता हूँ कि बिहार में 50 हजार पुरा कांप्लेक्स बनाए जाएँ।

निष्कर्ष : दोस्तो, मानव उद्यमिता की उपलब्धि की किसी भी प्रणाली में तब उत्कृष्टता उभरकर सामने आती है, जब इस दृष्टि को कड़ी प्रतियोगिता व रचनात्मक नेतृत्व का समर्थन हासिल हो।

क्या होता है रचनात्मक नेतृत्व : मैंने तीन सपने देखे, जिन्होंने दृष्टि, मिशन व बोध के रूप में आकार लिया। इसरो के स्पेस प्रोग्राम, डीआरडीओ के अग्नि व 'पुरा' राष्ट्रीय मिशन बनकर सामने आए। निश्चित रूप से इन तीनों कार्यक्रमों की सफलता के दौरान कई चुनौतियाँ व मुश्किलें आईं। मैंने इन तीनों क्षेत्रों में काम किया है। मैं आपको बताना चाहता हूँ कि इन तीनों कार्यक्रमों के दौरान नेतृत्व का मतलब मैंने क्या समझा।

- दूरदृष्टि (विजन) अवश्य हो।
- विजन को जमीन पर उतारने का जुनून हो।
- नेतृत्व को नई राह बनाने, उस पर चलने के लिए तैयार रहना चाहिए।
- उसे विफलता व सफलता दोनों का सामना करने को तैयार रहना चाहिए।
- निर्णय लेने का साहस होना चाहिए।
- उसे प्रबंधन में विनम्र होना चाहिए।
- उसे हर कारवाई में पारदर्शी होना चाहिए।
- उसे ईमानदारी के साथ काम करना चाहिए व इसी तरह सफलता पानी चाहिए।

सभी मिशनों में सफलता के लिए नेतृत्व को रचनात्मक होना चाहिए। रचनात्मक नेतृत्व का अर्थ है—दृष्टि को ऐसे अमल में लाएँ, जिससे उनकी भूमिका परंपरागत कमांडर से बदलकर कोच के रूप में स्थापित हो। वह मैनेजर के बदले मेंटर, निदेशक की जगह डेलिगेट व दूसरों से आदर की माँग करनेवाले की जगह खुद आदर पाने के योग्य साबित करनेवाला हो। खुशहाल व विकसित बिहार के लिए इस बात पर जोर होना चाहिए कि उसके पास कई रचनात्मक नेता हों। मैं आपके रचनात्मक नेतृत्व से आश्वस्त हूँ—गवर्नेंस, उद्योग, बौद्धिक जन व युवा; सब मिलकर बिहार को देश के शक्तिशाली आर्थिक इंजन में बदल देंगे, जहाँ सबके लिए समान अवसर होंगे, सबके लिए सद्भाव होगा।

इसके पूर्व डॉ. कलाम साहब ने 28 मार्च, 2006 को बिहार विधानमंडल के दोनों सदनों को संयुक्त रूप से संबोधित करते हुए 'बिहार की समृद्धि का संदेश' दिया था, जिसका विस्तार से वर्णन अगले अध्याय में किया जा रहा है। उपरोक्त 'बिहार की आध्यात्मिक यात्रा' का सारांश भी बिहार की समृद्धि के संदेश के सदृश्य है।

बिहार की समृद्धि के संदेश एवं रचनात्मक नेतृत्व को यदि सम्मिलित रूप से देखा जाए तो यह बिहार की समृद्धि के लिए 'मील का पत्थर' साबित हो सकता

है। आवश्यकता है समृद्धि के संदेश एवं रचनात्मक नेतृत्व को जमीन पर उतारने की और इसका नेतृत्व यदि बिहार के युवा करें तो वह दिन दूर नहीं, जब बिहार पुनः एक समृद्ध प्रदेश बनकर दुनिया के सामने अपने गौरवशाली इतिहास को दुहरा सकता है और देश का विकसित राज्य बनकर उभर सकता है।

रचनात्मकता सृजन हेतु डॉ. कलाम साहब के द्वारा दिए गए दो संदेश

1.	अपने घर में एक छोटी लाइब्रेरी बनाइए। इसमें अच्छी पुस्तकें रखिए। आप खुद पढ़ेंगे, तो आपके बच्चे भी पढ़ेंगे।
2.	अपने घर में प्रार्थना के लिए एक जगह बनाइए। यहाँ पूरा परिवार एक साथ बैठकर प्रभु से प्रार्थना कीजिए।

❑

बिहार की समृद्धि का 10 सूत्री संदेश

28 मार्च, 2006 का दिन बिहार के इतिहास का वह स्वर्णिम दिन था, जब भारत के महामहिम राष्ट्रपति व वैज्ञानिक डॉ. ए.पी.जे. अब्दुल कलाम साहब द्वारा बिहार विधान मंडल के संयुक्त अधिवेशन को संबोधित करते हुए बिहार की समृद्धि एवं सर्वांगीण विकास हेतु दस सूत्री मार्गदर्शन दिया गया। उक्त संबोधन हेतु राज्य के माननीय मुख्यमंत्री श्री नीतीश कुमार द्वारा राज्य की 9 करोड़ जनता की ओर से महामहिम को बिहार के विकास हेतु मार्गदर्शन के लिए आमंत्रित किया गया था और महामहिम द्वारा बिहार विधान मंडल के दोनों सदनों के माननीय सदस्यों को संबोधित करने हेतु अपनी कृपापूर्ण सहमति प्रदान की गई थी।

उक्त संबोधन का प्रकाशन बिहार विधानसभा सचिवालय, पटना द्वारा 'बिहार की समृद्धि का संदेश' शीर्षक से मार्च 2007 में इस आशा के साथ किया गया था कि डॉ. कलाम साहब का उक्त संबोधन बिहार की समृद्धि की दिशा में प्रयासरत व्यक्तियों एवं संस्थाओं के लिए मार्गदर्शक बन सकेगा तथा भावी पीढ़ियों के लिए एक धरोहर सिद्ध हो सकेगा।

प्रस्तुत है बिहार विधानसभा सचिवालय, पटना द्वारा प्रकाशित वह ऐतिहासिक संबोधन, जो निश्चित रूप से विकसित व समृद्ध बिहार के लिए 'ब्लू प्रिंट' की भाँति हम सब युवाओं के मन को झकझोर सकता है। आशा है डॉ. कलाम साहब के उस ऐतिहासिक संबोधन के एक-एक क्षण के दृश्य को अपनी नजरों के सामने गुजरते हुए आप महसूस करेंगे और बिहार की समृद्धि की किरणों को अपनी आँखों में समाते रहेंगे।

सभा पूर्वाह्न 11:00 बजे समवेत हुई।

(अध्यक्ष महोदय पीठासीन हुए)

अध्यक्ष (श्री उदय नारायण चौधरी): माननीय सदस्यगण, अब सभा की

कारवाई प्रारंभ की जाती है।

आज बिहार विधानसभा के संसदीय इतिहास में ऐतिहासिक क्षण है। हम सभी लोग महामहिम राष्ट्रपति की प्रतीक्षा में उपस्थित हैं। आज का दिन बिहार विधानमंडल के लिए गौरवान्वित करनेवाला है। बिहार विधानमंडल के इतिहास में यह प्रथम अवसर है, जब महामहिम राष्ट्रपति हमें अपने संबोधन से अनुगृहीत करेंगे। हम सबके लिए यह सुखद अनुभव का क्षण होगा। हम सभी, महामहिम राष्ट्रपति के साथ-साथ एक महान् वैज्ञानिक के चिंतन से लाभान्वित होंगे, जो हमारे संसदीय जीवन के लिए एक अमूल्य उपादेय के समान होगा। कुछ ही देर के बाद बिहार विधानमंडल परिसर में महामहिम का शुभागमन होगा। आप लोगों की अनुमति से मैं कुछ देर के लिए राष्ट्रपति महोदय का स्वागत करने और उन्हें यहाँ लाने के लिए बाहर जा रहा हूँ। इस बीच आप लोग कृपया अपने-अपने स्थान पर शांतिपूर्वक बैठे रहेंगे।

महामहिम राष्ट्रपति के समावेशन में अनुरूपित शोभा-यात्रा के साथ प्रवेश राष्ट्रगान की धुन बजाई गई—

(भारत के महामहिम राष्ट्रपति, बिहार के महामहिम राज्यपाल, माननीय सभापति, बिहार विधान परिषद् एवं माननीय अध्यक्ष, बिहार विधानसभा द्वारा आसन ग्रहण किया गया)

बिहार के महामहिम राज्यपाल द्वारा स्वागत भाषण

महामहिम राज्यपाल (श्री गोपाल कृष्ण गांधी): महामहिम राष्ट्रपतिजी, आप भारत की समग्र आशा और भारत की समग्र चेतना के बिंब और प्रतिनिधि हैं, 100 करोड़ जनता के समग्र चिह्न हैं। आज बिहार के 9 करोड़ लोगों के निर्वाचित प्रतिनिधियों की ओर से इस विधानमंडल में आपका स्वागत करते हुए मुझे गर्व और हर्ष हो रहा है।

देशरत्न डॉ. राजेंद्र प्रसाद और लोकनायक जयप्रकाश नारायण की कर्मभूमि में आपका हार्दिक स्वागत है। राजपद और आसीन निर्वाचित सदस्यगण और विपक्ष में आसीन सदस्यगण, सबकी माननीय उपस्थिति बिहार की जनता की ओर से, सभापति और अध्यक्ष महोदय की ओर से आपको यह कहना चाहती है कि महामहिम! आपकी जो दृष्टि है, आपके जो संकल्प हैं, आपका जो दर्शन है, बौद्धिक, तकनीकी और सामाजिक, वह हमारे इस राज्य के लिए मार्गदर्शक

होगा। आपसे मेरा इस विधानमंडल की ओर से अनुरोध है कि इस विशेष अवसर पर, जिसमें पुरानी मर्यादाओं और परंपराओं के साथ आधुनिक तकनीकी समर्थन उपलब्ध हैं, इस सभा में आपके उद्बोधन की प्रतीक्षा में हम उपस्थित हैं, महामहिम!

बिहार की समृद्धि का 10 सूत्री संदेश

भारत के महामहिम राष्ट्रपति (डॉ. ए.पी.जे. अब्दुल कलाम) : मेरे दोस्तो, नमस्कार!

इस ऐतिहासिक सभा–कक्ष में उपस्थित आप सभी को मेरा हार्दिक अभिनंदन। हजारों वर्षों की हमारी सांस्कृतिक और विकास की विरासत में बिहार की पावन भूमि और इस राज्य के मनस्वियों का योगदान निहित रहा है।

मुझे पूरा विश्वास है कि कालचक्र के निरंतर प्रवाह में यह समय आ गया है, जब इसके विकास और निर्माण में यह राज्य पुनः एक निर्णायक भूमिका अदा करेगा। इस दिशा में मेरे कुछ विचार हैं, जिन्हें मैं आपके समक्ष रखना चाहता हूँ। मैं जब अंग्रेजी में बोलूँगा, आपके लिए हिंदी का अनुवाद कराया है, जो आपको मिल जाएगा।

मैं जो बोलने जा रहा हूँ, वह हिंदी और अंग्रेजी में होगा और अंत में आपको इसकी एक–एक प्रति मिल जाएगी।

माननीय राज्यपाल, श्री गोपाल कृष्ण गांधीजी, बिहार विधानसभा के माननीय अध्यक्ष, श्री उदय नारायण चौधरीजी, बिहार विधान परिषद् के माननीय सभापति, प्रो. हुसैन, माननीय मुख्यमंत्री, माननीय नेता, प्रतिपक्ष तथा माननीय सदस्यगण, आप सबको मेरा अभिवादन।

मित्रो, एक बार फिर पटना आकर और बिहार की विधानसभा तथा विधान परिषद् के सदस्यों को संबोधित करते हुए मुझे हार्दिक प्रसन्नता हो रही है। आप सभी एक महान् संस्था के सदस्य हैं, जो राज्य को एक संकल्पना प्रदान करती है और राज्य के वैधानिक ढाँचे, नीतियों और कार्यक्रमों का निर्माण करती है। आप वित्तीय संसाधनों और प्रमुख कार्यों के कार्यान्वयन का निरीक्षण करते हैं। आपका एक गौरवशाली इतिहास है। भारत के प्रथम राष्ट्रपति डॉ. राजेंद्र प्रसादजी ने आपको संबोधित किया था और बिहार उनका गृहराज्य भी है। आपका मिशन है कि आप बिहारवासियों के सपनों और आकांक्षाओं को साकार करें। आप सबको मेरा अभिवादन।

साथियो, बिहार और मैं अनेक प्रकार से जुड़े हुए हैं। राष्ट्रपति बनने के बाद से मैं यहाँ पता नहीं कितनी बार आया हूँ। मैं यहाँ के किसानों, विद्यार्थियों, बुद्धिजीवियों, धर्मिक नेताओं और राजनेताओं से भली-भाँति परिचित हूँ।

प्रिय मित्रो, आज जब मैं बिहार आया हूँ तो मैं तीन घटनाओं का जिक्र करूँगा, जो हम सबके लिए बहुत महत्त्वपूर्ण हैं—सबसे पहली घटना मेरी इस माह संपन्न हुई मॉरिशस यात्रा से संबद्ध है। मैं मॉरिशस गया था। यह एक अफ्रीकी देश है। मॉरिशस यात्रा के दौरान मैं मॉरिशस के राष्ट्रपति अनिरुद्ध जगन्नाथ और प्रधानमंत्री डॉ. नवीन चंद्र रामगुलाम से मिला, दोनों ही नेताओं के पूर्वज मूल रूप से बिहार राज्य के रहनेवाले थे। उन्हें इस पर गर्व है। यात्रा के दौरान मॉरिशस के 6 कैबिनेट मंत्री भी मिले। उनके पूर्वज भी मूल रूप से बिहार के निवासी थे। यह जानकर मुझे प्रसन्नता हुई। मॉरिशस के 12 लाख लोगों में से अधिकतम के पूर्वज बिहार के रहनेवाले थे। बिहार और मॉरिशस के बीच यह एक प्रमुख संयोजन है। मॉरिशसवासियों को अपने मूल स्थान पर बड़ा गर्व है। हिंदी और भोजपुरी भाषा अभी भी वहाँ के लोगों में जीवंत है। बिहार के लोग निस्संदेह बहुत उद्यमी हैं, वह जहाँ भी जाते हैं, वहाँ की धरती को समृद्ध बना देते हैं अर्थात् बिहारवासियों में परिपोषण और विकास करने की स्वाभाविक क्षमता है। बिहार के लोगों में चुनौतियाँ स्वीकार करने और सफलता प्राप्त करने का सामर्थ्य है। इतिहास इस बात का गवाह है। बिहार विधानसभा और विधान परिषद् को इन मिशनों को साकार रूप देने के लिए लोगों को सशक्त बनाना चाहिए।

मित्रो, भारत के राष्ट्रपति पद पर आसीन होने के तुरंत बाद मुझे कैलिफोर्निया विश्वविद्यालय, अमेरिका के लोक प्रशासन के विद्वान् डॉ. पाल एप्पलबी द्वारा 'भारतीय राज्यों के प्रशासन' पर तैयार की गई उस अध्ययन रिपोर्ट को पढ़ने का मौका मिला, जो 1952 में उन्होंने भारत के प्रथम प्रधानमंत्री पं. जवाहरलाल नेहरू को भेंट की थी। डॉ. एप्पलबी ने अपने अध्ययन में विभिन्न मानकों और देशभर के सैकड़ों विशेषज्ञों से साक्षात्कार के बाद यह निष्कर्ष निकाला था कि उस समय संपूर्ण देश में बिहार राज्य का प्रबंधन सभी राज्यों से श्रेष्ठ था।

उस समय यह स्थिति थी, परंतु हर बार ऐसा होना संभव है, जिसका अर्थ है कि आप में क्षमताएँ हैं।

यह दूसरा रोचक किस्सा है, जो बिहार विधानमंडल के माननीय सदस्यों के लिए अपनी यह परिचर्चा तैयार करते वक्त मुझे याद आया।

तीसरी घटना एक माह पूर्व दक्षिण कोरिया में, 'वर्ल्ड फारमर्स मूवमेंट

कॉर्पोरेशन' के अध्यक्ष डॉ. बम किम के राष्ट्रपति भवन आगमन से जुड़ी हुई है। वह मुझसे मिलने आए। उन्होंने मुझे बताया कि बिहार प्रदेश से उन्हें विशेष लगाव है और वे बिहार में कृषि का विकास और उससे संबंधित उद्योग स्थापित करना चाहेंगे। मैं जब उनसे मिला तो उनके पास कृषि के विकास की एक विस्तृत रूपरेखा थी और कृषि योग्य भूमि तथा जल संसाधन के विस्तृत मानचित्र उनके पास थे। बिहार में यथासंभव कृषि उत्पादन बढ़ाने की उनकी योजना और प्रतिबद्धता ने मुझे विश्वास दिलाया कि वह दिन दूर नहीं, जब बिहार संपूर्ण भारत के लिए चावल का भंडार बन जाएगा।

अकसर भारत और विदेशों से आनेवाले विभिन्न महत्त्वपूर्ण व्यक्तियों से मैं मुलाकात करता हूँ। किसी ने भी इससे पहले कभी बिहार के विकास में इतनी रुचि और स्पष्टता नहीं दिखाई थी। ये एक वैज्ञानिक हैं, एक प्रोफेसर हैं, जो इस क्षेत्र में दृढ इच्छाशक्ति और उत्साह से काम करने के लिए तैयार हैं। उनका कहना है कि सियोल स्थित उनके संस्थान के दरवाजे बिहार के लिए सदा खुले हैं। विकास-प्रक्रिया में सहयोग के लिए वे कोरिया से अपने कई साथियों को भी लाएँगे। मैंने तुरंत मुख्यमंत्री से चर्चा की और वह फरवरी माह में ही एक बैठक के लिए तैयार हो गए। डॉ. किम से एक बहुत मजेदार ई-मेल प्राप्त हुआ, जो मैं आप सबको भी बताना चाहूँगा कि दक्षिण कोरिया विशेषकर योनसई विश्वविद्यालय, जहाँ मैं कोरिया की यात्रा के समय गया था और कांग्वोन राष्ट्रीय विश्वविद्यालय के वरिष्ठ विद्वान् बिहार के विकास के लिए विकासात्मक कार्यनीतियों, गतिविधियों, नीतियों और महत्त्वपूर्ण निर्णयों पर दक्षिण कोरिया में प्रस्तुतियाँ तैयार कर रहे हैं।

मैं इस बात से बहुत प्रभावित हुआ कि एक सप्ताह की अवधि में ही डॉ. बम इल किम मुझसे मिले। बिहार के मुख्यमंत्री से मिले, ए.के. सिन्हा इंस्टीट्यूट ऑफ सोशल साइंसेज में गए और दक्षिण कोरिया वापस लौटकर वहाँ विशेषज्ञों से विस्तृत चर्चा के बाद विकास की कार्य योजना तैयार करके ले आए। मैं अभी तक यह जानने की कोशिश कर रहा हूँ कि इस प्रोफेसर को बिहार की किस बात ने इतना प्रेरित किया। महात्मा बुद्ध की इस धरती से जुड़ी पवित्रता डॉ. किम जैसे कितने और लोगों को बिहार की ओर आकर्षित करेगी। वे मुझे स्वर्गीय प्रो. एस.के. सिन्हा की याद दिलाते हैं, जिन्होंने 'टेक्नॉलोजी इनफॉर्मेशन फोरकास्टिंग एंड एसेसमेंट काउंसिल' (टाइफेक) में मेरे साथ मिलकर 'कृषि संकल्पना-2020' को विकसित करने में काफी काम किया था। वास्तव में वे ही इस संकल्पना को बिहार लेकर गए और इसके सफल परिणाम मिले। इन प्रयासों ने मुझे बिहार के साथ जोड़ा।

यह आवश्यक है कि यहाँ उपस्थित सभी विधायक ऐसे विचारों को स्वीकार करने के लिए प्रेरक माहौल बनाएँ और बिहार के विकास में योगदान दें।

दोस्तो, अब इन तीन संदेशों के साथ-साथ हमें निश्चित ही बिहार को आर्थिक दृष्टि से एक समृद्ध राज्य बनाने में आनेवाली चुनौतियों की परवाह किए बिना दृढ़निश्चय के साथ आगे बढ़ना चाहिए। आज मैं इसी विषय पर आपके साथ चर्चा करूँगा। बिहार भारत संघ का एक प्रमुख राज्य है। भारत के विकास के लिए बिहार का विकसित होना बहुत आवश्यक और महत्त्वपूर्ण है। मैं बिहार विधानमंडल के माननीय सदस्यों के सम्मुख 'बिहार की समृद्धि का मिशन' विषय पर अपने विचार प्रस्तुत करना चाहूँगा। मैंने 'बिहार की समृद्धि मिशन' विषय को परिचर्चा के लिए चुना है।

अब मैं बिहार से संबंधित विषयों पर विस्तारपूर्वक विचार करने से पूर्व हमारे देश के समक्ष चुनौतियों के बारे में आपसे बात करना चाहता हूँ। जैसा कि आप इस पावर पॉइंट प्रस्तुति, जो कि अंग्रेजी और हिंदी दोनों में है, में देख सकते हैं कि गरीबी रेखा से नीचे रह रहे 26 करोड़ लोगों के उन्नयन की समस्या हमारे देश के सम्मुख प्रमुख चुनौती है। हम एक अरब लोग हैं। 26 करोड़ लोग गरीबी रेखा से नीचे रह रहे हैं। उदाहरणार्थ, बिहार में लगभग 40 प्रतिशत लोग गरीबी रेखा से नीचे रह रहे हैं। भारत में लगभग 4 करोड़ लोगों को रोजगार के अवसरों की आवश्यकता है। इन लोगों का उत्थान कैसे किया जाए? नक्शे में मैंने बिहार के 30 जिले दरशाए हैं। मैंने इसे भारत के नक्शे से लिया है।

भारत सरकार ने बिहार राज्य के 38 जिलों में से 23 जिलों को चिह्नित कर वहाँ रोजगार के अवसर उत्पन्न करने का निश्चय किया है। आप ऐसा कैसे करेंगे, आप 26 करोड़ लोगों का उत्थान कैसे करेंगे? हमें इसके लिए आवास की जरूरत है। हमें रोजगार के अवसरों की जरूरत है। हमें स्वास्थ्य सेवा और शैक्षिक उत्थान की आवश्यकता है। ये सभी चीजें अनिवार्य हैं। हम इस ओर अभिमुख हो रहे हैं। उदाहरण के लिए इसे 'पूरा' कार्यक्रम अर्थात् 'ग्रामीण क्षेत्रों में शहरी सुविधाएँ उपलब्ध कराना' कहा जाता है। पूरे देश में करीब 7000 ग्रामीण क्षेत्रों में शहरी सुविधाएँ उपलब्ध कराई जानी हैं, जिसमें से 500 क्षेत्र तो केवल बिहार में ही हैं।

अब, क्या कारवाई किए जाने की आवश्यकता है? जैसा मैंने कहा कि 26 करोड़ लोगों को गरीबी रेखा से ऊपर लाना है। इसके पहले मैं राष्ट्र के परिवेश के बारे में बताना चाहता हूँ। परिवेश आर्थिक गति को ऊपर ले जाने जैसा है। आज पूरी दुनिया कहती है कि हमारी आर्थिक प्रगति बहुत तेजी से हो रही है। यह सत्य

भी हो सकता है। हमारा विदेशी मुद्रा भंडार लगातार बढ़ रहा है, जो अब लगभग 140 बिलियन अमेरिकी डालर है। मुद्रास्फीति की दर घट रही है। मुद्रास्फीति के मामले में हम लगभग 4 प्रतिशत के आस-पास हैं। हमारी प्रौद्योगिकी प्रतिस्पर्द्धा की विश्वव्यापी पहचान बन चुकी है। पूरी दुनिया में लोगों का विश्वास है कि भारतीय बौद्धिकता बहुत शक्तिशाली है। यह पहचान बन चुकी है और खासकर बिहार के युवाओं को कई स्थानों पर तरजीह दी जाती है। हमारे 54 करोड़ लोग युवा हैं। इस पृथ्वी पर और कहीं भी 54 करोड़ लोग युवा नहीं हैं, अर्थात् हमारी जनसंख्या के 50 प्रतिशत लोग 25 वर्ष से कम आयु के हैं। यह युवा शक्ति है। भारतीय मूल के 2 करोड़ लोग विश्व के विभिन्न भागों में रहते हैं। मुझे मॉरिशस में अधिकांश बिहार के लोग दिखाई दिए। कई विकसित देशों में हमारे अभियंता और वैज्ञानिकों में निवेश करने और भारत में अनुसंधान और विकास केंद्र स्थापित करने की होड़ लगी है। लंदन में विदेशी निवेश के मामले में भारत अमेरिका के बाद दूसरे स्थान पर है। यूरोप में भारतीय निवेश 1997 से 2004 की अवधि के दौरान 5 प्रतिशत से बढ़कर 119 प्रतिशत हो गया है।

सरकार केवल घरेलू उत्पाद वृद्धि 8 प्रतिशत सुनिश्चित करने के लिए प्रतिबद्ध है और यह दर 7.5 प्रतिशत से 8 प्रतिशत के बीच चल रही है। कृषक कल्याण और ग्रामीण विकास पर मुख्य रूप से ध्यान दिया जा रहा है। मैं भारत निर्माण कार्यक्रम के बारे में आपसे बात करता हूँ। हम इसमें करीब 1,24,000 करोड़ रुपए का निवेश करने जा रहे हैं। उद्यमशीलता का सृजन, विद्यालय और महाविद्यालय, सभ्यता की विरासत और गतिशील लोकतंत्र राष्ट्र के परिवेश के अंग हैं और आप उसके पोषक हैं।

अब हम इस पर नजर डालें कि वास्तव में हमें क्या करना चाहिए? ये सभी बातें अच्छी हैं और जानने लायक हैं। हमें सकल घरेलू उत्पाद की 8 प्रतिशत वृद्धि दर को बढ़ाने और उन 26 करोड़ लोगों के उत्थान के लिए क्या करना चाहिए, जो गरीबी रेखा से नीचे हैं? आर्थिक मामलों के जानकार और विशेषज्ञों का कहना है कि हमारे सकल घरेलू उत्पाद की वृद्धि दर 8 प्रतिशत से बढ़कर 10 प्रतिशत होनी चाहिए। यदि हम सकल घरेलू उत्पाद की वृद्धि दर बढ़ा पाते हैं और इसे एक दशक तक कायम रखते हैं तो एक दशक में 26 करोड़ लोगों का उत्थान किया जा सकता है। आर्थिक मामलों के जानकारों का ऐसा मानना है। आप ऐसा कैसे करेंगे? प्रौद्योगिकी सूचना अनुमान और आकलन परिषद् ने वृद्धि दर बढ़ाकर 10 प्रतिशत करने के लिए पाँच महत्त्वपूर्ण क्षेत्रों की पहचान की है। ऐसा कैसे करें? एक तो

कृषि और खाद्य-प्रसंस्करण है। कृषि और खाद्य-प्रसंस्करण बहुत महत्त्वपूर्ण है। मैं इसके बारे में बताता हूँ, विशेषकर बिहार के लिए यह आधारभूत मुख्य सक्षम क्षेत्रों में से एक है और राष्ट्र के लिए भी यह महत्त्वपूर्ण है। कृषि और खाद्य-प्रसंस्करण का अर्थ खाद्य-सुरक्षा है और यह रोजगारपरक होने की कुंजी भी है।

अगला क्षेत्र शिक्षा और स्वास्थ्य सेवा का है। यहाँ मैं आपसे कहूँगा कि आपको शिक्षा के क्षेत्र में बहुत काम करना है। बिहार को शिक्षा के क्षेत्र में बहुत काम करना है। आपकी साक्षरता दर केवल 45 प्रतिशत है। इसलिए मैं इसे प्राप्त करने के लिए एक कार्य योजना बता रहा हूँ। शिक्षा और स्वास्थ्य के मामले में, एक राष्ट्र के रूप में हम नारी शिक्षा को सर्वोच्च प्राथमिकता देंगे। जहाँ कहीं भी नारी शिक्षा को महत्त्व दिया जाएगा, बाल-शिक्षा के स्तर में वृद्धि होगी। जहाँ कहीं भी नारी शिक्षा है, वहाँ भारत के दक्षिणी भाग के कुछ राज्यों की भाँति छोटा परिवार होगा। शिक्षा और स्वास्थ्य से रोजगार और मूल्य संवर्धन, सामाजिक सुरक्षा और जनसंख्या नियंत्रण संभव है। मैं तो कहता हूँ कि पोषाहार सुरक्षा और खाद्य-सुरक्षा को एक-दूसरे के साथ जोड़ देना चाहिए।

तीसरी बात, सूचना और संचार प्रौद्योगिकी की है। आप सब जानते हैं कि हम 26 बिलियन डॉलर मूल्य का व्यापार कर रहे हैं, जिसमें से 15 बिलियन डॉलर मूल्य के सॉफ्टवेयर का निर्यात होता है और हम लगभग 11 मिलियन डॉलर मूल्य के सॉफ्टवेयर का उपयोग देश में 'टेलीमेडिसिन, टेली-शिक्षा और ई-गवर्नेंस' के लिए करते हैं। इसी प्रकार, आपके लिए आधारभूत संरचना का विकास भी बहुत महत्त्वपूर्ण है। मैंने इसे बिहार के विकास के लिए एक मिशन के रूप में विशेष रूप से रखा है।

हमारे पास 'पुरा' (पी.यू.आर.ए.) अर्थात् 'ग्रामीण क्षेत्रों में शहरी सुविधाएँ उपलब्ध कराना' योजना है। मैं आपकी नेटवर्किंग को जानता हूँ कि यह राज्य प्राय: बाढ़ से प्रभावित रहता है। मेरे पास इसका एक समाधान है, जिसके बारे में मैं आपसे चर्चा करना चाहता हूँ।

अंत में, मैं संवेदनशील क्षेत्र अर्थात् संवेदनशील प्रौद्योगिकी विकास की बात करता हूँ, क्योंकि वर्ष 1998 में जब भारत परमाणु शस्त्र संपन्न राष्ट्र बना, तब सभी विकसित देशों ने हमारे ऊपर प्रतिबंध थोप दिए, उन्होंने हमारे ऊपर प्रौद्योगिकी तथा आर्थिक प्रतिबंध लगा दिए। हमने उनका सामना कैसे किया ? हमने किसान-सुरक्षा के माध्यम से उनका सामना किया। हमारे पास खाद्य-सुरक्षा थी; लघु उद्योग अच्छा कार्य कर रहा था। हमारे तकनीकी संस्थान बहुत अच्छा कार्य कर रहे थे। हमारे

अनिवासी भारतीयों ने बॉन्डों के माध्यम से योगदान किया था। इन सबकी सहायता से हम उबरने में समर्थ हो सके। भविष्य में हमने निश्चय किया है कि कोई भी राष्ट्र हम पर प्रतिबंध नहीं लगा सकता। हमें आत्मनिर्भर बनना पड़ेगा। इसीलिए संवेदनशील प्रौद्योगिकी बहुत महत्त्वपूर्ण है। रणनीतिक क्षेत्रों में आत्मनिर्भरता का भी बड़ा महत्त्व है।

अब हम विज्ञान और प्रौद्योगिकी की बात करते हैं। जब मैं बिहार की यात्रा पर था तो मैं वहाँ के स्कूलों और कॉलेजों के 17 वर्ष से कम उम्र के लाखों युवाओं से मिला। मैं उनसे न केवल बिहार में, बल्कि पूरे देश में मिला। बिहार के युवा मेधावी हैं। जब मैंने उनसे बात की तो उन्होंने मुझसे कहा, "राष्ट्रपति महोदय, कृपया हमारे विधायकों, हमारे प्रशासकों और नीति-निर्धारकों से कहिए कि हम एक शांतप्रिय, खुशहाल और सुरक्षित देश चाहते हैं।" वह यही संदेश देते हैं। मैं उनसे इ-मेल के माध्यम से बात करता हूँ। मुझे उनसे इ-मेल के माध्यम से ढेर सारे पत्र प्राप्त होते हैं।

यदि आपको ये सारी बातें करनी हैं तो विकास के साधन क्या हैं? हमें प्राकृतिक आपदाओं का सामना करना पड़ता है। जब झारखंड राज्य बना तो अनेक उद्योग झारखंड में चले गए, लेकिन बिहार के लोग बहुत अच्छे, परिश्रमी और बुद्धिमान हैं। आपकी धरती बड़ी मनोरम है; आपके पास जल और प्राकृतिक संसाधन हैं। आपके पास युवा लोग और मानव संसाधन हैं। आपको इसके महत्त्व में वृद्धि करनी है। आप यह कार्य प्रौद्योगिकी और ज्ञान की सहायता से कर सकते हैं, फिर क्या होगा? हमारे पास कृषि, उत्पादन और सेवाएँ जैसे क्षेत्र होंगे। मूल क्षमताएँ और प्रौद्योगिकियों से उच्च आय और रोजगार सृजन का मार्ग प्रशस्त होगा और रोजगार सृजन से उच्च सकल घरेलू उत्पाद प्राप्त होगा, जो कि मैंने शुरू में ही आपको बताया था कि यह 10 प्रतिशत है। विकास के साधन पाँच राष्ट्रीय मिशनों अर्थात् जल, ऊर्जा, शिक्षा, आधारभूत संरचना और रोजगार सृजन के अंग होंगे।

अंत में, भारत के राष्ट्रपति सहित पूरे देश का यह मानना है कि विकसित राज्यों से ही विकसित भारत संभव है। इसका अर्थ यह हुआ कि भारत को एक विकसित राष्ट्र बनाने के लिए विकसित बिहार का होना अत्यंत महत्त्वपूर्ण है। आइए, बिहार को खुशहाल बनानेवाले फोकस को देखें। अब तक तो मैं भारत के बारे में बात कर रहा था। अब मैं बिहार की खुशहाली के बारे में बात करूँगा। बिहार में दीर्घकालिक सुधार कैसे किया जाए?

यदि हम वर्ष 2006 का उदाहरण लें तो बिहार की प्रति व्यक्ति औसत आय

इस समय 16,300 रुपए है। साक्षरता लगभग 45 प्रतिशत है। लगभग 40 प्रतिशत लोग गरीबी के रेखा के नीचे रह रहे हैं। हम इस समय वर्ष 2006 में रह रहे हैं। मेरा यह कहना कि मैंने एक कार्य योजना बनाई है कि वर्ष 2010 तक अर्थात् चार वर्षों में किस प्रकार प्रति व्यक्ति आय को 16,300 रुपए से बढ़ाकर 35000 रुपए, साक्षरता को 45 प्रतिशत से बढ़ाकर 75 प्रतिशत और गरीबी रेखा के नीचे रहनेवाले लोगों की संख्या 40 प्रतिशत से घटाकर 20 प्रतिशत से भी कम की जाए।

मैंने यह भी हिसाब लगाया है कि वर्ष 2015 तक, अर्थात् वर्ष 2010 से अगले 5 वर्षों में बिहार में प्रति व्यक्ति आय बढ़कर 1.00 लाख रु. हो जानी चाहिए। निश्चित रूप से उनकी आय यहाँ तक पहुँच जाएगी। मैं आपको एक कार्य-योजना प्रदान करूँगा। यदि आप अपने यहाँ, विशेषकर महिलाओं को शिक्षा प्रदान करें, नारी-शिक्षा को प्राथमिकता दें तो आप शत-प्रतिशत साक्षरता प्राप्त कर सकते हैं। मुझे यह सुनकर बहुत प्रसन्नता हुई है कि पंचायत चुनावों में आप महिलाओं के लिए 50 प्रतिशत से अधिक देने जा रहे हैं। यह कैसे होगा? वर्ष 2015 तक गरीबी की रेखा के नीचे रहनेवाले लोगों का प्रतिशत घटाकर हमें शून्य करना है। क्या ऐसा बड़ा परिवर्तन संभव है? मैं यह कहने के लिए नहीं आया हूँ कि यह कैसे संभव नहीं है, मैं यहाँ यह बताने आया हूँ कि यह कैसे संभव है।

मैंने बिहार के इतिहास, प्राचीन बिहार के इतिहास का अध्ययन किया है। यहाँ भगवान् महावीर से लेकर बुद्ध, आदि शंकराचार्य तक सभी आए। यह अनेकानेक महापुरुषों की पुण्यभूमि रही है। हमारे यहाँ मानवता के पुजारी जितने भी महापुरुष अथवा महान् राजनेता हुए हैं , सभी यहाँ आए हैं और फिर उन्होंने पूरे देश का भ्रमण किया है। आपको यह जानकर आश्चर्य होगा कि उत्कृष्ट प्रशासनिक अधिकारी यहीं के हैं । आप ऐसी किसी भी जगह जाइए, जहाँ मुख्य रूप से खेती होती है। वहाँ भूमि पर कौन खेती कर रहा है? बिहार के किसान अन्य राज्यों की भूमि पर खेती कर रहे हैं। केवल दूसरे राज्यों में नहीं, विदेशों में भी। मैंने मॉरिशस में देखा है कि वहाँ के 75 प्रतिशत किसान बिहार से गए हैं और उन्होंने इस देश को इतना समृद्ध बना दिया है कि वहाँ की प्रति व्यक्ति आय 20 प्रतिशत है।

मित्रो, एक प्रश्न जो सदस्य पूछते हैं, वह यह है कि सभी योजनाओं के लिए अपेक्षित धन की व्यवस्था कैसे करें? मैं बताना चाहूँगा कि भारत सरकार का भारत-निर्माण कार्यक्रम है, जिसके अंतर्गत चार वर्ष अर्थात् वर्ष 2006-2010 के लिए 1,74,000 करोड़ रु. की परिव्यय राशि है। इस कार्यक्रम के अंतर्गत 1,25,000 गाँवों को बिजली मिलेगी और 23 मिलियन घरों को बिजली का कनेक्शन मिलेगा।

ग्रामीण विद्युतीकरण योजना के अंतर्गत 10 मिलियन हेक्टेयर अतिरिक्त भूमि में सिंचाई की सुविधा होगी। शेष 74,000 घरों को जल आपूर्ति योजना के अंतर्गत पेयजल उपलब्ध कराया जाएगा। गरीबों को साठ लाख मकान दिए जाएँगे, जिनमें से 8 से 10 प्रतिशत मकान बिहार के लोगों के लिए होंगे। संपूर्ण परिव्यय की 10 प्रतिशत राशि आवास-निर्माण के लिए है। सड़क कार्यक्रम के अंतर्गत 1000 की आबादीवाले सभी गाँवों को तथा पहाड़ी क्षेत्र में 500 की आबादीवाले प्रत्येक क्षेत्र को सड़क मार्ग द्वारा जोड़ा जाएगा। इसमें भी बिहार का हिस्सा काफी अधिक है और इस हेतु चालू वर्ष के लिए 25,000 करोड़ रुपए का आवंटन किया गया है। 67,000 गाँवों को टेली-कनेक्टिविटी प्रदान की जाएगी। इसमें बिहार के सभी गाँव शामिल हैं। मैं यहाँ आपको यह बता दूँ कि इन्हीं महत्त्वपूर्ण कार्यक्रमों के माध्यम से धन की व्यवस्था होगी।

एक अन्य कार्यक्रम है 'जवाहरलाल नेहरू राष्ट्रीय शहरी मिशन'। हमारी सरकार ने 63 शहरों के लिए 17,000 करोड़ रु. आवंटित किए हैं। इसके लिए बिहार से दो शहरों—पटना और बोधगया को चुना गया है। दूसरी योजना अर्थात् राष्ट्रीय ग्रामीण रोजगार गारंटी कार्यक्रम 100 दिन का सुनिश्चित रोजगार प्रदान करता है। जैसा कि आप जानते हैं, इस कार्यक्रम के कार्यान्वयन के लिए भारत के 200 पिछड़े जिलों को चुना गया है। इसमें बिहार के 23 जिले शामिल हैं। सरकार कृषि-ऋण बढ़ाने पर सहमत हो गई है। पिछले वर्ष यह राशि 90,000 करोड़ रुपए थी। अब सरकार इसे बढ़ाकर 1,75,000 करोड़ रुपए करने पर राजी हो गई है। आपको राज्य में ढेर सारे सहकारी बैंक बनाने होंगे। यह बहुत महत्त्वपूर्ण है। अब बिहार विधानसभा के सभी सदस्यों, नौकरशाही और प्रशासनिक तंत्र को यह सुनिश्चित करना है कि यह धन समय पर माँगा जाए और इसका पूर्ण उपयोग हो। मैंने विश्व बैंक की रिपोर्ट पढ़ी है। यहाँ आने के पूर्व मैंने योजना आयोग के सभी सदस्यों से पूछा कि उन्होंने बिहार के लिए क्या किया। मैंने सभी मंत्रालयों से पूछा। सबने कहा, "हमारे पास पैसा है।" मुद्दा यह है कि आपको इसे उचित प्रकार से खर्च करना है। समुचित ढंग से खर्च करने के लिए आपके पास प्रबंधन-संरचना होनी चाहिए। आपको एक उपयुक्त प्रबंधन-संरचना विकसित करनी है। यह सर्वोच्च संस्था है। दोनों सदनों के सदस्य यहाँ बैठे हैं। आपका सबसे बड़ा मिशन क्या होना चाहिए? आपका सबसे बड़ा मिशन है 'राज्य की समृद्धि।' इसका अभिप्राय यह है कि आपको कानून और प्रशासनिक प्रक्रियाओं का सृजन करना होगा, जिससे राज्य को आवंटित धन का तेजी से उपयोग हो सके। धन का उचित

प्रकार से व्यय करना चाहिए। यह धन जनता तक पहुँचना चाहिए। नब्बे से पंचानबे प्रतिशत राशि जनता तक पहुँचनी चाहिए। अगर ऐसा होता है तो मैं आपको यह विश्वास दिलाता हूँ कि धन की कोई कमी नहीं होगी।

अब मैं आपको बिहार की प्रमुख क्षमता के बारे में बताता हूँ। मैंने धन की चर्चा की है। अब मैं बिहार की विशिष्टता पर आता हूँ। इसमें 38 जिले हैं, 45,000 गाँव तथा 130 शहर हैं। यह आवश्यक है कि नगर योजना में आप कुछ बड़े शहर लेते हैं। राज्य की जनसंख्या 82 मिलियन है। राज्यपाल महोदय कह रहे हैं कि यह 90 मिलियन है अर्थात् 9 करोड़ है। साक्षरता की दर 48 प्रतिशत है। महिला साक्षरता की दर 34 प्रतिशत है। यदि आप महिला साक्षरता दर कम रखेंगे तो दो बातें होंगी। युवा छात्रों का लक्ष्य उच्च शिक्षा प्राप्त करना नहीं रह जाएगा, क्योंकि स्वप्न उन तक नहीं पहुँच रहा है। फिर आपके बड़े परिवार होंगे। हमारा परिवार छोटा होना चाहिए। आपके पास अनेक नदियाँ हैं। गरीबी रेखा से नीचे रहनेवाले लोगों की संख्या 40 प्रतिशत है। राज्य में सामान्यत: तीन ऋतुएँ होती हैं—मार्च से जून तक ग्रीष्म ऋतु, जुलाई से अक्तूबर तक वर्षा ऋतु और नवंबर से फरवरी तक शीत ऋतु।

मैं आपको विकास रडार दिखाना चाहता हूँ। आपको विकास रडार अवश्य देखना चाहिए। यह सभी राज्यों के लिए योजना आयोग द्वारा तैयार किया गया था, जिसका औसत 2.5 है। हर क्षेत्र में आपको 5 तक पहुँचना चाहिए। हर क्षेत्र में बिहार पिछड़ रहा है। बहुत से क्षेत्रों में विकास करना पड़ेगा जैसे गरीबी दूर करना, प्रतिव्यक्ति व्यय, साक्षरता, पक्के मकान, औपचारिक शिक्षा, औसत आयु और शिशु-मृत्यु दर घटाना। मिशन क्या होना चाहिए? बिहार विधान परिषद् और बिहार विधानसभा का मिशन यह सुनिश्चित करना है कि 2010 अथवा 2015 से पूर्व बिहार का विकास हो जाए। चूँकि बिहार में कुल राष्ट्रीय औसत 26 प्रतिशत की तुलना में 40 प्रतिशत लोग गरीबी रेखा से नीचे हैं। इसलिए पहला मिशन है कि इन सबको गरीबी रेखा से ऊपर उठाया जाए और उनके लिए आय का स्रोत ढूँढ़कर उनके चेहरों पर मुसकान लाई जाए। प्रतिव्यक्ति आय में वृद्धि और उन्हें बेहतर जीवन देने के लिए केंद्रित विकास द्वारा ही ऐसा किया जा सकता है। आपका राज्य निश्चित ही आर्थिक रूप से विकसित राज्य में परिवर्तित हो सकता है।

मुझे यह जानकर प्रसन्नता हुई कि बिहार सरकार राज्य के पूर्ण विकास के लिए रूपरेखा तैयार करने के मार्ग पर चल पड़ी है। मैंने आपको बताया कि आय इत्यादि को कैसे बढ़ाया जा सकता है। मैं यह बताने जा रहा हूँ कि आपको किस

प्रकार का मिशन बनाना पड़ेगा। मैंने बिहार के लिए बहुत से मिशन तैयार किए हैं। दस्तावेज में भी मैंने उसकी व्याख्या की है। व्याख्यान के बाद मैं दस्तावेज दूँगा। मैंने दस मिशन दिए हैं यथा कृषि और संबंधित मिशन, शिक्षा और उद्यम, वैश्विक मानव संसाधन, एक नया विचार, नालंदा अंतरराष्ट्रीय विश्वविद्यालय का पुनरुत्थान, जिसका मैं प्रस्ताव कर रहा हूँ; स्वास्थ्य मिशन, बाढ़ और जल-प्रबंधन। मैं कुछ समाधान करने का प्रयास कर रहा हूँ, बशर्ते कि उन पर बहस हो। मैं पीयूआरए (पुरा) अर्थात् ग्रामीण क्षेत्रों में शहरी सुविधाएँ प्रदान करना और पर्यटक गंतव्य के बारे में बात करने जा रहा हूँ। बिहार की भूमि अत्यंत पावन है और आध्यात्मिक पर्यटन के लिए उपयुक्त है। बिहार उसके लिए आदर्श स्थान है। आपके पास उसके लिए कुछ चीजें होनी चाहिए और मैं उनके बारे में बात करने जा रहा हूँ। आपके पास विशेष आर्थिक क्षेत्र भी होने चाहिए। यह नया प्रस्ताव मैं आपके सामने रख रहा हूँ। आप 10 विशेष आर्थिक क्षेत्र बना सकते हैं। फिर लोगों और उद्योगों की सुरक्षा होनी चाहिए। इन सभी मिशनों पर कार्य करने के लिए आपको प्रबंधन की आवश्यकता है। इसका तात्पर्य है कि आपको बिहार राज्य के लिए 'ई-गवर्नेंस' की आवश्यकता है।

अब, आइए हम 'कृषि और संबंधित मिशन' पर विचार करें। कृषि बिहार की प्रमुख क्षमता है। यहाँ की मिट्टी बहुत उपजाऊ है। मैं व्यक्तिगत तौर पर यह जानता हूँ। सिंचाई के लिए प्रचुर जल आपूर्ति होती है। आपके यहाँ के लोग बहुत मेहनती हैं। बुद्धिमान और मेहनती लोगों के कारण ही सभ्यताएँ जीवित रही हैं। बावजूद इन सबके, पिछले एक दशक से बिहार में कृषि-उत्पादन की स्थिति बहुत खराब रही है, जिसके परिणामस्वरूप प्रति व्यक्ति उत्पादन बहुत ही कम हुआ। स्थिति को बेहतर बनाने और चुनौतियों का मुकाबला करने के हमारे साहसिक प्रयास इससे हतोत्साहित नहीं होने चाहिए। बिहार की सफलता की अनेक कहानियाँ हैं, जिन पर मैं चर्चा करना चाहूँगा। टाइफैक (प्रौद्योगिकी सूचना, पूर्वानुमान और मूल्यांकन परिषद्) दल ने बिहार में किसानों के अनुरोध पर आर पी चैनल 5 और बाद में पालीगंज तक बढ़ाई गई मझोली विभाजक नदी और 5 अन्य विभाजक नदियों पर एक प्रयोग किया है। इन गाँवों में धन की फसल का उत्पादन 2 टन प्रति हेक्टेयर से 5 टन प्रति हेक्टेयर तक बढ़ गया और गेहूँ का उत्पादन 0.9 टन प्रति हेक्टेयर से 2.6 टन प्रति हेक्टेयर बढ़ गया। अब, हमारा प्रयास बिहार के सभी 38 जिलों में इस प्रणाली को अपनाने का होना चाहिए, जिससे बिहार अपना धन और गेहूँ की फसलों के उत्पादन को तिगुना कर सकेगा।

आप चार वर्ष में धान का उत्पादन 55 लाख टन से 150 लाख टन करने का लक्ष्य और गेहूँ का उत्पादन 40 लाख टन से 120 लाख टन तक बढ़ाने का लक्ष्य प्राप्त करने का प्रयास करें। यह बिहार को भारत का विशाल अन्न-भंडार बना देगा। इस लक्ष्य को प्राप्त करने के लिए हमें जिन तत्त्वों की आवश्यकता होगी, वे हैं राज्य में दक्षिण से उत्तर की ओर बहनेवाली नदियों के बीच जल मार्गों का निर्माण कर बाढ़ नियंत्रण के उपायों का विस्तृत कार्यान्वयन करना और कुछ क्षेत्रों में होनेवाले जल-भराव को कम करना; ढाँचागत सुविधाओं, विशेषकर मोटरों के लिए अच्छी सड़कों में सुधार; सौर-ऊर्जा के माध्यम से ग्रामीणों को बिजली की उपलब्धता सुनिश्चित करना; विशाल मीट्रिक टन क्षमतावाली भंडारण-प्रणाली; खाद्य-प्रसंस्करण संयंत्र, बीजों और अनाज के लिए निवेश और उत्पादन गुणवत्ता निर्धारण केंद्र और विपणन-केंद्र। कृषि क्षेत्र में मूल्य शृंखला की शुरुआत से खाद्य-प्रसंस्करण द्वारा बिहार के सकल घरेलू उत्पाद में कृषि कार्यबल का योगदान बढ़ाना होगा। इससे बिहार के 2 करोड़ 50 लाख कृषि मजदूरों की आय कम-से-कम दोगुनी हो जाएगी। भारत में दूसरी हरित क्रांति के लिए बिहार को कर्मभूमि बन जाना चाहिए। इसके लिए भारतीय कृषि अनुसंधान परिषद्, नई दिल्ली, अंतरराष्ट्रीय धान अनुसंधान संस्थान, मनीला और डॉ. बम इल किम जैसे विशेषज्ञों की प्रेरणा और सहभागिता बहुत जरूरी है।

अगला मिशन 'चीनी मिशन' है। अन्य राज्यों की तुलना में उत्तर बिहार, न्यूनतम निवेश से अच्छी गुणात्मकतावाले गन्ने की फसल के उत्पादन के लिए कृषि और जलवायु की दृष्टि से बहुत उपयुक्त स्थान है। आप नक्शे में देख सकते हैं कि यह कितना समृद्ध है। राज्य के सर्वाधिक लाभ के लिए इसका यथासंभव दोहन किया जाना चाहिए। गन्ना अनुसंधान संस्थान, पूसा अथवा अन्य चीनी अनुसंधान संस्थानों को बिहार की मिट्टी और जलवायु की जरूरतों के अनुकूल गन्ने की नई किस्म विकसित करने के लिए साथ काम करना होगा। इनके द्वारा किए गए अनुसंधान और विकास-कार्य ऐसे होने चाहिए, जिससे गन्ने का उत्पादन बढ़ाने में अवश्य सहायता मिले।

मित्रो, जैसा कि आप सब जानते हैं—एक अन्य क्षेत्र, जो विधान परिषद् और विधानसभा के सदस्यों के लिए चिंता का विषय है, वह यह है कि बिहार राज्य में बिहार शुगर कॉरपोरेशन के अंतर्गत चल रही बहुत सी चीनी मिलें पुराने और अपर्याप्त उपकरणों और कौशल की कमी के कारण बंद करनी पड़ीं, क्योंकि इन चीनी मिलों में न तो कर्मियों को समय से पुनः प्रशिक्षण दिलवाया गया और न

ही संयंत्रों का आधुनिकीकरण ही किया गया। इसलिए वर्तमान चीनी मिलों की क्षमता भी राष्ट्रीय औसत की अपेक्षा काफी कम है। मुझे ज्ञात हुआ है कि राज्य सरकार ने नए चीनी उद्योग और शराब के कारखाने स्थापित करने के लिए चीनी उद्योग की वर्तमान क्षमता का विस्तार करने की निवेश परियोजना की घोषणा की है। बिहार में चीनी-उद्योग के विकास पर इसका अनुकूल प्रभाव पड़ना चाहिए और यह परियोजना समयबद्ध तरीके से कार्यान्वित होनी चाहिए। अब जरूरत है कि हम उद्योग की कुल आवश्यकता और प्रोत्साहनों के प्रावधान पर ध्यान दें। हमें विद्युत् शुल्क/विद्युत् के सह उत्पादन के लिए कर अधिमान्य शुल्क में छूट देनी होगी। शीरे इथेनोल निर्माण को प्रोत्साहन देना होगा। शराब के कारखानों में शीरे की खपत पर प्रशासनिक प्रभार में छूट और बिहार में शराब की बिक्री/आवंटन की प्रक्रिया को सुव्यवस्थित बनाना होगा। गन्ना और चीनी उद्योग का यह पुनर्नवीकरण बिहार के लिए निश्चित ही धन-संपदा और रोजगार सृजक बन जाएगा। इस राज्य का वर्तमान गन्ना उत्पादन करीब 1,26,000 मीट्रिक टन है, जिसमें से 1,00,000 मीट्रिक टन है, अन्य राज्यों को भेजा जा रहा है। क्या यह सुखद स्थिति है ? राज्य में ही गुणात्मक वृद्धि करनी होगी। मैं, महाराष्ट्र की चीनी सहकारिता की तर्ज पर बिहार में भी ऐसी चीनी सहकारी समितियों के सृजन की सिफारिश करूँगा, जो कम-से-कम 10 चीनी मिलें लगा सकें, जो वर्तमान में राज्य में उत्पादित 100 लाख मीट्रिक टन गन्ने को पूरी तरह से उपयोग में ला सकें, ताकि गन्ने का उत्पादन भी बढ़ाया जा सके, साथ ही राज्य में गन्ने का उत्पादन कम-से-कम राष्ट्रीय औसत 70 मीट्रिक टन प्रति हेक्टेयर तक बढ़ाने की आवश्यकता है। इससे 2.3 लाख गन्ना उत्पादकों की आय में वृद्धि हो पाएगी, साथ ही दूसरे चरण में दुगुनी जमीन पर गन्ने की खेती करने पर विचार करते हुए उसे 4.6 लाख हेक्टेयर तक बढ़ाया जा सकता है। यह प्रणाली राज्य के गन्ना उत्पादक और चीनी मिलों को संगठित करने में सक्षम होगी तथा इससे किसानों को उच्च राजस्व मिलेगा। नई सहकारी समितियों के लिए सरकारी अनुदान, सहकारी समितियों को सदस्यों के बराबर शेयर और 'नाबार्ड' द्वारा बैंक ऋण से निधिकरण की व्यवस्था की जा सकती है। इसके अतिरिक्त, गन्ना उत्पादन और गुणवत्ता में सुधार और चीनी मिलों द्वारा चीनी के उत्पादन में वृद्धि के लिए निरंतर अनुसंधान के लिए वसंत दादा शुगर इंस्टीट्यूट, पुणे जैसे संस्थानों के गठन की आवश्यकता है।

मित्रो, 'डेयरी विकास' की बात करें तो बिहार डेयरी विकास, दुग्ध और दुग्ध-उत्पादों का सफल प्रतिदर्श है। आपके पास बिहार राज्य सहकारी दुग्ध

उत्पाद संघ के रूप में डेयरी विकास का एक सफल प्रतिदर्श है। इसका अर्थ यह संकेत है कि आप ऐसा कर सकते हैं। इसमें संदेह नहीं है। वर्तमान में संघ प्रतिदिन 5,75,000 लीटर दूध प्राप्त करता है। मैंने इसका स्वाद भी लिया है। बहुत अच्छा था। यद्यपि, मुझे पता चला है कि यह कार्यक्रम बिहार के 38 जिलों में से केवल 26 जिलों तक ही सीमित है और बिहार के केवल 16 प्रतिशत गाँवों तक ही इसकी पहुँच है। इससे केवल 2,61,000 परिवारों को ही लाभ पहुँचता है। बिहार के डेयरी क्षेत्र में बहुत संभावनाएँ हैं। हमें उच्च गुणवत्तावाले पशुओं को सम्मिलितकर डेयरी विकास कार्यक्रम में सुधार लाना चाहिए। मैं इस कार्य में आपकी सहायता कर सकता हूँ, क्योंकि मेरे कई मित्र ऐसे हैं, जो कृत्रिम गर्भाधान और टीकाकरण कार्यक्रम द्वारा अच्छे पशु तैयार कर सकते हैं। इस कार्यक्रम को बिहार के सभी जिलों में क्रियान्वित करने का लक्ष्य बनाना चाहिए और संवृद्धि के प्रथम चरण में कम-से-कम और 50 प्रतिशत गाँवों की सहभागिता सुनिश्चित करनी चाहिए। कुछ प्रमुख स्थानों पर 30 टन दुग्ध भंडार संसाधक संयंत्र अतिरिक्त रूप से उपलब्ध करवाना भी बहुत आवश्यक है। अगले तीन-चार वर्ष में इससे 7,50,000 परिवारों को अतिरिक्त उत्पादक स्वरोजगार उपलब्ध हो सकेगा। बिहार गुणवत्ता और अधिक दुग्ध उत्पादक पशुओं के जरिए अपने डेयरी उद्योग को बढ़ाने के लिए बैफ (भारतीय एग्रो इंडस्ट्रीज फाउंडेशन) की सहायता ले सकता है। हम आपकी सहायता कर सकते हैं। मैं वहाँ काम कर रहे लोगों को जानता हूँ।

मित्रो, इसी प्रकार 'बागबानी' में आपके क्षेत्र में अत्यधिक संभावनाएँ हैं, विशेषकर लीची, आम, अमरूद, पपीता आदि के क्षेत्र में ही नहीं, बल्कि अन्य फसलों के क्षेत्रों में भी अत्यधिक संभावना है, लेकिन मैं आपको दिखाने जा रहा हूँ कि बिहार में लीची, आम, अमरूद, पपीता, केला इत्यादि फलों का लगभग 30 लाख टन और टमाटर, आलू इत्यादि सब्जियों का 75 लाख टन उत्पादन होता है। बिहार अपने आम के लिए जाना जाता है। इसलिए मैंने आपके लिए लक्ष्य रखा है, जिसे मैं पूरा नहीं पढ़ूँगा। इस समय हम 30 लाख टन फलों का उत्पादन कर रहे हैं। हमारा लक्ष्य 2010 तक 100 लाख टन फल उत्पादन का होना चाहिए। मैंने क्षमताओं की सूची भी दी है। आप रिपोर्ट पढ़ सकते हैं। जहाँ तक सब्जियों का प्रश्न है, आप इस समय 75 लाख टन सब्जियों का उत्पादन कर रहे हैं। मैंने 2010 तक 200 लाख टन सब्जी उत्पादन का लक्ष्य रखा है। मैंने आपके लिए लक्ष्य प्राप्त किए जाने की प्रविधि भी बताई है।

अगला क्षेत्र, जिसके बारे में मैं बात करने जा रहा हूँ, वह है—'कृषि

खाद्य-प्रसंस्करण।' यह बहुत महत्त्वपूर्ण क्षेत्र है। मैं हरियाणा और पंजाब जैसे राज्यों में गया और वहाँ किसानों से बात की। यही दो राज्य हमारे भारत की बड़ी आवश्यकताओं के लिए अन्न-भंडार में सबसे अधिक खाद्यान्न का योगदान करते हैं। कुछ ही वर्षों में आप भी इन्हीं की तरह योगदान करनेवाले राज्य बन जाएँगे। जब मैं किसानों से मिलता हूँ और पूछता हूँ, "आपको अपना काम कैसा लगता है?" वे कहते हैं, "नहीं-नहीं, हम अपने बच्चों और पोते-पोतियों को कृषि-कार्य करने की अनुमति नहीं देंगे।" मैं उनसे पूछता हूँ "आप उन्हें अनुमति क्यों नहीं देंगे?" वे कहते हैं कि उद्योग क्षेत्र, सेवा क्षेत्र में उतना ही काम करके लोग ज्यादा पैसा कमा लेते हैं। इसी कारण से हमने एक राष्ट्र के रूप में कृषि खाद्य-प्रसंस्करण को एक महत्त्वपूर्ण कारक के रूप में अपनाया है। केवल सब्जी उगाने या गन्ने का उत्पादन किसी अन्य को चीनी के उत्पादन हेतु देने या फलों का उत्पादन किसी और को अन्य उत्पाद बनाने के लिए देने की बजाय इसे राज्य में ही प्रसंस्कृत करने का निश्चय किया है।

विपणन-शृंखला सहित खाद्य-प्रसंस्करण संयंत्रों की स्थापना करने पर फोकस किया जा सकता है। ऐसा कैसे करें, इस संबंध में मैंने विचार-विमर्श किया है। नए सहकारी मॉडल में चार वर्ष की अवधि में बिहार के 38 जिलों में 500 स्थानों पर ग्राम समूहों (पुरा) को सार्वजनिक निजी संयुक्त उद्यम के रूप में स्थापित किया जाना है। प्रत्येक पुरा उद्यम को प्रारंभ करने पर लगभग 10 करोड़ रु. की वार्षिक आमदनी सहित प्रत्येक 500 पुरा समूहों के लिए 500 कृषि-प्रसंस्करण यूनिट तैयार होंगे। प्रत्येक पुरा में एक सब्जी-प्रसंस्करण और फल-प्रसंस्करण यूनिट होगी। राज्य का कुल व्यवसाय 1,00,000 करोड़ रु. का होगा। केंद्रीय खाद्य प्रौद्योगिकी अनुसंधान संस्थान (सेंट्रल फूड टेक्नॉलोजी रिसर्च इंस्टीट्यूट), मैसूर और रक्षा खाद्य अनुसंधान प्रयोगशाला (डिफेंस फूड रिसर्च इंस्टीट्यूट), मैसूर आपको इस मिशन में प्रौद्योगिकी सहायता उपलब्ध करवा सकता है।

अब विशेषकर दुग्ध, दुग्ध-उत्पादों, सब्जियों के लिए शीत भंडारण भी उतना ही महत्त्वपूर्ण है, ताकि परिवहन के दौरान अपव्यय पर नियंत्रण रहे और फलों, दुग्ध, दुग्ध-उत्पादों व सब्जियों की माँग और आपूर्ति संतुलित बनी रहे। इसके लिए दुग्ध, दुग्ध-उत्पादों, सब्जियों और फलों; दोनों के लिए शीत भंडारण क्षमता प्राप्त करना आवश्यक है। बिहार में शीत भंडारण प्रणाली की शृंखला की शुरुआत की जा सकती है।

अब हम शिक्षा की बात करते हैं। शिक्षा और उद्यमशीलता बहुत महत्त्वपूर्ण

हैं। 2001 की जनगणना के अनुसार बिहार में केवल 33.5 प्रतिशत महिलाएँ शिक्षित हैं और राज्य की कुल साक्षरता दर 47.5 प्रतिशत है। इस स्थिति में तुरंत उपचारात्मक सुधार लाने की जरूरत है। सर्वप्रथम, प्राथमिक और माध्यमिक स्तर पर स्कूल छोड़नेवालों की संख्या में कमी लाने की आवश्यकता है। इसमें कमी कैसे लाई जाए? मैंने जब कुछ राज्यों का दौरा किया तो देखा कि उन्होंने प्राथमिक शिक्षा प्रविधि जिसे 'राजू प्रविधि' कहा जाता है, का प्रयोग किया। वे इसमें कैसे सफल हुए? मैंने इस पैरा में इसका वर्णन किया है। वे हरेक घर में गए; वहाँ के बच्चों को विद्यालय आने के लिए राजी किया और उसके बाद उसने स्कूल छोड़नेवालों की संख्या में कमी लाने के लिए कुछ बहुत अच्छी रोचक कहानियाँ सुनाईं। उसने ऐसा आंध्र प्रदेश में भीमाराव में किया। इसकी सफलता की दर 75 प्रतिशत है और विद्यालय छोड़नेवालों की संख्या केवल 25 प्रतिशत है।

इसी प्रकार, मैं माध्यमिक शिक्षा के लिए एक अन्य मॉडल का सुझाव दूँगा। इसमें कंप्यूटर द्वारा त्वरित शिक्षण सम्मिलित है। हमारे देश के कई गाँवों में इसे लागू किया गया था। निश्चित रूप से 'विप्रो' के प्रमुख अजीम प्रेमजी द्वारा स्थापित किए गए फाउंडेशन से विशेष रूप से माध्यमिक शिक्षा में आपको मदद मिलेगी। इस मॉडल से पढ़ाई बीच में छोड़ देनेवाले बच्चों की संख्या में कमी देखी गई। ऐसा कैसे किया जाए, इस बारे में मैंने आपसे बात की है। मैंने आपसे प्राथमिक शिक्षा और माध्यमिक शिक्षा के बारे में बात की है। अपनी रिपोर्ट में मैंने इस पर विस्तार से बताया है।

30 दिसंबर, 2005 को अपनी बिहार-यात्रा के दौरान मैंने बिहार के मुख्यमंत्री और राज्यपाल की उपस्थिति में बिहार के सभी विश्वविद्यालयों के कुलपतियों के साथ विचार-विमर्श किया था। माननीय मुख्यमंत्री, माननीय राज्यपाल और मुख्य सचिव की उपस्थिति में जो बातें हुईं, यह आप सभी के लिए बहुत महत्त्वपूर्ण है। उस दौरान जो बिहार के छात्रों की एक प्रमुख समस्या सामने आई, वह थी—बिहार के छात्र भी आपके पुत्र-पुत्रियाँ, पोते-पोतियाँ हैं—बिहार राज्य में यथासमय वार्षिक परीक्षाएँ आयोजित न हो पाने के परिणामस्वरूप बिहार के युवाओं को राज्य या राज्य के बाहर रोजगार पाने और राज्य के बाहर उच्च शिक्षा हेतु विभिन्न संस्थानों में प्रवेश पाना कठिन हो जाता है। इसका क्या अभिप्राय है? यदि आप यथासमय परीक्षा का आयोजन नहीं करेंगे तो विद्यार्थीगण राज्य के अंदर या बाहर रोजगार प्राप्त करने अथवा राज्य के बाहर विभिन्न संस्थाओं में उच्च्च शिक्षा के लिए प्रवेश पाने के अवसर से वंचित रह जाएँगे। मैं आपसे यह पूछता हूँ कि बिहार

के विद्यार्थियों को इन अवसरों से क्यों वंचित किया जाए? सभी कुलपतियों ने मुझे माननीय मुख्यमंत्री, माननीय राज्यपाल और मुख्य सचिव की उपस्थिति में आश्वासन दिया है। क्या आप बता सकते हैं कि उन्होंने मुझे क्या आश्वासन दिया है ? उन्होंने मुझे आश्वासन दिया कि वे एक योजना बनाकर उसे कार्यान्वित करेंगे, जिसमें परीक्षाएँ इस प्रकार आयोजित की जाएँगी कि 2007 के अंत तक बिहार के किसी भी विश्वविद्यालय में पिछली कोई भी परीक्षा शेष न रहे। यह अच्छी बात है, पर यहाँ यह सुनिश्चित करना होगा कि यह काम हो जाए। मैं आशा करता हूँ कि आप इन बातों पर चर्चा करेंगे। इससे बिहार में भी परीक्षाओं का आयोजन अन्य भारतीय और अंतरराष्ट्रीय विश्वविद्यालयों की तरह यथासमय किया जा सकेगा।

यह हमारे विद्यार्थियों के लिए आवश्यक है और यह बहुत महत्त्वपूर्ण है। दूसरे राज्यों की तुलना में इन विद्यार्थियों को कोई नुकसान नहीं होना चाहिए। आप इसका महत्त्व जानते हैं ? यह बात मेरी समझ में नहीं आ रही है कि आप लोगों ने कैसे इतने दिनों तक इसे बरदाश्त किया है। परीक्षा आयोजित करने में दो वर्ष का विलंब हुआ।

देश ने विभिन्न स्तरों पर विशेषकर सुदूर अगम्य क्षेत्रों के लिए उपग्रह आधारित दूर-शिक्षा क्षमता का प्रदर्शन किया है। बिहार द्वारा इस क्षमता का प्राथमिक, माध्यमिक और उच्च शिक्षा, प्रौढ़ शिक्षा, व्यवसायिक शिक्षा तथा शिक्षकों के प्रशिक्षण के लिए पूरी तरह से उपयोग किया जा सकता है। मेरे मित्र भारत के सबसे बड़े अनुसंधान संगठन के चेयरमैन हैं। वह यहाँ आकर आपकी सुविधा व आवश्यकता की बातें बताएँगे।

अब मित्रो, मैंने अपने इस विचार की चर्चा अपनी सरकार के साथ नहीं की है। यह मेरा अपना मौलिक विचार है। मैं अपना यह विचार आपके साथ बाँटकर यह जानना चाहता हूँ कि आप इस विषय में क्या सोचते हैं।

मेरा सुझाव है कि 'मानव संसाधन विकास मंत्रालय' बिहार में उच्चस्तरीय तकनीकी शिक्षा के उन्नयन और शिक्षा व अनुसंधान हेतु एक भारतीय प्रौद्योगिकी संस्थान खोलने पर विचार करे। आप बिहार में शिक्षा और अनुसंधान के लिए भारतीय विज्ञान संस्थान और अद्यतन क्षमता विकास तकनीकी संस्थान का तात्पर्य समझते हैं ? सरकार ने पटना में एक अखिल भारतीय आयुर्विज्ञान संस्थान खोलने के लिए अपनी मंजूरी दे दी है। यानी अखिल भारतीय आयुर्विज्ञान संस्थान की तरह एक और संस्थान होगा। बहुत जल्द एक उच्चस्तरीय मेडिकल शिक्षा और अनुसंधान संस्थान स्थापित करने की जरूरत है। इसके अतिरिक्त, बिहार के सभी

विश्वविद्यालय और उससे संबद्ध सभी कॉलेज क्रमिक रूप से आई.एस.ओ. प्रमाणन प्राप्त कर लें। इसका अर्थ है कि गुणवत्ता सुनिश्चित कर ली गई है। बिहार सरकार चार-पाँच प्रमुख स्थानों पर कुछ निजी उच्च शिक्षा संस्थान स्थापित करने पर भी विचार कर सकती है, ताकि वह सरकारी संस्थानों के लिए प्रतिस्पर्धी और उदाहरण बन सकें।

मित्रो, हमारे देश के 300 विश्वविद्यालयों से 30 लाख स्नातक की डिग्री पाने वालों में से 10 प्रतिशत को भी नौकरी नहीं मिल पाती है। दसवीं कक्षा अथवा बारहवीं कक्षा पास करनेवालों की संख्या 70 लाख है, जो रोजगार ढूँढ़ रहे हैं। कुल मिलाकर लगभग एक करोड़ लोग रोजगार ढूँढ़ रहे हैं। वह चाहते हैं कि सरकार उन्हें रोजगार दे, पर क्या आपके पास रोजगार है? किसी भी सरकार के लिए शत-प्रतिशत रोजगार देना संभव नहीं है। हाँ, कुछेक प्रतिशत रोजगार का प्रबंध किया जा सकता है। मेरा सुझाव है कि माध्यमिक विद्यालय से लेकर विश्वविद्यालय तक के पाठ्यक्रम में संशोधन किया जाए और उद्यमशीलता का विषय अवश्य पढ़ाया जाए। अभिप्राय यह है कि जब स्कूल या कॉलेज से छात्र-छात्राएँ पढ़कर निकलें तो उनके पास अपने कौशल के क्षेत्र में कोई सर्टिफिकेट या डिप्लोमा हो। यह सर्टिफिकेट या डिप्लोमा सॉफ्टवेयर में हो सकता है अथवा हार्डवेयर में अथवा दोनों ही में अथवा प्रौद्योगिकी के क्षेत्र में या लघु उद्योग के क्षेत्र में प्राप्त किया जा सकता है। इस प्रकार का अनुभव होने से वे उद्यमी बन सकते हैं। जब स्कूल या कॉलेज से पढ़कर ऐसे युवक निकलेंगे तो उनमें आत्मविश्वास भरा रहेगा और वह यह महसूस करेंगे कि वह कुछ कर सकते हैं। दूसरी बात यह है कि उनके पास कौशल है। इसका मतलब है कि वे साथ-ही-साथ बैंक जा सकते हैं, उद्यम के लिए पूँजी प्राप्त कर सकते हैं। मैंने वित्तमंत्री से बात की है और वे युवकों को लघु उद्योग शुरू करने के लिए उद्यम-पूँजी देने के लिए तैयार हैं। आज जो राष्ट्र बड़े हैं, वे आर्थिक रूप से समृद्ध इसलिए नहीं हैं कि उनके पास बड़ी-बड़ी कंपनियाँ हैं; बल्कि उनकी समृद्धि की वजह उनके पास लाखों की संख्या में उपस्थित लघु उद्यम हैं, जिन्होंने उस देश को मजबूत और समृद्ध बनाया है। इसलिए मैंने अपनी प्रस्तुति में उद्यमशीलता का समावेश किया है।

अब मैं, दूसरे क्षेत्र 'वैश्विक मानव संसाधन' पर आता हूँ। जैसा कि सभी सदस्य जानते हैं कि देश में अर्थव्यवस्था के सभी क्षेत्र यथा कृषि, निर्माण और सेवा क्षेत्रों में कुशल मानव संसाधन की आवश्यकता है। मानव संसाधन की उपलब्धता और माँग के बीच असमानता के कारण वेतन लगातार बढ़ रहा है और यह स्थिति

लंबे समय तक बनी रहेगी। हमें इस चुनौती का सामना करना है। इस 21वीं सदी में बड़ी संख्या में उच्च शिक्षा प्राप्त प्रतिभा संपन्न युवकों की आवश्यकता है। मैं दो मानव संसाधन संवर्गों का सुझाव देना चाहूँगा। इनमें से एक है—वैश्विक संवर्ग के लिए विशेष कौशलवाले विशिष्ट प्रतिभा संपन्न कुशल युवा और दूसरा है—उच्च शिक्षा प्राप्त युवा वैश्विक संवर्ग। विशिष्ट प्रतिभा संपन्न कुशल युवावाले संवर्ग की उद्योगों में बहुत अधिक आवश्यकता है। हर जगह कुशलता प्राप्त स्नातकों की माँग की जा रही है। उच्चतर शिक्षा-प्रणाली की संस्थाओं को वर्ष 2015 तक वर्तमान 6 प्रतिशत से 20 प्रतिशत और 2020 तक 30 प्रतिशत और 2040 तक 50 प्रतिशत तक बढ़ाना होगा। तात्पर्य यह है कि हमें वैश्विक संसाधन संवर्ग का निर्माण करना होगा। इस समय भारत में 54 करोड़ युवा 25 वर्ष से कम आयु के हैं और बिहार में 4.5 करोड़ हैं।

अब मैं, अपने अगले मिशन के बारे में बता रहा हूँ। यह आई.टी., आई.टी.ई.एस. और बी.पी.ओ. में लक्षित रोजगार के अवसर के बारे में है। मैंने वर्ष 2010 के लिए 90 लाख रोजगार के अवसर का लक्ष्य दिया है। मैंने विभिन्न श्रेणियों में रोजगार के अवसरों की सूची तैयार की है। बिहार को प्रत्यक्ष रोजगार में 10 लाख और अप्रत्यक्ष रोजगार में भी 10 लाख रोजगर के अवसर का लक्ष्य निर्धारित करना चाहिए। मैंने अपनी प्रस्तुति में इस बात का उल्लेख किया है कि यह कैसे किया जा सकता है।

अब मैं 'नालंदा अंतरराष्ट्रीय विश्वविद्यालय' के पुनरुत्थान की बात करता हूँ। मैं जिस देश में भी जाता हूँ, वहाँ के लोगों ने नालंदा और बोधगया के बारे में सुना है। आज का बिहार 500 ई.पू. से भी पहले कभी भारत की महान् सभ्यता का सृजन-स्थल था। यह उच्च शिक्षा, विद्वत्ता, दर्शन और शासन-कला का केंद्र था। बोधगया और नालंदा महत्त्वपूर्ण आध्यात्मिक केंद्र है। विश्व के बौद्ध और बहुत से भारतीय महान् उपदेशक बुद्ध से प्रेरणा ग्रहण करने बोधगया आते हैं और नालंदा के अवशेष आज भी हमें नालंदा की सदियों तक कायम रही सार्वभौमिक विद्वत्ता के गौरव का स्मरण कराते हैं। बौद्ध अध्ययन की अनेक उपलब्धियों के अलावा यहाँ विज्ञान, कला, साहित्य, दर्शन और भाषा विज्ञान फले-फूले। नालंदा अध्ययन केंद्र ने हजारों वर्ष पूर्व 93 देशों के विद्वानों को आकर्षित किया। इसी तरह 630-645 ई. में चीनी यात्री ह्वेन सांग वहाँ एक विद्यार्थी था और बाद में वह एक अध्यापक बना। अपनी 12 वर्ष की भारत-यात्रा का उल्लेख उसने अपनी एक पुस्तक 'सी-यू-की' में किया। इसमें उसने देश की तत्कालीन राजनीतिक,

सामाजिक और शैक्षिक प्रणाली का वर्णन किया।

वर्तमान संदर्भ में पुरातन गौरव को पुनर्जीवित करने और जीवन व सार्वभौमिक संबंधों के संपूर्ण ज्ञान को बुद्ध के उपदेशों द्वारा समझाने के लिए चुनिंदा एशियाई देशों की साझेदारी से एक 'बोधगया नालंदा भारत-एशियाई शिक्षण-संस्थान' स्थापित करने का प्रस्ताव किया गया है। हाल ही में जब मैं एशियाई देशों की राजकीय यात्रा पर था तो हमने इसे आगे बढ़ाया और उन्होंने इसमें रुचि ली। विश्वविद्यालय स्तर पर यह संस्थान विश्व का एक अद्वितीय संस्थान होगा।

मित्रो, यह एक दूसरा प्रस्ताव है। भारतीय, एशियाई और अन्य विदेशी विद्वानों हेतु आधुनिक सुविधाओं से परिपूर्ण यह संस्थान लगभग 200 एकड़ भूमि पर निर्मित किए जाने का प्रस्ताव है। हम उसके लिए 50 करोड़ रुपए के निवेश का प्रस्ताव कर रहे हैं। यह एक बहुराष्ट्रीय परियोजना होगी।

अब हम 'स्वास्थ्य सेवा मिशन' की चर्चा करते हैं। बिहार में 553 प्राथमिक स्वास्थ्य केंद्र और 1,100 अतिरिक्त प्राथमिक स्वास्थ्य केंद्र हैं, परंतु आपको इन्हें क्रियाशील बनाना होगा। मैंने बताया है कि उन्हें कैसे क्रियाशील बनाया जाए। आप चिकित्सा शास्त्र का अध्ययन करने के लिए उपग्रह प्रौद्योगिकी का किस प्रकार उपयोग कर सकते हैं। मैंने इस संबंध में पूरा ब्योरा दिया है। हम यहाँ कुछेक सर्वोत्तम अस्पताल कैसे बनाएँ? आपको बनाने पड़ेंगे, इसीलिए मैं आर्थिक क्षेत्र की बात कर रहा हूँ। राज्य के टियर-3 शहरों के निकट सरकारी-निजी भागीदारी के रूप में 'सुपर स्पेशलिटी' अस्पताल बनाने की भी आवश्यकता है।

अगली बात, जो मैं आपसे कहने जा रहा हूँ, वह है—'बाढ़ और जल-प्रबंधन' और इसके बारे में आप मेरे लेख में पढ़ सकते हैं। यह आपकी गंभीर समस्या है। कृपया मेरी बात सुनिए, क्योंकि मैं एक नया प्रस्ताव दे रहा हूँ। मैंने गंगा के माध्यम से बिहार की नदी-प्रणाली में कतिपय अनूठी विशेषताएँ देखी हैं। आप यह नक्शा देख सकते हैं, जो मैं दिखा रहा हूँ। मुख्य नदी पश्चिम से पूर्व की ओर बह रही है, आप वह देख सकते हैं। गंगा में दो प्रकार के बहाव आकर मिलते हैं। मेरे विचार से आपको इसकी जानकारी है। हिमालय पर्वत से निकलनेवाली उत्तरी नदियाँ तथा दूसरा छोटानागपुर पठार और हजारीबाग पठार से आनेवाली दक्षिणी नदियों का बहाव है। उत्तर से दक्षिण की ओर बहनेवाली प्रमुख नदियाँ—घाघरा, गंडक, बागमती और कोसी हैं। दक्षिण से आनेवाली नदियाँ—सोन, पुनपुन, फल्गु और कर्मनाशा हैं। दोनों दिशाओं से बहाव होने के कारण थोड़ा सा भी पानी संचित नहीं होता और सारा पानी समुद्र तथा अन्य राज्यों में चला जाता है। इसके अलावा बाढ़

वाली प्रमुख कोसी नदी, जब बिहार में प्रवेश करती है तो वह पहले से ही मैदानों से होकर आती है। इसलिए हमें अंतरराष्ट्रीय सहयोग से नई बाढ़-प्रबंधन तकनीकें खोजनी होंगी। तथापि, बिहार को बाढ़ की विभीषिका से बचाने के लिए बाढ़ और जल-संचयन के लिए नीचे दिए गए अल्पकालिक उपाय अपनाने जरूरी हैं।

अब मैं निम्नलिखित अल्पकालिक उपाय बताता हूँ:

(क) सभी जलाशयों का जीर्णोद्धार करना। भारत में और बिहार में भी एक महान् परंपरा है कि हरेक राज्य में लाखों की संख्या में जलाशय हैं, किंतु हमें उपग्रह चित्रों का प्रयोग करके सभी जलाशयों पर से अतिक्रमण हटाकर उनका जीर्णोद्धार करना होगा। उपग्रह चित्रों के द्वारा आप पता चला सकते हैं कि जलाशय कहाँ-कहाँ हैं।

(ख) गाँव के सभी तालाबों की गाद को तुरंत निकाला जाए तथा गंगा बेसिन के प्रवेश और निकास मार्गों तथा नालों को साफ किया जाए। इसके लिए अंतरराष्ट्रीय बैंक से सहायता मिलती है और केंद्रीय सरकार की योजनाओं में इसे प्राथमिकता दी गई है।

(ग) नदियों के मध्य भाग से गाद निकालना, ताकि नदी-तल आसपास के जमीनी स्तर से नीचे रहें। बिहार में एक और बात यह है कि अधिकांश कुओं की सुरक्षा दीवार भूमितल से नीचे रहती है।

(घ) बाढ़ आने पर सभी कुओं में रेत भर जाता है, इसलिए कुओं की सुरक्षा दीवार को बाढ़-जल के सामान्य स्तर से ऊपर उठाएँ, ताकि बाढ़ के दौरान कुएँ कूड़े-कचरे से न भर जाएँ।

(ङ.) अवरोध बाँध बनाना, ताकि सूखाग्रस्त दक्षिणी बिहार में पानी को रोका जा सके।

(च) शहरों के बचाव के लिए नहरों पर जलमार्ग तटबंध और अपवर्तन-मार्ग बनाए जाएँ।

(छ) तालाबों में मत्स्यपालन को प्रोत्साहित किया जाए।

यहाँ मैं नालंदा परियोजना में रक्षा-अनुसंधान और विकास संगठन (डी.आर.डी.ओ.) के अनुभव से सदस्यों को एक उदाहरण देना चाहता हूँ। उस समय मैं उनके साथ कार्य कर रहा था। आप प्रस्तुति से देख सकते हैं कि यह कैसा दिखाई देता है। कुछ वर्ष पहले लगभग 3000 एकड़ क्षेत्र में एक आयुध फैक्ट्री लगाने के लिए एक परियोजना शुरू की गई है। भूमि-अधिग्रहण के दौरान हमने देखा कि जब भी बाढ़ आती है तो काफी पानी जमा हो जाता है और पूरी 5000

एकड़ भूमि में आप नदी देखेंगे। हमने क्या किया? पिछले चार वर्षों के दौरान उस क्षेत्र में अनेक तालाबों को पुनर्जीवित किया। आप वहाँ इसे देख सकते हैं। आप पानी को तालाब में आने दें और यह पानी से भर जाता है। अब शहर बन रहे हैं और भवनों का निर्माण हो रहा है। इसलिए मैं समझता हूँ कि बाढ़ के कारण तबाही और विघटन को रोकने के लिए संपूर्ण बिहार में यह मॉडल अपनाया जा सकता है। इसका अर्थ है कि जब भी बाढ़ आएगी तो आपके पास झील जैसे अनेक बड़े-बड़े तालाब होंगे और आप उनमें पानी जमा करके रखें। नालंदा परियोजना में डी.आर.डी.ओ. के लोगों ने यही किया है। इसके अतिरिक्त, एक विशेषज्ञ दल ने बिहार की दक्षिण से उत्तर की ओर बहनेवाली नदियों को जोड़कर दक्षिण बिहार में एक 500 किलोमीटर लंबा जलमार्ग बनाने का सुझाव दिया है, जो राज्य के लिए एक और जलाशय के रूप में कार्य करेगा।

यहाँ आने से पूर्व मैं इस बारे में चर्चा कर रहा था। मैंने एक विशेषज्ञ दल से बात की। मैंने उन्हें यहाँ भेजा। इसके अतिरिक्त, आप यहाँ 'बिहार जलमार्ग परियोजना' देख सकते हैं। विशेषज्ञ दल ने बिहार की दक्षिण से उत्तर की ओर बहनेवाली नदियों से जोड़कर दक्षिण बिहार में एक 500 किलोमीटर लंबा 'उगोला जलमार्ग' बनाने का सुझाव दिया है, जो राज्य के लिए अतिरिक्त जलाशय के रूप में कार्य करेगा। नदी के आरपार जलमार्ग पर मध्यम आकार के बाँधों का निर्माण भी आवश्यक है, जिससे संतुलनकारी जलमार्ग बनेंगे। हमारे दल के सदस्यों ने यहाँ आकर इस विषय पर आपके विशेषज्ञों से चर्चा की। इससे 50 लाख एकड़ से भी अधिक भूमि के लिए सिंचाई सुविधा सुलभ होगी, इससे 1000 मेगावाट बिजली पैदा होगी तो 90 लाख लोगों को रोजगार प्राप्त होगा। इन उपायों द्वारा बाढ़ के पानी का तीव्र निस्तारण करके बाढ़ की भीषणता कम की जा सकेगी, साथ ही भविष्य में उपयोग के लिए अतिरिक्त जल का भंडारण भी सुनिश्चित किया जा सकेगा।

मैं अपनी बातों के समापन की ओर बढ़ रहा हूँ। अब हम बुनियादी सुविधाओं की बात करते हैं। सबसे पहले भौतिक संयोजन की बात करते हैं । 3600 कि.मी. राष्ट्रीय राजमार्गों के अलावा बिहार में लगभग 78,000 किलोमीटर सड़क नेटवर्क है। इसमें 63,000 किलोमीटर ग्रामीण सड़कें शामिल हैं। गौर करनेवाली प्रमुख बात यह है कि गाँव की केवल 27,500 किलोमीटर सड़कें ही पक्की हैं। भारत-निर्माण कार्यक्रम के भाग के रूप में लगभग 10,000 गाँवों को पक्की सड़कों से जोड़ा जा रहा है। यहाँ यह सुनिश्चित करने की आवश्यकता

है कि मानसून के दौरान लोगों और सामान की आवाजाही प्रभावित नहीं होनी चाहिए। मुझे पता चला है कि बिहार की सभी सड़कों की हालत सुधारने के लिए एक योजनाबद्ध अभियान चलाया जा रहा है। अगला क्षेत्र बुनियादी सुविधाओं का है। आप इसे मेरे लेख में देख सकते हैं।

अब मैं 'पुरा' अर्थात् 'ग्रामीण क्षेत्रों में शहरी सुविधाएँ' प्रदान करने की बात पर आता हूँ। आपके पास भौतिक संयोजन, इलेक्ट्रॉनिक संयोजन और ज्ञान-संयोजन होना चाहिए। यदि आप इन तीनों संयोजन की व्यवस्था कर दें तो आर्थिक-संयोजन स्वतः हो जाएगा। आप 20 या 30 गाँवों में 50,000 की जनसंख्या को जोड़ सकते हैं, जो स्वतः आर्थिक ताकत बन जाएँगे। मैंने न केवल आर्थिक संपन्नता का, बल्कि आध्यात्मिक उन्नति और एक उत्तम जीवन का भी सुझाव दिया है, जो पारस्परिक रूप से बिहार में है। इसमें 50 से 100 करोड़ रुपए के निवेश की आवश्यकता है। इससे 30 प्रतिशत लोगों को रोजगार मिलेगा। पूरे देश के लिए 7000 पुरा समूहों की सिफारिश की गई है, जिसमें से बिहार के लिए 500 पुरा समूहों की सिफारिश की गई है।

अब मैं 'जवाहर लाल नेहरू राष्ट्रीय शहरी नवीकरण मिशन' की चर्चा करता हूँ। इस मिशन के अंतर्गत देश के 28 शहरों में से केवल पटना को 'बी' श्रेणी में शामिल किया गया है। अब मैं विद्युत् की बात करता हूँ। मुझे पता चला है कि राज्य सरकार विद्युत्-सुधार लागू करने जा रही है, जिससे राज्य में पारेषण और वितरण के दौरान बड़े पैमाने पर होनेवाले बिजली के नुकसान को कम किया जा सकेगा। यह स्वागत-योग्य कदम है। इस बात पर बल दिया जाना चाहिए कि बिजली पूरी और लगातार मिले। मैं जहाँ भी जाता हूँ, लोग बिजली की कमी के बारे में बात करते हैं। इसके अलावा, परमाणु विद्युत् संयंत्र, बड़ी संख्या में सौर फोटो वोल्टेक व तापीय विद्युत् संयंत्र, लघु जल विद्युत् संयंत्र आदि लगाकर बिजली-उत्पादन क्षमता बढ़ाने की जरूरत है।

अब मैं 'पर्यटन' की बात करता हूँ। यह बहुत महत्त्वपूर्ण है। बिहार आनेवाले घरेलू पर्यटकों की संख्या सत्तर लाख है और विदेशी पर्यटकों की संख्या एक लाख है। मैंने पर्यटन मंत्री से बात की। उनके पास बड़ी योजनाएँ हैं। वे विधानमंडल की स्वीकृति की प्रतीक्षा कर रहे हैं। पाँच वर्षों में सत्तर लाख की यह संख्या 2 करोड़ 50 लाख और एक लाख की संख्या दस लाख हो जानी चाहिए। कैसे होगा यह? हमें इस राज्य की छवि बेहतर बनानी होगी; सड़कें, संचार आदि जैसी विश्व स्तर की आधारभूत संरचना तैयार करनी होगी। प्रत्येक

पर्यटक के आने से चार नौकरियाँ सृजित होती हैं। यह हम सब जानते हैं। देश में एअरलाइन संचालकों के बीच कड़ी प्रतिस्पर्द्धा है। कई एअरलाइन कंपनियाँ आपकी मदद के लिए तत्पर होंगी। निश्चित तौर पर आप उनमें से किसी एक की मदद ले सकते हैं। पर्यटन मंत्रालय ने भी मुझे यह जानकारी दी है कि वह सहर्ष व्यवहार्यता अंतर सहायता (वायबिलिटी गैप सपोर्ट) प्रदान करना चाहता है।

इसके बाद, मैं 'विशेष आर्थिक क्षेत्र' की चर्चा करता हूँ। केंद्रीय बजट और राज्य बजट, दोनों का लक्ष्य सकल घरेलू उत्पाद में वृद्धि और रोजगार पैदा करना होगा।

यह व्यावहारिक तभी होगा, जब कृषि, खाद्य-प्रसंस्करण, उद्योग (लघु उद्योगों सहित) और सेवा क्षेत्र में निवेश किया जाएगा। वास्तव में कोई ऐसा तरीका खोजना होगा, जिससे कि राज्य में द्रुत विकास के लिए निवेश आकर्षित किया जा सके।

मैं आपको कुछ सुझाव देता हूँ। बिहार विधानमंडल, मुख्य क्षेत्रों, विशेषकर ज्ञान, सूचना प्रौद्योगिकी, जैव प्रौद्योगिकी, चीनी, धागे, रेशम, चमड़ा, खेल के सामान, कृषि खाद्य-प्रसंस्करण उद्योगों आदि में जिलों की विशेष क्षमता के आधार पर इसे विशेष आर्थिक क्षेत्र बनाने पर विचार कर सकता है। बुनियादी सुविधाएँ निर्मित करने और निवेश आकर्षित करने के लिए बिहार सरकार निम्नलिखित कार्यों पर विचार कर सकती है।

मुझे इस बात की खुशी है कि निवेश आकर्षित करने के लिए आप एकल खिड़की निकासी पर विचार कर रहे हैं। बिहार के बहुत से उद्योगपति बिहार के बाहर हैं। ये बड़े उद्योगपति हैं। अर्थव्यवस्था के सभी महत्त्वपूर्ण क्षेत्रों में विशेष आर्थिक क्षेत्रों के निर्माण और संचालन का कार्यभार सँभालने के लिए देश और विदेश में रहनेवाले उद्योगपतियों और उद्यमियों को आमंत्रित करें। हमें भूमि, विद्युत् और जल प्रदान करना चाहिए। बिहार विधानसभा और विधानपरिषद् के सदस्य चाहे वे किसी भी पार्टी के हों, राज्य के विकास के लिए पुरजोर प्रयास करें। जहाँ राज्य के विकास का प्रश्न हो तो आप सब एक हो जाएँ। बिहार विधानमंडल के सदस्य, चाहे वे किसी भी पार्टी के हों, यह आश्वासन दें कि वे आर्थिक क्षेत्र में अबाधित कार्य संस्कृति सुनिश्चित करने के लिए क्रियाशील नीति अपनाएँगे। यह बहुत जरूरी है। इन विशेष आर्थिक क्षेत्रों का प्रयोग ग्रामीण सूचना प्रौद्योगिकी केंद्र, बी.पी.ओ. व काल सेंटर स्थापित करने और मूल्य संवर्धित कृषि-उत्पादों के उत्पादन आदि के लिए किया जाएगा। प्रत्येक

आर्थिक क्षेत्र उत्पादन के लिए कुछेक महत्त्वपूर्ण उत्पादों का चयन कर सकता है। मैं आशा करता हूँ कि प्रत्येक आर्थिक क्षेत्र का व्यवसाय 5000 करोड़ रु. से 10,000 करोड़ रु. मूल्य तक का होगा। मैंने आर्थिकविदों, प्रौद्योगिकीविदों और प्रशासनिकविदों से बात की है।

यह सब करने के लिए आपको 'प्रबंधन ढाँचे' की आवश्यकता है। इसीलिए मैं इस बारे में अंत में चर्चा कर रहा हूँ। यह सबसे महत्त्वपूर्ण पहलू है। यह 'ई-शासन' है। मैं यहाँ आपकी मदद कर सकता हूँ, क्योंकि मैंने ऐसा राष्ट्रपति भवन में किया है। विश्व के अनेक देशों में ई-शासन को एक महत्त्वपूर्ण लक्ष्य माना जा रहा है। सदैव यह बात अपने मन में रखें कि आप यह कर सकते हैं। महत्त्वपूर्ण आयाम यह है कि इंटरनेट क्षमता का उपयोग, किसी भी समय और कहीं पर भी सेवा प्रदान करना है। आपके बच्चे मेरे साथ ई-मेल से पत्राचार करके बड़े खुश हैं। नागरिकों को ग्राहक और उपभोक्ता समझा जा रहा है। आपको राज्य स्तर पर आँकड़ा केंद्र बनाना होगा। इसमें सीधी पहुँच होनी चाहिए और यहाँ से विश्वसनीय सूचना प्राप्त होनी चाहिए। हमें सरकार से सरकार तथा सरकार से नागरिकों तक पहुँच बनानी चाहिए। यह संभव है।

वर्ष 2015 से पहले बिहार को एक विकसित राज्य बनाने के लिए सुझाए गए इन 10 मिशनों पर कृपया बिहार विधानसभा और विधान परिषद् में चर्चा करें। यदि कोई आपसे आपका मिशन पूछे तो आप बता सकते हैं कि वर्ष 2015 से पहले बिहार को विकसित राज्य बनाना आपका मिशन है।

आप अपने युवा मित्रों से केवल एक बात कहिए कि 2015 तक हमारा राज्य एक विकसित राज्य होगा, इससे उन्हें प्रेरणा मिलेगी। नौ करोड़ लोगों में से पचास प्रतिशत यानी 4.5 करोड़ लोग 25 वर्ष से कम आयु के हैं। आप कितने पोते-पोतियों को प्रेरित करेंगे? किंतु एक अकेला वक्तव्य, 'विधायक के तौर पर मेरा मिशन क्या है, मेरा मिशन बिहार को महान् बनाना है।'

प्रत्येक मिशन में बिहार को आर्थिक रूप से समृद्ध बनाने की क्षमता है एवं राजनीतिक तंत्र, प्रशासन और राज्य तथा केंद्र के सम्मिलित प्रयासों से यह मिशन पूरा किया जा सकता है। मैं प्रत्येक मिशन के परिणामों का सारांश प्रस्तुत कर रहा हूँ—

1. कृषि और कृषि खाद्य-प्रसंस्करण : कृषि उत्पादन बढ़ाना, चीनी उद्योगों, डेयरी विकास, खाद्य प्रसंस्करण और बागबानी को क्रियाशील बनाना। इससे 2 करोड़ 70 लाख किसान समृद्ध और लाभान्वित होंगे। इसके अलावा इससे

एक दशक में प्रसंस्कृत खाद्य वस्तुओं से 1,00,000 करोड़ रु. का व्यवसाय होगा।

2. शिक्षा और उद्यमशीलता : 2010 तक 75 प्रतिशत साक्षरता और 2015 तक शत-प्रतिशत साक्षरता। माध्यमिक से उच्चतर शिक्षा वर्ग तक एकीकृत शिक्षा और उद्यमशीलता। बिहार को भारतीय प्रौद्योगिक संस्थान, भारतीय विज्ञान संस्थान—आर.ई. का लक्ष्य भी तय करना चाहिए। सभी विश्वविद्यालयों में परीक्षाएँ नियमित समय पर आयोजित की जाएँगी। उच्च शिक्षा से राज्य में रोजगार बढ़ानेवाले पैदा होने चाहिए, न कि रोजगार प्राप्त करनेवाले। आपके बच्चे रोजगार माँगने वाले नहीं, बल्कि रोजगार पैदा करनेवाले होने चाहिए।

3. विश्व मानव-संसाधन संवर्ग : इससे बिहार में एक करोड़ युवाओं के लिए लाभकारी और उच्च वेतनवाले रोजगार पैदा होंगे। 2010 से पहले सूचना प्रौद्योगिकी, सूचना प्रौद्योगिकी से जुड़ी सेवाएँ, बी.पी.ओ. और संबद्ध क्षेत्रों में उच्च रोजगार के लिए 20 लाख युवा तैयार करिए।

4. नालंदा अंतरराष्ट्रीय विश्वविद्यालय का पुनरुत्थान : 500 करोड़ रु. के परिव्यय से अंतरराष्ट्रीय भागीदारीवाला विश्वविद्यालय। विश्वविद्यालय को विश्व में शांति व समृद्धि का विकास करने पर जोर देना चाहिए।

5. स्वास्थ्य सेवा मिशन : मोबाइल क्लीनिक, टेली-मेडिसिन, कॉरपोरेट अस्पतालों और स्वास्थ्य लाभ योजनाओं के जरिए सभी 8 करोड़ बीस लाख लोगों के लिए श्रेष्ठ स्वास्थ्य सेवा।

6. बाढ़ और जल-प्रबंधन : तालाबों के जीर्णोद्धार, नदी तल की गाद दूर करने के अलावा दक्षिणी बिहार में बाढ़ को नियंत्रित करने के लिए जल मार्गों का निर्माण करने से लगभग 50 लाख हेक्टेयर सिंचाई योग्य भूमि बढ़ेगी, 1000 मेगावाट बिजली पैदा होगी और 90 लाख लोगों को रोजगार प्राप्त होगा।

7. बुनियादी सुविधाओं का विकास (पुरा) : 35000 किलोमीटर ग्रामीण सड़कों को पक्का बनाइए और राष्ट्रीय व राज्यों के राज्यमार्गों के रख-रखाव के स्तर को अंतरराष्ट्रीय स्तर का बनाइए। सभी मिशनों, जिन पर चर्चा हुई है, के लिए यह जरूरी है। ग्रामीण आर्थिक समृद्धि के लिए 500 'पुरा' समूहों का निर्माण। सौर-ऊर्जा के व्यापक प्रयोग के अलावा, 1000 मेगावाट क्षमतावाले एक न्यूक्लियर ऊर्जा संयंत्र का सुझाव दिया गया है।

8. विश्व का पर्यटक गंतव्य : अंतरराष्ट्रीय पर्यटकों की संख्या एक लाख से बढ़ाकर 10 लाख और घरेलू पर्यटकों की संख्या 70 लाख से बढ़कर 2.5 करोड़ करना। इससे कम-से-कम 40 लाख नौकरियाँ पैदा होंगी और राज्य को

1 करोड़ अमरीकी डॉलर का अतिरिक्त राजस्व प्राप्त होगा।

9. विशेष आर्थिक क्षेत्र : मैंने दस विशेष आर्थिक क्षेत्रों का सुझाव दिया है। इससे आप आर्थिक और औद्योगिक रूप से संपन्न होंगे और अंत में,

10. ई-शासन : बिहार के लिए ई-शासन की व्यवस्था करने के लिए मैंने कुछ कदम उठाने के सुझाव दिए हैं।

मित्रो, बिहार विधानसभा और विधान परिषद् के सदस्यों का मिशन हमारी सभ्यता की धरोहर के अनुरूप बिहार को समृद्ध बनाने का होना चाहिए। आपमें सभी मिशनों की योजना बनाने और उन्हें पूर्ण करने की पूरी क्षमता है।

मित्रो, अंत में, मैं ईसा से 500 वर्ष पूर्व इस धरती पर जन्मे संत महर्षि पतंजलि का उद्धरण देना चाहूँगा। यह मेरे कानों में गूँज रहा है और यह बिहार के सभी नीति-निर्माताओं के कानों में भी गूँजना चाहिए। मैं उद्धृत करता हूँ :

''जब आप किसी महान् उद्देश्य, किसी असाधारण कार्य से प्रेरणा प्राप्त करते हैं तो आपके विचार अपनी सीमाएँ तोड़ देते हैं; आपका मस्तिष्क सीमाएँ पार कर जाता है, आपकी चेतना प्रत्येक दिशा में फैल जाती है और आप स्वयं को एक नूतन, महान् व आश्चर्यमय संसार में पाते हैं। प्रसुप्त शक्तियाँ, क्षमताएँ और प्रतिभाएँ सक्रिय हो जाती हैं और आप स्वयं को इतना महान् व्यक्ति समझने लगते हैं, जितना आपने स्वप्न में भी नहीं सोचा होगा।''

माननीय सदस्यो, मैंने आपके सम्मुख बिहार की समृद्धि के लिए 10 मिशन प्रस्तुत किए हैं। आप प्रश्न पूछ सकते हैं, सुझाव दे सकते हैं, मैं उनका उत्तर दूँगा। बिहार में संबंधित विकास के बारे में आपके साथ पत्र-व्यवहार से मुझे प्रसन्नता होगी। अंत में, मैं आपके विचार के लिए एक सुझाव देता हूँ। मुझे यह सुझाव मेरे महान् शिक्षक प्रो. सतीश धवन ने दिया था। उन्होंने 'मुझे किसलिए याद किया जाएगा?' विषय पर आधा पृष्ठ लिखने के लिए कहा। अगर आप अपने आपसे यही प्रश्न पूछें तो आपका क्या उत्तर होगा? आप बिहार में पले-बढ़े हैं तो आपका दिल और दिमाग निश्चित रूप से यही उत्तर देगा कि मैं जीवन भर बिहार को आर्थिक रूप से समृद्ध, खुशहाल और सुरक्षित राज्य बनाने के लिए कार्य करूँगा। मुझे विश्वास है कि जिन दस मिशनों पर मैंने आज आपके साथ चर्चा की है, वे बिहार की समृद्धि के मिशन की बुनियाद हो सकते हैं और इससे वह बिहार एक महान् राज्य बन सकता है, जहाँ भगवान् बुद्ध और भगवान् महावीर जैसे महान् धार्मिक संत, आर्यभट्ट जैसे महान् वैज्ञानिक और बाबू राजेंद्र प्रसाद और लोकनायक जयप्रकाश नारायण जैसे महान् नेता अवतरित हुए।

मैं बिहार विधानसभा और विधान परिषद् के माननीय सदस्यों और उनके माध्यम से बिहार के लोगों को 2015 तक बिहार को एक विकसित राज्य बनाने के मिशन में सफलता के लिए शुभकामना देता हूँ।

ईश्वर आप पर कृपा करें।

मुख्यमंत्री द्वारा कृतज्ञता ज्ञापन

श्री नीतीश कुमार, मुख्यमंत्री : आदरणीय राष्ट्रपतिजी, महामहिम राज्यपालजी, बिहार विधान परिषद् के माननीय सभापतिजी, बिहार विधानसभा के माननीय अध्यक्ष महोदय! बिहार विधानमंडल के संयुक्त अधिवेशन को आदरणीय राष्ट्रपतिजी ने संबोधित किया। इसके लिए दोनों सदनों के सदस्य एक साथ, एक स्वर में आदरणीय राष्ट्रपतिजी के प्रति अपनी कृतज्ञता प्रकट करते हैं। यह बिहार का सौभाग्य है और आदरणीय राष्ट्रपतिजी की बिहार के प्रति विशेष कृपा है कि यह पहली बार देश के संसदीय लोकतांत्रिक इतिहास में घटित हुआ है कि भारत के राष्ट्रपति द्वारा किसी प्रांत के विधानमंडल के संयुक्त सत्र का संबोधन और हम सचमुच आपके आभारी हैं कि आप हम सभी की इच्छा का आदर करते हुए यहाँ संबोधित करने के लिए उपस्थित हुए। आपने समस्त देशवासियों का दिल जीता है, आप देश के राष्ट्रपति ही नहीं, देश के सर्वाधिक लोकप्रिय राष्ट्रपति हैं। नौजवान, बच्चे, हर नागरिक आपकी बात सुनना चाहते हैं और सिर्फ सुनना ही नहीं चाहते, जब आप अपने दिल की गहराइयों के साथ देश के किसी कोने में अपनी बात रखते हैं तो समस्त देशवासी बहुत ही गंभीरता के साथ आपकी बात सुनते हैं और बहुत आदर के साथ आपकी बात पर कुछ अमल करने की कोशिश करते हैं। आपने बिहारवासियों का दिल जीता, आपने जब यह कहा कि अगर इस देश की प्रगति करना है, तो बिहार का विकास नितांत आवश्यक है, इस देश के विकास के लिए बिहार का विकास जरूरी है। ऐसा कहकर आपने पूरे बिहार में लोगों को जगाया है। आज आप यहाँ पधारे हैं और आपने बिहार की समृद्धि के लिए अपना 'विजन' प्रस्तुत किया है, अपनी सोच प्रस्तुत की है और उसके आधार पर उसकी बुनियाद के लिए आपने दस मिशनों का उल्लेख किया है।

आदरणीय राष्ट्रपतिजी, हम सभी आपको विश्वास दिलाते हैं कि राजनीतिक पार्टियाँ हैं, राजनीतिक पार्टियों के बीच में परस्पर प्रतिद्वंद्विता चलती रहेगी, लेकिन

जहाँ तक बिहार के विकास का प्रश्न है, हम सब एक हैं और पूरा बिहार एक है। आपने यहाँ पर एक लक्ष्य रखा है और आपने आह्वान किया है, तमाम विधायकों का और विधायकों के माध्यम से समस्त बिहारवासियों का कि आप अपना लक्ष्य निर्धारित करें, आप संकल्प व्यक्त करें कि 2015 तक बिहार को विकसित प्रदेश बनाएँगे। मैं सभी की तरफ से, दोनों सदनों की तरफ से, अपनी सरकार की तरफ से और बिहारवासियों की तरफ से आपको विश्वास दिलाता हूँ कि 2015 तक बिहार जरूर विकसित प्रदेश बनेगा और एक विकसित राष्ट्र के निर्माण में अपना योगदान देगा। आपने जिन दस मिशनों की चर्चा की है, सरकार की तरफ से उन मिशनों पर पहल होगी, कई क्षेत्रों में हम लोगों ने काम प्रारंभ किया है और मैं आपको आश्वस्त करना चाहता हूँ कि हम विकास चाहते हैं और विकास के लिए केंद्र और राज्य का मधुर संबंध आवश्यक है और मैं अपनी तरफ से, अपनी सरकार की तरफ से आपको पूरा आश्वस्त करना चाहता हूँ कि हम केंद्र के साथ मधुर संबंध बनाते हुए बिहार के विकास के लिए काम करेंगे और बगैर सबके सहयोग के नहीं, राज्य की मेहनत, केंद्र का सहयोग और यह सब मिलकर बिहार को विकास के शिखर पर पहुँचाएगा।

हमारा अतीत गौरवशाली है, हम उस गौरव को फिर से प्राप्त करना चाहते हैं। हर बिहारी के मन में एक छटपटाहट है और वह उस अतीत के गौरव को फिर से प्राप्त करना चाहता है और आपने आकर उसी के लिए यहाँ के लोगों का आह्वान किया है और मुझे पूरा भरोसा है कि आपके इस आह्वान के बाद और उत्साह के साथ लोग इसको प्राप्त करने में लगेंगे। 2015 तक बिहार को विकसित प्रदेश बनाना है और बिहार के गौरव को फिर से वापस लाना है, ताकि हम भारत के गौरव को ऊँचाइयों तक ले जा सकें।

इन्हीं शब्दों के साथ मैं एक बार फिर अपनी तरफ से, व्यक्तिगत तौर पर भी मुझे आपको धन्यवाद देना है, आपने इस निमंत्रण को स्वीकार किया, लेकिन यह निमंत्रण सिर्फ मेरा ही नहीं था, सबके मन में यह बात थी, मैं तो लोगों के मन की बात को आपके समक्ष रख सका था और आपने उसको स्वीकार किया। आप यहाँ पधारे और आपने विधानमंडल के संयुक्त अधिवेशन को संबोधित किया। मैं अपनी तरफ से, अपनी सरकार की तरफ से, दोनों सदनों के सभी माननीय सदस्यों की तरफ से आपके प्रति हृदय से आभार प्रकट करता हूँ।

धन्यवाद! जय-हिंद!

राष्ट्रगान की धुन बजाई गई।

(इस अवसर पर महामहिम राष्ट्रपति महोदय को विदा करने अध्यक्ष महोदय सदन से बाहर गए)

(कुछ देर बाद माननीय अध्यक्ष महोदय ने आसन ग्रहण किया।)

अध्यक्ष : अब सभा की बैठक कल दिनांक 29.3.2006 के 11.00 बजे पूर्वाह्न तक के लिए स्थगित की जाती है।

❑

डॉ. कलाम की अन्य बिहार-यात्रा व संबोधन

पूर्व राष्ट्रपति डॉ. ए.पी.जे. अब्दुल कलाम का बिहार से गहरा लगाव था। इसरो के वैज्ञानिक के रूप में उन्होंने नौबतपुर व पालीगंज के कई गाँवों में आधुनिक विधि से खेती का प्रयोग किया था। राष्ट्रपति के रूप में फरवरी 2004 में उन्होंने विशेषज्ञों की एक टीम के साथ बिहार में चार दिनों का प्रवास किया था। 28 मार्च, 2006 को उन्होंने राष्ट्रपति के रूप में ही बिहार विधानमंडल के संयुक्त अधिवेशन को संबोधित करते हुए विकसित बिहार के लिए ऐतिहासिक संबोधन किया था, जो आपने इसके पूर्व के अध्याय में पढ़ा।

गौरवशाली अतीत की बुनियाद पर नए विकसित बिहार की परिकल्पना और इसकी कार्ययोजना डॉ. कलाम साहब के पास थी, जो उन्होंने समय-समय पर बिहारवासियों के साथ विभिन्न मौकों पर साझा की। अब जबकि वे हमारे बीच नहीं हैं, उनकी परिकल्पना और कार्ययोजना को अमलीजामा पहनाना हम बिहारवासियों; खासकर युवा वर्गों का दायित्व है।

डॉ. कलाम साहब के द्वारा कई मौकों पर बिहार के विभिन्न संस्थानों/गाँवों का दौरा किया गया। सभी मौकों पर उनके द्वारा किया गया संबोधन समृद्ध बिहार के लिए 'लक्ष्मण-बूटी' की तरह फायदेमंद है। उन्हीं प्रमुख दौरों व संबोधनों में से प्रस्तुत है कुछ प्रमुख दौरों व संबोधनों की प्रस्तुति। आशा है इन सभी संबोधनों को बिहार का युवा वर्ग एक चुनौती के रूप में स्वीकार करेगा और विकसित बिहार बनाने हेतु उनके मार्गदर्शनों पर चलने का प्रयास करेगा।

(क) बिहार विधानसभा में शिक्षक के रूप में संबोधन।

राज्य के विकास में राज्य के निवासियों के अतिरिक्त राज्य की सरकारों की

अहम भूमिका होती है। यदि राज्य सरकार के पास दूरदर्शी योजनाएँ होती हैं तो वह राज्य ज्यादा उन्नति करता है। उन्हीं दूरदर्शी योजनाओं को आत्मसात् करने के लिए राज्य के माननीय मुख्यमंत्री श्री नीतीश कुमार के आग्रह पर पुनः डॉ. कलाम साहब ने एक शिक्षक की भूमिका में बिहार विधानसभा के सभी 243 सदस्यों को 15 नवंबर, 2011 को संबोधित किया।

उक्त संबोधन, बिहार विधानसभा सचिवालय, पटना द्वारा 'बिहार के 243 विकास स्तंभ' शीर्षक से प्रकाशित किया गया, जिसमें बिहार विधानसभा के माननीय सदस्यों के कर्तव्यों को रेखांकित करते हुए समेकित ग्रामीण विकास से बिहार का आर्थिक विकास पर फोकस किया गया है, जो न सिर्फ माननीय सदस्यों, बल्कि सभी बिहारवासियों के लिए प्रेरणादायक एवं अनुकरणीय है।

प्रस्तुत है 15 नवंबर, 2011 को प्रस्तुत डॉ. कलाम साहब का वह प्रकाशित ऐतिहासिक संबोधन–

समेकित ग्रामीण विकास से बिहार का आर्थिक विकास

बिहार विधानसभा के माननीय अध्यक्ष और सदस्यगण, आज मैं आपको संबोधित करते हुए और आप सबसे मिलकर प्रसन्न हूँ। आपको मेरी शुभकामनाएँ।

माननीय सदस्यगण, इस व्याख्यान को तैयार करते समय मैं सोच रहा था कि इस अनुपम सेमिनार में मैं अपना कौन-सा विचार आपके साथ बाँटू। दोस्तो, महान् बिहार विधानसभा में चुना जाना ही आपके लिए अपने आप में गौरव है। आपके निर्वाचन क्षेत्र की जनता ने आपमें से हरेक के लिए एक संदेश भेजा है कि उन्हें आप पर विश्वास है, वे आप पर भरोसा करते हैं और सबसे महत्त्वपूर्ण यह है कि वे सपना देखते हैं कि आप इन पाँच वर्षों में अपने निर्वाचन क्षेत्र को आर्थिक रूप से विकसित, खुशहाल, संपन्न और शांतिपूर्ण बनाएँगे। हरेक निर्वाचन क्षेत्र के सभी लोग, सबसे अधिक आपसे बिहार के कुछ जिलों में लगातार बाढ़ से होनेवाली क्षति और जल की कमी का स्थायी समाधान चाह रहे हैं। यह मेरी समझ से जनता के सामने बड़ी चुनौती है। अपने कार्यकाल में लोगों की आकांक्षाओं को पूरा करने का अवसर आपके पास है। दोस्तो, जब आप लोगों की आकांक्षाओं को पूरा करते हैं तो आप उनकी इच्छा पूर्ति कर रहे होते हैं, जो अंततोगत्वा उन्हें खुशी प्रदान करता है और अपने परिवार सहित खुश होते हैं।

दोस्तो, मैंने आप सभी माननीय सदस्यों को एक प्रश्नावली भेजी थी, जिसमें

मैंने आपसे आपके क्षेत्रों का विवरण एवं विकास योजनाओं की जानकारी माँगी थी। 215, कुर्था निर्वाचन क्षेत्र के श्री सत्यदेव सिंहजी ने जवाब दिया है कि वे अपने निर्वाचन क्षेत्र के हर घर में अच्छी सफाई सुविधाएँ एवं पर्याप्त जल मुहैया करना चाहते हैं। श्री बालेश्वर सिंह भारती का सपना है कि बिहार के हरेक प्राथमिक स्वास्थ्य केंद्र में चिकित्सक और नर्स हों, जिनका कार्यक्षेत्र तीन पंचायतों तक हो तथा सूक्ष्म और लघु उद्योगों, जो संवृद्धि के इंजन होते हैं, के लिए बिजली की व्यवस्था हो। श्री अवनीश कुमारजी का सपना है कि हर पंचायत में बैंक एवं जनता बाजार हो। वे नदियों को गादमुक्त करने के भी समर्थक हैं। श्री सचींद्र प्रसादजी ने तकनीकी कौशल और नियोजन क्षमता के साथ महिलाओं को आगे बढ़ाने का सुझाव दिया है और वे अपने निर्वाचन क्षेत्र को कार्बन निष्क्रियता (न्यूट्रलिटी) के साथ हरित पर्यावरण के रूप में देखना चाहते हैं। मिथिलांचल के श्री शालीग्राम यादव ने विपणन के साथ दुग्धशाला (डेरी) प्रणाली को प्रोत्साहित करने के बारे में बताया है। उन्होंने दूध-संग्रह करने के 15 केंद्रों की अनुशंसा की है, जहाँ इसके लिए चलित केंद्र भी हों। 228, बाराचट्टी गया की श्रीमती ज्योति देवीजी विशेषकर गाँव से पंचायतों और पंचायतों से जिला मुख्यालयों तक सड़क-निर्माण की सिफारिश करती हैं।

मैं आश्वस्त हूँ कि और भी जवाब आएँगे और निश्चित रूप से मैं उनका अध्ययन करूँगा और उन्हें संसाधित करूँगा।

विधानसभा के सदस्यों के विविध सुझावों के आधार पर मैंने एक प्रस्तुतीकरण की रूपरेखा तैयार की है, जिसका नाम 'बिहार के 243 विकास-स्तंभ' है।

मेरे घर का वृक्ष 'अर्जुन'

मैं 10, राजाजी मार्ग, नई दिल्ली स्थित अपने घर के वृक्ष की कहानी सुनाता हूँ। मेरे घर के बगीचे में 105 वर्ष का एक अर्जुन वृक्ष है। उस बगीचे में टहलने का रास्ता है। खुशनुमा दिन, गरम धूप, कँपकँपाती सर्दी और चाँदनी रात में प्रतिदिन 90 मिनट के मेरे टहलने के दौरान मैं अर्जुन वृक्ष को देखता हूँ, जो जैव-विविधता का केंद्र है और उस बुद्धिमान वृक्ष के साथ बहुत सारे विचारों का आदान-प्रदान करता हूँ। ये विचार 'माई होम ट्री' नामक एक कविता के रूप में निकले हैं। सीमित उपलब्ध समय के अंदर मैं केवल मेरे और वृक्ष के बीच प्रश्नों और उत्तरों का वर्णन करूँगा।

"अब, कलाम आप प्रश्न पूछेंगे कि मेरा मिशन क्या है ?
मेरे जीवन के सौ वर्षों का मिशन।
मेरा मिशन, मेरे पास जो कुछ है, उसे देने में मैं प्रसन्न होता हूँ,
मैं सैकड़ों पक्षियों को फूल और मधु बाँटता हूँ, आश्रय देता हूँ।
मैं देता हूँ और देता ही रहता हूँ।
इसलिए मैं हमेशा युवा और प्रसन्न रहता हूँ।"

इसलिए दोस्तो, वृक्ष के जीवन का मिशन और प्रयोजन होता है। हममें से हरेक को कार्य करने का अवसर प्रदान किया जाता है, ताकि हम याद किए जाएँ और सबसे महत्त्वपूर्ण यह है कि हममें से हरेक, देकर और देते रहने में खुशी और प्रसन्नता का अनुभव करता है। विधानसभा का मिशन क्या है ? देना और देते रहना तथा परमानंद को प्राप्त करना।

निर्वाचन क्षेत्र के लिए सपना

प्रिय दोस्तो, जब मैं आप सबको अपने समक्ष देखता हूँ तो मैं बिहार विधानसभा के निर्वाचन क्षेत्रों के लिए सपना देखता हूँ। लोकतांत्रिक राष्ट्र की राजनीतिक व्यवस्था राष्ट्र को दृष्टि प्रदान करती है, राष्ट्रीय विकास पर ध्यान केंद्रित करती है और संसद् की देखरेख में संघीय सरकार के विविध मिशनों को कार्यान्वित करती है। इसी तरह राज्य के स्तर पर यह मिशन विधानमंडल की देखरेख में पूरा किया जाता है। अब यह व्यवस्था विशेष जिलों और निर्वाचन क्षेत्रों तक बढ़ाई गई है। वर्षों से अच्छा कार्य करने के बावजूद जनता का राजनीतिक व्यवस्था पर पूर्ण विश्वास नहीं है। क्यों ? हम कैसे लोगों का पूर्ण विश्वास हासिल कर पाएँगे ? राजनीतिक व्यवस्था, राजनीतिक राजनीति और विकासात्मक राजनीति के बराबर होती है। विकासात्मक राजनीति जैसे-जैसे आगे बढ़ेगी, नागरिकों के बीच आदर भी बढ़ेगा। आपके निर्वाचन के लिए राजनीतिक राजनीति आवश्यक थी और आपने यह मुकाम पहले ही हासिल कर लिया है। आपके निर्वाचन क्षेत्र में गरीबी रेखा से नीचे जीवन बसर करनेवाले लोगों की संख्या अधिक हो सकती है, अशिक्षा की दर यथेष्ट हो सकती है तथा रोजगार चाहनेवालों और बेरोजगारों की संख्या रोजगार अवसरों की उपलब्धता से अधिक हो सकती है। अतः हमारा मिशन अपने निर्वाचन क्षेत्र में आर्थिक विकास कर खुशहाली लाना है। लोगों को खुश करने का महत्त्वपूर्ण मिशन क्या है और आप माननीय सदस्यगण इसके लिए क्या करेंगे ?

बिहार विधानसभा के माननीय सदस्यों के लिए मिशन

(क) बिहार को कृषि और कृषि-उत्पाद की क्षमता और सामर्थ्य प्राप्त है। कृषि-उत्पादकता बढ़ाने में किसानों की छोटी जोतवाली भूमि निश्चित रूप से वर्तमान में एक समस्या है। इसलिए यह आवश्यक है कि किसान सहकारी समिति गठित की जाए, ताकि बड़े आकार की कृषि-भूमि खेती के यांत्रिक तरीके को अपना सके।

(ख) मैंने बिहार; विशेषकर पालीगंज के किसानों से सीखा कि जब वे प्रचुर मात्रा में अन्न, फल और सब्जी पैदा करते हैं तो उन्हें तीन प्रमुख समस्याओं से जूझना पड़ता है : भंडारण, मूल्य-नियंत्रण और दलालों की एकाधिकार प्रवृत्ति। इसलिए मेरा सुझाव है कि बिहार सरकार समुदाय प्रबंधित कृषि-प्रणाली स्थापित करे। पालीगंज के किसानों के अनुभव एवं देश के उच्च उत्पादन केंद्र में उनके भ्रमण के आधार पर मैं विस्तृत चर्चा करूँगा। उपर्युक्त पहलुओं पर काररवाई कर कृषि-उत्पाद के लिए बिहार ब्रांड का सृजन होगा, जो गुणवत्तापूर्ण किसान सशक्तिकरण पर आधारित होगा।

(ग) यदि सहकारी आंदोलन के द्वारा फार्म भूमि जोत बढ़ती है तो कृषि-उत्पादकों का विस्थापन हो सकता है। उन्हें कृषि-विपणन तंत्र (नेटवर्क) और कृषि उत्पादन के मूल्यवर्धन तथा उच्च वृद्धिवाले अन्य क्षेत्र में लगाया जाना चाहिए।

(घ) ब्रांड विपणन क्षमता से युक्त कृषि और कृषि-उत्पाद के समान ही एक और क्षेत्र पर्यटन का है। सौभाग्यवश बिहार आध्यात्मिक पर्यटन, अनेक धर्मों के केंद्रों से संपन्न है, जिनमें अंतरराष्ट्रीय पर्यटक को आकर्षित करने की क्षमता है। अत: यह आवश्यक है कि प्रति वर्ष दस लाख अंतरराष्ट्रीय पर्यटक तथा एक करोड़ घरेलू पर्यटक को आकर्षित करने के लिए दूरदर्शिता दिखाई जाए। सचमुच बिहार को पाँच वर्षों का पर्यटन मिशन निर्धारित करना होगा, जिसके फलस्वरूप पर्यटन उद्योग के वैश्विक मानकों के अनुसार आधारभूत संरचना (सड़क और परिवहन प्रणाली) का विकास होगा और मानव-संसाधन को प्रशिक्षण दिया जाएगा। यह ध्यातव्य है कि आध्यात्मिक केंद्रों के लिए आधारभूत संरचना विकास का निधिकरण अनेक अंतरराष्ट्रीय

समुदायों की भागीदारी से हो सकता है। इसलिए पर्यटन नेटवर्क, जिसकी विशाल संभावनाएँ समूचे बिहार में है, बड़े पैमाने पर राज्य में रोजगार उत्पन्न करने की क्षमता रखता है।

(ड.) बिहार में 38 जिले हैं। बिहार विधानसभा के लिए यह आवश्यक है कि हरेक जिला और निर्वाचन क्षेत्र में मध्यम और लघु उद्योगों को आकर्षित करने पर विचार किया जाए और जिले की संपन्नता का उपयोग किया जाए। इसके लिए बाजार, विपणन रणनीति और प्रतियोगी अग्रता के लिए आवश्यक भरोसे का निर्धारण आवश्यक है।

(च) गंगा नदी और इसकी बहु नदी-प्रणाली के वरदान के बावजूद बिहार के अधिकांश निर्वाचन क्षेत्र प्रायः बाढ़ अथवा जल की कमी से प्रभावित होते हैं। बिहार के नागरिकों का एक बड़ा सपना है 'क्या हम बिहार को बाढ़-मुक्त और जल की कमी से मुक्त देख पाएँगे' जिसका अर्थ है कि बिहार विधानसभा के सदस्यों को न केवल अपने 5 वर्षों के कार्यकाल पर ध्यान देना चाहिए, बल्कि उन्हें 15 वर्षों की परिकल्पना करनी चाहिए, ताकि बिहार में एक सुव्यवस्थित (स्मार्ट) जल मार्ग हो सके, जो बिहार को बिजली की अधिकता, अनेक जिलों में पूरे वर्ष सिंचाई और प्रदूषण-मुक्त व्यवस्था के साथ बाढ़ से मुक्ति दिलाए तथा राष्ट्रीय एवं अंतरराष्ट्रीय पर्यटकों को आकर्षित करने के लिए नौ परिवहन जलमार्ग बनाने में सहायक हो। यह जलमार्ग बिहार के सभी 45000 गाँवों के साथ-साथ बिहार के विभिन्न हिस्सों में स्थित हिंदू, बुद्ध, जैन, इसलाम और सिख धर्मों के आध्यात्मिक केंद्रों को भी जोड़ेगा। विरले ही कोई अन्य राज्य इस प्रकार के बहुविध धार्मिक आध्यात्मिक विरासत से परिपूर्ण हो। मैं विस्तार से बिहार के सुव्यवस्थित जलमार्ग नेटवर्क की चर्चा करूँगा।

(छ) सर्वाधिक विकास के साधन के रूप में बिहार के 45000 गाँवों के लिए मैं 'पुरा' (ग्रामीण क्षेत्रों में शहरी सुविधाएँ उपलब्ध कराना) नामक एक दीर्घकालीन ग्रामीण विकास प्रणाली का प्रस्ताव कर रहा हूँ। मैं संपूर्ण बिहार के लिए 500 पुरा कॉम्पलेक्सों का प्रस्ताव कर रहा हूँ।

इन मिशनों को पूरा करने के बाद आप विकास की राजनीति कर पाएँगे और आप माननीय सदस्य जनता के दिल में स्थान बनाने के साथ-साथ अपने राजनीतिक जीवन में भी पहचान स्थापित कर पाएँगे।

समस्या का कप्तान बनें, समस्या को पराजित करें और सफलता पाएँ

जब बिहार कृषि-उत्पाद और विपणन के मिशन में प्रवेश करे, जब बिहार पर्यटन के साथ जुड़े और जब बिहार अपने हरेक निर्वाचन क्षेत्र अथवा जिला में समृद्ध उद्योग को आकर्षित करे और जब बिहार सुव्यवस्थित जलमार्ग नेटवर्क का मिशन प्रारंभ करे और जब बिहार अपने 45000 गाँवों को सशक्त करने के लिए पुरा की दीर्घकालीन विकास-प्रणाली लागू करे तो यह मिशन बिहार विधानसभा के हरेक माननीय सदस्य और बिहार के हरेक नागरिक से अथक प्रयास की माँग करेगा। दोस्तो, इसके लिए क्या आप तैयार हैं? मैं अपना एक अनुभव बाँटना चाहता हूँ, जब 1970 में मुझे अंतरिक्ष मिशन का कार्य दिया गया था तो मैंने उस कार्य को अपने से बड़ा समझा, मेरे अंदर एक शंका उत्पन्न हुई कि क्या मैं इसे कर सकता हूँ।

मैं भारतीय अंतरिक्ष अनुसंधान संगठन (इसरो) के विक्रम साराभाई अंतरिक्ष केंद्र में प्रौद्योगिकीविद् के रूप में कार्यरत था। एक दिन प्रो. सतीश धवन, अध्यक्ष, भारतीय अंतरिक्ष अनुसंधान संगठन, डॉ. ब्रह्मप्रकाश, निदेशक, वी.एस.सी.सी. ने मुझे अपने कक्ष में बुलाया। दोनों में से किसी को मुसकराते मैंने बहुत कम ही देखा था, किंतु जब मैंने कमरे में प्रवेश किया तो दोनों को प्रफुल्लित पाया। मैं आश्चर्यचकित हुआ और समझा कि जरूर कुछ विशेष बात है। तब प्रो. धवन ने कहा "कलाम, मेरे पास आपके लिए एक अच्छी खबर है। आप इसरो के एक विशाल कार्यक्रम से जुड़ रहे हैं। मैंने और निदेशक, वी.एस.सी.सी. ने आपको उपग्रह प्रक्षेपण यान (एस.एल.वी) के परियोजना निदेशक के रूप में नियुक्त करने का निर्णय लिया है। इस परियोजना, प्रबंध संरचना और अपेक्षित मानव-शक्ति के लिए आवश्यक धनराशि मैं आपको मुहैया करा रहा हूँ, किंतु आपको वर्ष 1980 तक हमारे अपने प्रक्षेपण यान से रोहिणी उपग्रह को प्रक्षेपित करना होगा।"

यह एक अप्रत्याशित संदेश था और सचमुच यह खुशी का क्षण था, किंतु मेरे दिमाग में तरह-तरह के प्रश्न और संदेह घूम रहे थे कि क्या मैं इसे कर सकता हूँ? संपूर्ण राष्ट्र इस प्रदर्शन को देख रहा होगा और भारत उन प्रमुख राष्ट्रों में शामिल होगा, जिनमें उपग्रह प्रक्षेपित करने की क्षमता होगी। इन सात वर्षों में मुझे अनेक संस्थाओं, उद्योगों, हजारों प्रौद्योगिकीविदों को कार्य में लगाना पड़ा। बार-बार मेरे मन में प्रश्न उठता था कि 'क्या मैं इसे कर सकता हूँ?'

इस संदेह और अनिश्चितता ने मुझे अवाक् बना दिया, मैं तुरंत उत्तर नहीं

दे पाता था। तब प्रो. धवन मेरे संबल बने और कहा ''हम आपकी क्षमता पर विश्वास करते हैं, हमें आपके टीम प्रबंधन पर विश्वास है और विशेषकर इसके लिए अपेक्षित ज्ञान को आप संकलित कर सकते हैं तथा जोड़ सकते हैं।''

''मैं आपके विचारों के प्रवाह को देख सकता हूँ। मैं आपको कुछ बताता हूँ। यदि कोई व्यक्ति किसी प्रकार का कार्य नहीं करता है तो उसे सकारात्मक और नकारात्मक परिणाम से कुछ लेना-देना नहीं होता, किंतु जब आप अंतरिक्ष प्रक्षेपण यान परियोजना जैसे बड़े मिशन की जिम्मेदारी लेते हैं तो प्रौद्योगिकी, नेतृत्व जैसी अनेक चुनौतियाँ तथा कुछ अप्रत्याशित समस्याएँ आएँगी, जिनकी आप कल्पना नहीं कर सकते हैं। कलाम, याद रखिए, आप समस्याओं को अपने पर हावी नहीं होने दें। बदले में आप अपनी समस्याओं का कप्तान बनें, उन्हें पराजित करें और सफलता पाएँ।'' इस परामर्श ने मेरे विचार और कार्य को मजबूती प्रदान की और मैंने इस परियोजना को स्वीकार किया।

जबकि मैं आज 80 वर्ष का हो चुका हूँ, वर्ष 1970 में प्राप्त यह संदेश आज भी मेरे समस्त कार्यों के लिए प्रकाश-स्तंभ बना हुआ है। माननीय सदस्यगण, मैं आपको यह क्यों कह रहा हूँ। सर्वप्रथम आप निर्वाचित होने में सफल हो गए हैं, मैं आपको निर्वाचित होने के लिए धन्यवाद देता हूँ। आपके निर्वाचन क्षेत्र के नागरिकों ने आपके नेतृत्व गुण पर भरोसा जताया है। आपको प्रतिदिन सैकड़ों समस्याओं से जूझना होगा। आपको समस्याओं को पराजित कर सत्यनिष्ठा से सफल होना चाहिए। क्या यह संभव है ? मुझे पूर्ण विश्वास है कि आप इसे कर पाएँगे और निर्वाचन क्षेत्र के लोगों का दिल जीत पाएँगे।

दोस्तो, जैसा कि मैंने वादा किया था, अब मैं बिहार कृषि उत्पादन और ब्रांड, बिहार के 45000 गाँवों के लिए पुरा की दीर्घकालीन ग्रामीण विकास अथवा व्यवस्था तथा समेकित जल-प्रबंधन के लिए सुव्यवस्थित नेटवर्क के बारे में चर्चा करने जा रहा हूँ।

अब मैं विकास का कुछ उदाहरण पेश करता हूँ।

कृषि उत्पादकता में वृद्धि

कृषि और फार्मिंग क्षेत्र में मुझे बिहार में उत्पादकता बढ़ाने पर दिलचस्प अनुभव प्राप्त हुआ था, जिसे मैं आपको बताना चाहता हूँ। बिहार में नए समेकित फार्मिंग और विपणन तरीकों का प्रयोग कर आर.पी. चैनल 5 के निकट के इलाकों

में टी.आई.एफ.ए.सी. मिशन ने धन और गेहूँ की उत्पादकता को दुगुना किया है। लोगों के प्रयास से इन नतीजों को अनेक इलाकों में प्रसारित किया गया है और ये समूचे बिहार, पूर्वी उत्तर प्रदेश और समान कृषि जलवायुवाले अन्य क्षेत्रों में लागू हैं। इन क्षेत्रों को भारत के अन्न-भंडार के रूप में बदला जा सकता है। हाल ही में मई, 2011 में मैंने पालीगंज का भ्रमण किया था। इस दौरान पालीगंज के किसानों से चर्चा करते समय मैंने बिहार के विभिन्न जिलों में उत्पादकता बढ़ाने तथा किसानों की भूमिका के बारे में पूछा। किसानों की तरफ से अनेक सुझाव आए। सबसे प्रभावशाली सुझाव श्री देवधर शर्मा से प्राप्त हुआ, उन्होंने कहा कि हमें खेती के लिए सहायिकी (सब्सिडी) की आवश्यकता नहीं है, हमें आवश्यकता है अच्छे और गुणवत्तापूर्ण सुनिश्चित फार्म इनपुट जैसे बीज, उर्वरक, कीटनाशक की और सबसे महत्त्वपूर्ण यह है कि ये सारी चीजें सही समय पर प्रमाणित आपूर्तिकर्ता से मिल जानी चाहिए। हमें सबसे अच्छी प्रौद्योगिकी, कठिन समय में सिंचाई-व्यवस्था एवं अबाध विद्युत् आपूर्ति की आवश्यकता है।

अतः मैंने पालीगंज से चार किसानों को गुजरात का भ्रमण करने के लिए संगठित किया, जहाँ कृषि क्षेत्र प्रति वर्ष 9 प्रतिशत की दर से बढ़ रहा है। मैंने पालीगंज के किसानों के लिए भारती प्रबंधन संस्थान, अहमदाबाद में कृषि-प्रबंधन पर एक ऐसा कोर्स आयोजित किया, जिसका असर देश में कृषि के पुनर्जीवन पर हुआ था। मैंने किसानों के लिए महाराष्ट्र में अलमसाड स्थित चिक् फल सहकारिता तथा वारन स्थित पूरा भ्रमण की व्यवस्था की, ताकि किसान सहकारी-व्यवस्था के गुणों को समझ सकें। ये किसान इस वादे के साथ पालीगंज लौट चुके हैं कि वे खेती के लिए प्रौद्योगिकी आधारित सहकारी व्यवस्था के नए मॉडल बनाएँगे, जो देश में एक अनोखा मॉडल होगा।

धारणीय विकास-व्यवस्था के रूप में पुरा धारणीय व्यवस्था का विकास करना ही आज की माँग है, जो राज्यों एवं राष्ट्र को समावेशी संवृद्धि एवं समेकित विकास लाने में मदद करता है। ऐसी एक धारणीय विकास-व्यवस्था ग्रामीण क्षेत्रों में शहरी सुविधाएँ उपलब्ध कराने (पूरा) का मिशन है, जो आर्थिक संबद्धता कायम करने वाले तीन संबद्धताओं यथा, भौतिक, इलेक्ट्रॉनिक, ज्ञान के सृजन से पूरा किया जा सकता है।

पुरा की चार संबद्धताएँ हैं—

1. गाँव अच्छी सड़कों द्वारा अपनों से और मुख्य शहरों एवं महानगरों से तथा जहाँ कहीं आवश्यक हो, रेलमार्ग से जुड़े हों। उन्हें स्थानीय आबादी तथा

आगंतुकों के लिए विद्यालय, महाविद्यालय, अस्पताल जैसी आधारभूत संरचना एवं अन्य सुविधाएँ प्राप्त हों। यह भौतिक संबद्धता कहलाता है।

2. उभरते ज्ञान के समय में स्थानीय ज्ञान को परिलक्षित कराना होगा तथा प्रौद्योगिकी, प्रशिक्षण एवं अनुसंधान के नवीनतम साधन के साथ इसमें बढ़ोत्तरी करनी होगी। जहाँ कहीं श्रेष्ठ शिक्षक हों, उनसे गाँवों का संपर्क स्थापित कराना होगा। उन्हें चिकित्सा उपचार की अच्छी सुविधा मुहैया करानी होगी और कृषि, मत्स्य उद्योग, उद्यान एवं खाद्य-प्रसंस्करण जैसे विषयों पर अद्यतन जानकारी उपलब्ध करानी होगी। इसका तात्पर्य यह है कि उन्हें इलेक्ट्रॉनिक संबद्धता रखनी होगी।
3. एक बार भौतिक और इलेक्ट्रॉनिक संबद्धता प्राप्त हो जाए तो ज्ञान से जुड़ाव हो जाएगा। इसके फलस्वरूप योग्यता बढ़ सकेगी, उत्पादकता में वृद्धि हो सकेगी, खाली समय का उपयोग करने में मदद मिल सकेगी, स्वास्थ्य कल्याण के प्रति जागरूकता बढ़ सकेगी, उत्पादों के लिए विपणन सुनिश्चित हो सकेगा, विवेक-बुद्धि हो सकेगी, भागीदारों से संबद्धता कायम हो सकेगी, सर्वोत्तम उपकरण प्राप्त हो सकेगा, पारदर्शिता में वृद्धि हो सकेगी और इस प्रकार सामान्यत: ज्ञान संबद्धता में बढ़ोतरी हो सकेगी।
4. तीन संबद्धताओं अर्थात् भौतिक, इलेक्ट्रॉनिक और ज्ञान के सुनिश्चित हो जाने पर वे उपार्जन क्षमता को आगे बढ़ाएँगे, जिससे आर्थिक जुड़ाव होगा। ग्रामीण क्षेत्रों को शहरी सुविधाएँ उपलब्ध कराकर हम ग्रामीण क्षेत्रों का उत्थान कर सकते हैं, निवेशकों को आकर्षित कर सकते हैं और ग्रामीण बी.पी.ओ., सूक्ष्म वित्त जैसी लाभदायक व्यवस्था को प्रभावकारी ढंग से लागू कर सकते हैं।

संपूर्ण भारतवर्ष के 6 लाख गाँवों में रहनेवाले 75 करोड़ लोगों के लिए लगभग 7000 पुरा की आवश्यकता है। इसी प्रकार बिहार राज्य में 45000 गाँवों को बदलने के लिए लगभग 500 पुरा कॉम्पलेक्स आवश्यक होगा। अनेक शैक्षिक, स्वास्थ्य संस्थाओं, उद्योग एवं अन्य संस्थाओं ने भारत में पुरा की शुरुआत की है। भारत सरकार ने राष्ट्रीय स्तर पर अनेक जिलों में पुरा को कार्यान्वित कर इस दिशा में पहले ही कदम बढ़ा दिया है और सचमुच बिहार को अपने राज्य में ऐसा कार्यक्रम आकर्षित करना होगा।

बिहार में बाढ़ और सुखाड़ की समस्या का स्थायी समाधान

सौभाग्यवश बिहार में जल की कमी नहीं है। अनेक अवसरों पर बिहार आवश्यकता से अधिक जल प्राप्त करता है। इसलिए हमें उपलब्ध जल का उपयोग करना होगा और इसका प्रबंधन करना होगा, ताकि बिहार सिंचाई द्वारा न केवल अन्न भंडार बन सके, बल्कि सुव्यवस्थित जलमार्ग का प्रयोग कर बिजली, अंत:स्थलीय जल परिवहन प्रणाली पा सकें, बाढ़ पर नियंत्रण करने में समर्थ होने के साथ-साथ नदी बेसिन का प्रबंधन कर सके।

जब हम बिहार के मानचित्र का अध्ययन करते हैं तो पाते हैं कि गंगा बिहार के मध्य में बहती है। इसका स्तर समुद्रतल से 70 मीटर ऊपर है तथा उत्तर और दक्षिण में दोनों तरफ की धरती समुद्रतल से लगभग 100 मीटर से 300 मीटर तक ऊपर है। इसलिए ऊँचाई के अंतर के कारण गंगाजल का उपयोग बिहार में सिंचाई के लिए नहीं किया जा सकता, किंतु अनेक वर्षों से गंगा में भारी बाढ़ आने के कारण उत्तर बिहार में गंभीर क्षति होती है। इसका समाधान यह है कि सिंचाई और पेयजल के उपयोग के लिए गंगा की सहायक नदियों से रोके गए जल का प्रयोग कर एक ऊँचा जलमार्ग तैयार किया जाए।

बिहार नदी-प्रणाली : बिहार में गंगा नदी पश्चिम से पूरब की ओर बहती है। गंगा में दो प्रकार की धाराएँ आकर गिरती हैं। उत्तर की नदियाँ हिमालय से निकलती हैं और छोटानागपुर पठार एवं हजारीबाग से दक्षिण की नदियाँ निकलती हैं। उत्तर से बहनेवाली नदियाँ हैं—घाघरा, गंडक, बागमति, कर्छा एवं कोशी। दक्षिण से बहनेवाली नदियाँ हैं—सोन, पुनपुन, फल्गु और कर्मनाशा। दोनों दिशाओं से बहाव के कारण जल जमा नहीं रह पाता है और पूर्णत: यह समुद्र में मिल जाता है। बाढ़ लानेवाली प्रमुख नदी कोशी जब बिहार में प्रवेश करती है तो वह पहले से ही मैदानी इलाके में होती है।

इसलिए हमें बड़े अंतरराष्ट्रीय सहायता के साथ नई बाढ़-प्रबंधन तकनीक खोजनी होगी। हमने वर्ष 2008 में कोशी नदी की बाढ़ देखी है। अचानक बाढ़ के कारण नदी ने अपना सामान्य मार्ग बदल दिया था, फलस्वरूप भारी जान-माल की क्षति हुई थी।

स्तरित कुआँ : गांगेय क्षेत्र में मैंने कोशी नदी के प्रवेश द्वार पर स्तरित कुआँ के निर्माण की सिफारिश की है। सामान्यत: कुछ गतिशील धरा होती है। स्तरित कुआँ हरेक संग्रहण कुआँ को भरते हुए गतिशील धारा के वेग को धीरे-धीरे कम

करता है। इस प्रकार जमा किया गया जल सुखाड़ के समय उपयोगी होगा। इसी तरह का समाधान उत्तर-पूर्वी क्षेत्र के लिए भी किया जा सकता है। मैंने इस स्कीम को नदियों को जोड़ने के कार्यक्रम के साथ शामिल करने की सिफारिश की है।

फिर भी मैंने बिहार को बाढ़ की विभीषिका से बचाने के लिए बिहार विधानसभा को सुझाव दिया है, जिसके लिए निम्नलिखित उपाय करने की आवश्यकता होगी।

(क) उपग्रह मानचित्रों का प्रयोगकर सभी जल-निकायों को अतिक्रमण से मुक्त करना।

(ख) गाँव के सभी तालाबों के प्रवेश और निकास द्वार की सफाई कर अविलंब गाद मुक्त करना तथा गांगेय बेसिन में मिलाना।

(ग) बीच से नदियों को गहरा करना, ताकि नदीतल निकटवर्ती भूमि क्षेत्र से नीचे हो।

(घ) कुआँ की सुरक्षा दीवार को सामान्य बाढ़ के जलस्तर से ऊँचा उठाना, ताकि बाढ़ के दौरान मलबा कुआँ को नहीं भर सके तथा बाढ़ के चले जाने के पश्चात् पीने का पानी तुरंत उपलब्ध हो पाए।

(ड.) चेक बाँध बनाना, ताकि सूखा प्रवण दक्षिण बिहार में जल को रोका जा सके।

(च) जलसरणी (चैनल) बाँध और आगे की धारा का अलग चैनल बनाकर शहरों की रक्षा करना।

(छ) तालाबों में मछली पालन को बढ़ावा देना, ताकि किसानों को राजस्व की प्राप्ति हो सके। आधुनिक उत्पादन प्रौद्योगिकी को प्रारंभकर, अभिनव रणनीति तथा उपागम का विकासकर तथा प्रभावी संरक्षण तरीका अपनाकर इस क्रियाकलाप को बिहार के मछली उत्पादन को दुगुना करने के मिशन के साथ जोड़ा जा सकता है।

सुव्यवस्थित जलमार्ग का विकास : जैसी कि परिकल्पना की गई है, उसके अनुसार बिहार को 500 किलोमीटर लंबाईवाले जलमार्ग की आवश्यकता है। यह समूचे राज्य को अन्य सभी पारगामी नहरों से जोड़ेगा। इसके अतिरिक्त कुल जलमार्ग क्षमता का प्रभावी उपयोग न करने के लिए मौजूदा नहरों और नदी जल-प्रणाली में सुधार लाना आवश्यक है, ताकि इसे सुव्यवस्थित जलमार्ग प्रणाली बनाया जा सके। सुव्यवस्थित जलमार्ग में ये सारी विशेषताएँ होंगी—पर्याप्त नाव्य गहराई और चौड़ाई; ऐसी स्थिति, जो समूचे वर्ष भर नौपरिवहन की अनुमति दे;

सुगम झुकाव और न्यूनतम गाद हो; प्रतिदिन 18 घंटे नौपरिवहन के लिए समर्थ हो; माल लादने और उतारने की प्रभावी व्यवस्था हो तथा जलमार्ग पर्याप्त रूप से प्रकाशित हो एवं आधुनिक नौपरिवहन तथा संचार उपकरण से लैस हो। जलमार्ग के द्वारा परिवहन की इस व्यवस्था से राज्य को ऊर्जा क्षेत्र में लाभ प्राप्त होगा, क्योंकि एक ही भार के लिए रेलमार्ग द्वारा दुगुना तथा सड़क परिवहन द्वारा आठ गुणा ऊर्जा की खपत होगी। यह सड़क की भीड़-भाड़ को भी कम करेगा और पर्यावरणीय स्थिति और वनरोपण में सुधार लाएगा।

ऐसे सुव्यवस्थित जलमार्ग का निर्माण होने से राज्य को एक अतिरिक्त जलाशय प्राप्त होगा। यह आवश्यक है कि नदियों और जलमार्गों के काट (क्रॉस सेक्शन) पर मध्यवर्ती बाँध बनाए जाएँ, जो जलमार्ग को संतुलित रखेगा। यह 50 लाख एकड़ में सिंचाई सुविधा उपलब्ध कराएगा और 5000 मेगावाट से अधिक बिजली उत्पादन में मदद करेगा, जिससे 90 लाख लोगों को रोजगार प्राप्त होगा। उन उपायों से बाढ़ के पानी का त्वरित निष्पादन कर बाढ़ की विभीषिका को भी कम किया जा सकेगा तथा भविष्य के लिए अतिरिक्त जल का संग्रहण सुनिश्चित किया जा सकेगा।

इस योजना पर कार्य करने के लिए भूविज्ञानी, मानचित्रकार, सिविल अभियंता, संरचना विशेषज्ञ, द्रव अभियंता एवं पर्यावरणविद् को एक साथ लाना होगा, जो अगले दशक में बिहार का सामाजिक कायापलट करेंगे। समस्त कार्यक्रम सार्वजनिक निजी भागीदारी के रूप में किया जाना चाहिए, जिसमें अंतरराष्ट्रीय एजेंसियाँ भी भाग लेने को इच्छुक होंगी, क्योंकि यह लंबे समय तक धारणीय क्षमता रखता है।

बढ़ता (रिसर्जेंट) बिहार

मैं आप सबके साथ एक अनुभव बाँटता हूँ। मैं भारतीय प्रबंधन संस्थान, अहमदाबाद में शिक्षण-कार्य करता हूँ, जो दुनिया के श्रेष्ठ प्रबंधन संस्थानों में से एक है।

यहाँ मेरे सह प्रध्यापक प्रो. अनिल गुप्ता ने मुझे बिहार में अपनी शोध यात्रा का अनुभव बताया।

''मैंने पिछले वर्ष उत्तर-पूर्व के सांसदों की फोरम बैठक में भाग लेने के लिए गया से गंगटोक तक की यात्रा सड़क मार्ग से की थी। अनेक छोटे शहरों

और गाँवों में मैंने न केवल अधिक आर्थिक गतिविधियाँ देखीं, बल्कि मैंने इस बार खानाबदोशी भी बहुत कम पाई। यह दरशाता था कि सबके लिए कुछ-न-कुछ काम था। मैंने सड़क की गुणवत्ता का अनुभव किया और रात्रि में मुझे किसी प्रकार के अवरोध का सामना नहीं करना पड़ा। इस क्षेत्र की यात्रा के संबंध में पहले ऐसी बातें सुनने को नहीं मिलती थीं। जिस तरीके से यहाँ के लोगों ने अनेक सुविधाएँ उपलब्ध कराईं और बाहरवालों के साथ घुले-मिले यह सामान्य जन के आत्मविश्वास को प्रकट करता था। बिहार के विकास के कारण गुजरात अप्रवासन की कमी झेल रहा है। यह तथ्य अपने आपमें इस क्षेत्र में बदलाव की प्रक्रिया का सबूत है।''

अब मैं प्रो. गुप्ता के अनुभव को बताता हूँ, जो भारतीय राष्ट्रीय नवाचार (इनोवेशन) संस्थापन के अध्यक्ष हैं। वर्ष 2011 में बिहार के युवाओं ने सबसे उत्कृष्ट नवाचार किया। दोस्तो, याद करें कि आपके राज्य के ऐसे मुख्यमंत्री हैं, जिन्हें देश में कारोबारी सुधारक के रूप में नवाजा गया है और बिहार के अनेक युवा देश के सबसे अच्छे नवाचारी दिमागों में से हैं।

निष्कर्ष

दोस्तो, मानव के प्रयास की किसी व्यवस्था में श्रेष्ठ प्रदर्शन तभी होता है, जब परिश्रम से अर्जित सक्षमता द्वारा समर्थित सपना और सृजनात्मक नेतृत्व हो। राजनीतिक कार्य में सक्षमता निर्वाचन क्षेत्र की आवश्यकताओं की समझ रखने, विकास का एकमात्र लक्ष्य रखकर कार्य करने, विकास के लिए प्रतिभा और आधारभूत संरचना को काम में लाने और नेटवर्क बनाने, जनमानस के अनुसार पारदर्शी एवं सत्य निष्ठा से समयबद्ध कार्य निष्पादित करने और लोक सूचना के आधार पर बीच में ही सुधारात्मक उपाय करने से आती है।

सृजनात्मक नेतृत्व क्या है?

मैंने तीन सपनों को संकल्पना, मिशन और अनुभूति के रूप में साकार होते देखा है। ये हैं, भारतीय अंतरिक्ष अनुसंधान संगठन (इसरो) का अंतरिक्ष कार्यक्रम, रक्षा अनुसंधान और विकास संगठन (डी.आर.डी.ओ.) का अग्नि कार्यक्रम तथा पुरा (ग्रामीण क्षेत्रों में शहरी सुविधाएँ उपलब्ध कराना) का राष्ट्रीय मिशन के रूप में होना। सचमुच ये तीनों कार्यक्रम कई चुनौतियों और समस्याओं के बीच संपन्न

हो पाए। मैंने इन सभी तीन क्षेत्रों में कार्य किया है। मैंने इन तीन कार्यक्रमों से नेतृत्व के बारे में जो सीखा है, उसे आपको बताना चाहता हूँ:

(क) नेता का एक सपना होना चाहिए।

(ख) नेता में सपना पूरा करने की धुन होनी चाहिए।

(ग) नेता में नए रास्ते को तलाशने की क्षमता होनी चाहिए।

(घ) नेता में सफलता और विफलता का सामना करने की शक्ति होनी चाहिए।

(ङ.) नेता में निर्णय लेने का साहस होना चाहिए।

(च) नेता को प्रबंधन में श्रेष्ठ होना चाहिए।

(छ) नेता के हरेक कार्य में पारदर्शिता होनी चाहिए।

(ज) नेता को सत्यनिष्ठा से कार्य कर सफलता प्राप्त करनी चाहिए।

सभी मिशनों में सफल होने के लिए आपको सृजनात्मक नेता बनना होगा। सृजनात्मक नेतृत्व का अर्थ है; पारंपरिक भूमिका को बदलने की संकल्पना का प्रयोग कर कमांडर से कोच, प्रबंधक से परामर्शदाता, निदेशक से प्रतिनिधित्वकर्ता और दूसरे से सम्मान चाहनेवाले से आत्म सम्मान प्राप्त करनेवाला बनना। विकसित और संपन्न बिहार के लिए अनेक सृजनात्मक नेताओं की उपलब्धता महत्त्वपूर्ण होगी।

मुझे आपके सृजनात्मक नेतृत्व पर पूरा विश्वास है कि आप अपने कार्यकाल में अपने निर्वाचन क्षेत्र को निश्चित रूप से विकसित निर्वाचन क्षेत्र में बदलेंगे।

ईश्वर आपको आशीर्वाद दें।

❑

डॉ. कलाम के अनमोल वचन

"अपने सपने पूरे करने की राह में जो भी मुश्किलें आएँ, चाहे आपकी उम्र कुछ भी हो और आप जिंदगी के किसी भी पड़ाव पर हों, बेहतर भविष्य के सपनों को पूरा करने की कोशिश कभी न छोड़ें।"

नेताजी सुभाषचंद्र बोस इंस्टीट्यूट ऑफ टेक्नोलॉजी, बिहटा में डॉ. कलाम का संबोधन

तिथि : 15 जून, 2012 (शुक्रवार)
समय : 10:50 पूवाह्न
स्थान : शहीद भगत सिंह ब्लॉक स्थित सेमिनार भवन

इसके पूर्व अध्याय 5 में डॉ. कलाम साहब द्वारा विकसित व समृद्ध बिहार की जो कल्पना की गई है, उस कल्पना को मूर्त रूप देने के लिए बिहटा स्थित नेताजी सुभाषचंद्र बोस इंस्टीट्यूट ऑफ टेक्नोलॉजी में 15 जून, 2012 को डॉ. कलाम साहब द्वारा किया गया संबोधन बिहार के युवाओं के लिए प्रेरणापुंज है। उक्त संबोधन को इस पुस्तक में डॉ. कलाम साहब के शब्दों में ही अर्थात् अंग्रेजी भाषा में आपके सामने प्रस्तुत किया जा रहा है, जिससे कि उसकी मौलिकता बरकरार रह सके। इस संबोधन में युवाओं के लिए प्रेरणापुंज शब्द/वाक्य को मोटे अक्षरों में अंडरलाइन कर दरशाया गया है, जिससे कि वह शब्द/वाक्य आपके जीवन में नई राह दिखा सके और डॉ. कलाम साहब के पद चिह्नों पर चलने हेतु आपको प्रेरित कर सके। आइए, पूरी एकाग्रता से डॉ. कलाम साहब के संबोधन को आत्मसात् करें और ईश्वर से प्रार्थना करें कि—

"इतनी शक्ति हमें देना दाता
मन का विश्वास कमजोर हो ना
हम चलें नेक रस्ते पे हमसे
भूलकर भी कोई भूल हो ना"

और हम डॉ. कलाम साहब के पद चिह्नों का अनुसरण कर सकें। प्रस्तुत है डॉ. कलाम साहब का वह संबोधन—

Dear Friends

I am delighted to address and interact with the Students and Faculty Members of Netaji Subhas Institute of Technology at Patna. My greetings to all of you. I am happy to know that Netaji Subhas Institute of Technology has a mission to empower the rural youth with technological education, so that they can play a meaningful role in application of science and technology in national development.

Aryabhata — the Astronomer

When I am with you, I am reminded of Aryabhata who was born in 476 AD in Kusumapura (now called Patna) Bihar. Aryabhata was both an astronomer and mathematician. He was known to represent a summary of all Maths at that point of time. Just when he was only 23 years old, he wrote his book ARYABHATIYAM in two parts. He covered important areas like arithmetic, algebra (first ever contributor), trigonometry and of course, astronomy. He gave formulae for the areas of a triangle and a circle and attempted to give the volumes of a sphere and a pyramid. He was the first to give value of *pi*. All of you are fortunate to be in this land where Aryabhata walked and walked and dreamt mathematics. I am sure, some of you may turn-out to be a Aryabhata of 21st century. Keeping this in mind, I would like to share with you few thoughts on the topic Technology and Societal Transformations.

Friends, during my education an important milestone was the final year project. I would like to narrate the technique used by my professor to inject urgency in completing our task in time.

I was assigned a project to design a low-level attack aircraft together with six other colleagues. I was given the responsibility of system design and system integration by integrating the team members. Also, I was responsible for aerodynamic and structural design of the project. The other five of my team took up the design of propulsion, control, guidance, avionics and instrumentation of the aircraft. My design teacher Prof. Srinivasan, the then Director of MIT, was our guide. He reviewed the project and declared my work to be gloomy and disappointing. He didn't lend an ear to my difficulties in bringing together data base from multiple designers. I asked for a month's time to complete the task, since I had to get the inputs from five of my colleagues without which I cannot complete the system design.

Prof. Srinivasan told me "Look young man, today is Friday afternoon. I give you three days time. By Monday morning, if I don't get the configuration design, your scholarship will be stopped." I had a jolt in my life, as scholarship was my lifeline, without which I cannot continue with my studies. There was no other way out but to finish the task. My team felt the need for working together round the clock. We didn't sleep that night, working on the drawing board skipping our dinner. On Saturday, I took just an hour's break. On Sunday morning, I was near completion, when I felt someone's presence in my laboratory. It was Prof. Srinivasan studying my progress. After looking at my work, he patted and hugged me affectionately. He had words of appreciation: *"I knew I was putting you under stress and asking you to meet a difficult deadline. You have done great job in system design"*.

Through this review mechanism Prof. Srinivasan, really injected the necessity of understanding the value of time by each team member and brought out engineering education has to lead system design, system integration and system management. I realized that if something is at stake, the human minds get ignited and the working capacity gets enhanced manifold. That's what exactly happened. This is one of the techniques of building talent. The message is that young in the organization, whatever is their specialization, be trained to systems approach and projects, which will prepare them for new products, innovation and undertaking higher organizational responsibilities. Friends, you should get ready to acquire knowledge in an integrated way for using multiple disciplines towards product development and its management right from the undergraduate engineering programme.

This will make you a unique person in your chosen specialization.

Dear friends, Look up, what do you see, the light, the electric bulbs. Immediately, our thoughts go to the inventor *Thomas Alva Edison,* for his unique contribution towards the invention of electric bulb and his electrical lighting system.

When you hear the sound of aeroplane going over your house, whom do you think of? *Wright Brothers* proved that man could fly of course at heavy risk and cost.

Whom does the telephone remind you of? Of course, *Alexander Graham Bell.*

When everybody considered a sea travel as an experience or a voyage, a unique person questioned during his sea travel from United Kingdom to India. He was pondering on why the horizon, where the sky and sea meet looks blue? His research resulted in the phenomena of scattering of light. Of course, Sir *CV Raman* was awarded Nobel Prize.

Do you know an Indian Mathematician who did not have formal higher education but had inexhaustible spirit and love for mathematics which took him to contribute to the treasure houses of mathematical research—some of which are still under serious study and engaging all-available world mathematicians' efforts to establish formal proofs. He was a unique Indian genius who could melt the heart of the most hardened and outstanding Cambridge mathematician Prof G H Hardy. In fact, it is not an exaggeration to say that it was Prof. Hardy who discovered a great mathematician for the world. This mathematician was of course *Srinivasa Ramanujan* for whom every number was a divine manifestation.

Do you know about a man of science and about a life completely dedicated to innovation, creativity and scientific research. His most famous success was the astrophysical Chandrasekhar limit. The limit describes the maximum mass (greater than v.yy solar masses) of a white dwarf star, or equivalently, the minimum mass for which a star will ultimately collapse into a neutron star or black hole following a supernova. The limit was first calculated by a scientist while on a ship from India to Cambridge, England. Yes, I am referring to *Prof. Subramanian Chandrasekhar,* who lived his entire life for research, research and research on cosmos.

Friends, so far, we have studied those who walked into unexplored path and strived to be unique and are remembered for their contribution to the human kind.

Inventions and discoveries have emanated from creative minds that have been constantly working and imagining the outcome in the mind. With imagining and constant effort, all the forces of the universe work for that inspired mind, thereby leading to inventions and discoveries. The question is: are you willing to become a unique personality? Let me share an experience.

I have, so far, met vw million youths in India and abroad, in a decade's time. I learnt, "every youth wants to be unique, that is, YOU! But the world all around you, is doing its best, day and night, to make you just everybody else".

The challenge, my young friends, is that you have to fight the hardest battle, which any human being can ever imagine to fight; and never stop fighting until you arrive at your destined place, that is, a UNIQUE YOU! Friends what will be your tools to fight this battle. There are four criteria for building a unique personality, what are they:-

1. have a great aim in life,
2. continuously acquire the knowledge,
3. work hard and
4. persevere to realize the great achievement.

I am sure, the faculty members of Netaji Subhas Institute of Technology are providing all of you a conducive environment for realizing your goal of becoming a unique you.

Friends, for the past several years, I have been discussing with the young and experienced on the vision of the nation and how each one, whatever be his or her professional orientation, can contribute to the pillars of development. As I envisage, the pillars of Indian development profile 2020 are as follows:

1. A Nation where the rural and urban divide has reduced to a thin line.
2. A Nation where there is an equitable distribution and adequate access to energy and quality water.
3. A Nation where agriculture, industry and service sector work together in symphony.
4. A Nation where education with value system is not denied to any meritorious candidates because of societal or

economic discrimination.

5. A Nation which is the best destination for the most talented scholars, scientists and investors.
6. A Nation where the best of health care is available to all.
7. A Nation where the governance is responsive, transparent and corruption free.
8. A Nation where poverty has been totally eradicated, illiteracy removed and crimes against women and children are absent and none in the society feels alienated.
9. A Nation that is prosperous, healthy, secure, devoid of terrorism, peaceful and happy and continues with a sustainable growth path.
10. A Nation that is one of the best places to live in and is proud of its leadership.

To achieve the distinctive profile of India, we have the mission of transforming India into a developed nation. We have identified five areas where India has a core competence for integrated action:-

(1) Agriculture and food processing,
(2) Education and Healthcare,
(3) Information and Communication Technology,
(4) Reliable and Quality Electric power, Surface transport and Infrastructure for all parts of the country and
(5) Self-reliance in critical technologies.

These five areas are closely inter-related and by progressing in a coordinated way, leading to food, economic and national security.

A major mission is the development of infrastructure for bringing rural prosperity is through Provision of Urban Amenities in Rural Areas (PURA). Let me discuss about this sustainable development system.

Friends, this year India will turn 65 years old as the largest democracy in the world and we witness a defining period for the nation and its people. We stand ten years away from the goal of achieving the vision for a developed India by 2020 and there has been significant progress in all directions. Each step we take towards a developed nation also opens a fresh challenge to overcome. The need of the hour is the evolution of sustainable systems which act as 'enablers' and bring inclusive growth and integrated development to the nation.

One such sustainable development system is the mission of Provision of Urban Amenities in Rural Areas (PURA). It means that:

1. The villages must be connected within themselves and with main towns and metros through by good roads and wherever needed by railway lines. They must have other infrastructure like schools, colleges, hospitals and amenities for the local population and the visitors. This is physical connectivity.
2. In the emerging knowledge era, the native knowledge has to be preserved and enhanced with latest tools of technology, training and research. The villages have access to good education from best teachers wherever they are, must have the benefit of good medical treatment and must have latest information on their pursuits like agriculture, fishery, horticulture and food processing. That means they have to electronic connectivity.
3. Once the Physical and Electronic connectivity are enabled, the knowledge connectivity is enabled. That can facilitate the ability increase the productivity, the utilization of spare time, awareness of health welfare, ensuring a market for products, increasing quality conscience, interacting with partners, getting the best equipment, increasing transparency and so in general knowledge connectivity.
4. Once the three connectivities viz Physical, Electronic and knowledge connectivity are ensured, they facilitate earning capacity leading to economic connectivity. When we Provide Urban Amenities to Rural Areas (PURA), we can lead to upliftment of rural areas, we can attract investors, we can introduce effectively useful systems like Rural BPOs, Micro Finance.

The number of PURA for the whole country is estimated to be 7000 covering 6,00,000 villages where 700 million people live. There are number operational PURA in our country initiated by many educational, healthcare institutions, industry and other institutions. Government of India is already moving ahead with the implementation of PURA on the national scale across several districts of India. Let me now discuss a model PURA in the rural areas near Amhara which may be initiated by the Netaji Subhas Institute of Technology in collaboration with Public, Private industry and institutions in this area.

Friends, I have discussed with you unique missions by which the nation and the society can be transformed and I am sure all of you would like to be a partner in this process. All of them require convergence of disciplines and technologies.

The information technology and communication technology have already converged leading to Information and Communication Technology (ICT). Information Technology combined with biotechnology has led to bio-informatics. Similarly, Photonics is grown out from the labs to converge with classical Electronics and Microelectronics to bring in new high speed options in consumer products. Flexible and unbreakable displays using thin layer of film on transparent polymers have emerged as new symbols of entertainment and media tools. Now, Nano-technology has come in. It is the field of the future that will replace microelectronics and many fields with tremendous application potential in the areas of medicine, electronics and material science. I am sure about the use of nano-robot for drug delivery.

When Nano technology and ICT meet, integrated silicon electronics, photonics are born and it can be said that material convergence will happen. With material convergence and biotechnology linked, a new science called Intelligent Bioscience will be born which would lead to a disease free, happy and more intelligent human habitat with longevity and high human capabilities. Convergence of bio-nano-info technologies can lead to the development of nano robots.

Nano robots when they are injected into a patient, my expert friends say, it will diagnose and deliver the treatment exclusively in the affected area and then the nano-robot gets digested as it is a

DNA based product. I saw the product sample in one of the labs in South Korea where best of minds with multiple technology work with a target of finding out of the box solution.

Let me give an example. Recently, I was in the Harvard University where I visited laboratories of many eminent professors from the Harvard School of Engineering and Applied Sciences. I recall, how Professor Hongkun Park, showed me his invention of nano needles, which can pierce and deliver content into individual targeted cells. That's how nano particle sciences is shaping the bio sciences. Then I met Professor Vinod Manoharan, who showed on the other hand bio sciences is in turn shaping nano material science as well. He is using DNA material to design self assembling particles. When particular type of DNA is applied on a particle at the atomic level, he is able to generate a prefixed behavior and automatic assembly from them. This could be our answer to self assembly of devices and colonies in deep space without human intervention as envisioned by Dr K Erik Drexler. Thus, within a single research building, I saw how two different sciences are shaping each other without any iron curtain between the technologists. This reciprocating contribution of sciences to one another is going to shape our future and industry needs to be ready for it. Friends, are you ready to bring down the iron curtain existing between various technological groups?

Now, a new trend is emerging. The aspect being introduced is that of Ecology. Globally, the demand is shifting towards development of sustainable systems which are technologically superior. This is the new dimension of the 21st century knowledge society, where science, technology and environment will have to go together. Thus, the new age model would be a four dimensional bio-nano-info-eco based.

Finally, I would like to ask you, what would you like to be remembered for? You have to evolve yourself and shape your life. You should write it on a page. That page may be a very important page in the book of human history. And you will be creating that one page in the history of the nation—whether that page is the page of invention, the page of innovation or the page of discovery or the page of creating societal change or a page of removing the poverty or the page of fighting injustice or planning and executing a mission of networking of rivers, particularly in Bihar by connecting the river system of Bihar into a waterway and find a lasting solution for perennial floods and drought of the state.

My best wishes to all the members of Netaji Subhas Institute of Technology for success in the mission of developing quality technological human resource for contributing towards national development.

May God bless you.

Oath for Students

1. Engineering and Technology is a life time mission. I will work, work and work and succeed.
2. Wherever I am, a thought will always come to my mind. That is what process or product I can innovate, invent or discover.
3. I will always remember that "Let not my winged days, be spent in vain".
4. I realize I have to set a great technological goal that will lead me to think high, work and persevere to realize the goal.
5. My greatest friends will be great scientific and technological minds, good teachers and good books.
6. I firmly believe that no problem can defeat me; I will become the captain of the problem, defeat the problem and succeed.
7. I will work and work for removing the problems faced by planet earth in the areas of water, energy, habitat, waste management and environment through the application of engineering and technology.
8. I will work for making the city or town, where I work as a carbon neutral city or town.
9. My National Flag flies in my heart and I will bring glory to my nation."

उक्त संबोधन निश्चित रूप से बिहार के युवाओं के लिए 'मील का पत्थर' साबित हो सकता है। अपने संबोधन में डॉ. कलाम साहब ने हम युवाओं को संबोधित करते हुए बिहार की धरती पर जनमे आर्यभट्ट और गणित में उनके योगदान को स्मरण करते हुए गौरवकालीन इतिहास को याद दिलाया है और हम सब युवाओं को 21वीं शताब्दी के आर्यभट्ट बनने हेतु प्रेरित करता है।

इसके अलावा उन्होंने अपनी परियोजना के बारे में बताया है कि किस प्रकार दिन-रात एककर तीन दिनों की जगह सिर्फ दो दिनों में उस परियोजना को तैयार किया गया, जिसके बाद उनके परियोजना शिक्षक प्रो. श्रीनिवासन ने उन्हें गले से लगा लिया। शिक्षक प्रो. श्रीनिवासन के द्वारा शुक्रवार दोपहर बाद कहा गया कि सोमवार सुबह तक वह परियोजना को पूर्ण देखना चाहते हैं। तभी से डॉ. कलाम साहब और उनकी टीम द्वारा रात भर बिना सोए काम करना, शनिवार को सिर्फ एक घंटे का विश्राम और रविवार सुबह तक परियोजना के काम को समाप्त कर लेना हम सब युवाओं के लिए आँख खोलनेवाला वाकिया है, जो हमें अपने काम के प्रति समर्पण की भावना बतलाता है।

इसके अलावा थॉमस अल्वा एडिसन, राइट ब्रोदर्स, एलेक्जेंडर ग्राहम बेल, सर सी.वी. रमण, गणितज्ञ श्रीनिवास रामानुजन, प्रो. एस. चंद्रशेखर के कार्यों का उदाहरण देकर उन्हीं की तरह 'यूनिक' बनने हेतु उक्त संबोधन हमें प्रेरणा देता है। 'यूनिक' बनने के लिए कलाम साहब हमें चार टिप्स देते हैं—

1. **जीवन में बड़ा लक्ष्य रखना,**
2. **लगातार अपने ज्ञान को बढ़ाना,**
3. **कठोर परिश्रम करना एवं**
4. **महान् उपलब्धि हेतु लगातार प्रयास करना।**

डॉ. कलाम साहब भारत को 2020 तक एक विकसित राष्ट्र के रूप में देखना चाहते हैं। विकसित राष्ट्र हेतु उनके द्वारा 10 विशिष्टताएँ बतलाई गई हैं। हम सब युवाओं एवं सरकार का यह कर्तव्य है कि उन विशिष्टताओं को प्राप्त करने हेतु अपना सार्थक कर्म करें और भारत को एक विकसित राष्ट्र बनाकर उन्हें सच्ची श्रद्धांजलि दें।

बिहार जैसे विकासशील राज्य के लिए उन्होंने पुरा (PURA) अर्थात् 'ग्रामीण क्षेत्रों में शहर जैसी आधारभूत संरचनाओं को मुहैया कराना' जैसी महत्त्वाकांक्षी परियोजना डॉ. कलाम साहब के द्वारा दी गई है, जो सिर्फ बिहार ही नहीं, बल्कि

भारत के सभी राज्यों के लिए बराबर की महत्त्वपूर्ण है, जिसके महत्त्वपूर्ण अवयव हैं—

1. **भौतिक संपर्क,**
2. **इलेक्ट्रॉनिक संपर्क,**
3. **ज्ञान संपर्क एवं**
4. **आर्थिक संपर्क।**

यदि इन सभी चार अवयवों को योजनाबद्ध तरीके से जमीन पर उतारा जाए तो वह दिन दूर नहीं, जब बिहार भारत का सबसे अग्रणी राज्य बनेगा। इसके लिए हमें जो सबसे महत्त्वपूर्ण वस्तु चाहिए, वह है—कुशल मानव संसाधन और सूचना तकनीकी का इस्तेमाल। कुशल मानव संसाधन हम बिहार के युवा को बनना होगा और यदि हम कुशल मानव संसाधन बन जाते हैं तो सूचना तकनीकी का इस्तेमाल हम बखूबी करने में आगे हैं।

डॉ. कलाम साहब के उक्त संबोधन की अंतिम कड़ी हम युवाओं के लिए सबसे अधिक महत्त्वपूर्ण है, जिसमें उनके द्वारा कहा गया है कि—

"मैं आपसे पूछना चाहता हूँ कि आप किसलिए याद किए जाओगे? इसे आप एक पृष्ठ पर लिखें और वह पृष्ठ आपके लिए बहुत महत्त्वपूर्ण होगा।" डॉ. कलाम साहब का यह वाक्य प्रत्येक युवा के जीवन को नया आयाम दे सकता है। कहा भी जाता है—जैसा आप सोचोगे, वैसा आप बनोगे।

संबोधन के अंत में डॉ. कलाम साहब द्वारा नेताजी सुभाषचंद्र बोस इंस्टीट्यूट ऑफ टेक्नोलॉजी के छात्रों को शपथ दिलाई गई, जो काफी महत्त्वपूर्ण है। हमें चाहिए कि उस शपथ को हमेशा स्मरणकर अपना कर्म करें। उक्त शपथ के एक पहलू को मैं जोर देकर व्यक्त करना चाहता हूँ, वह है—

कोई समस्या हमें हरा नहीं सकती,
समस्या का कप्तान बनें,
समस्या को पराजित करें,
और सफलता को प्राप्त करें।

❑

डॉ. कलाम के अनमोल वचन

"जीवन में सफल होने और कुछ हासिल करने के लिए आपको तीन बड़ी शक्तियों को समझना और उसमें महारत हासिल करना बहुत जरूरी है—इच्छा, विश्वास और अपेक्षा।"

(ग)

बिहार विधान परिषद् के शताब्दी समारोह का संबोधन

तिथि : 03 मई, 2011
स्थान : रवींद्र भवन, पटना

3 मई, 2011 को रवींद्र भवन, पटना में आयोजित बिहार विधान परिषद के शताब्दी समारोह को संबोधित करते हुए डॉ. ए.पी.जे. अब्दुल कलाम ने बेहतर जल प्रबंधन व बाढ़ नियंत्रण को बिहार की समृद्धि के लिए सबसे महत्त्वपूर्ण कदम बताया।

प्रस्तुत है उक्त संबोधन का प्रमुख अंश—

'बेहतर जल प्रबंधन व बाढ़ नियंत्रण से होगी बिहार की समृद्धि'

पूर्व राष्ट्रपति डॉ. ए.पी.जे. अब्दुल कलाम ने कहा कि बेहतर जल प्रबंधन और बाढ़ नियंत्रण के जरिए बिहार समृद्ध राज्य बन सकता है। इससे पाँच मिलियन एकड़ से अधिक जमीन में सिंचाई की सुविधा उपलब्ध होगी। एक हजार मेगावाट बिजली का उत्पादन होगा और नौ मिलियन लोगों को रोजगार मिलेगा। बिहार विधान परिषद के शताब्दी समारोह के अंतर्गत आयोजित पहली व्याख्यानमाला में मुख्य वक्ता डॉ. कलाम ने बिहार को विकसित प्रदेश बनाने के लिए कई सुझाव दिए। उन्होंने कहा कि बिहार नदियों को जोड़कर और संपूर्ण बाढ़ प्रबंधनकर देश को राह दिखा सकता है।

डॉ. कलाम ने अपने भाषण की शुरुआत नमस्कार के संबोधन के साथ की,

तो रवींद्र हॉल तालियों की गड़गड़ाहट से गूँज उठा। उन्होंने हॉल में उपस्थित करीब दो सौ लोगों को साहस के साथ जीने, रहने व आगे बढ़ने का संकल्प भी दिलाया। अपने 33 मिनट के भाषण में उन्होंने विधायकों व विधान पार्षदों को मिशन के साथ काम करने की नसीहत दी। उन्होंने कहा कि बिहार का जनजीवन और बिहार की स्थिति में परिवर्तन लानेवाला एकमात्र विषय जल, जल और जल है। बिहार में जल की कमी नहीं है, जल-प्रबंधन से बेहतर सिंचाई हो सकेगी। इससे बिहार न केवल भारत का अन्न-भंडार बनेगा, बल्कि यहाँ बिजली और सुव्यवस्थित जलमार्ग की सुविधा भी होगी। बाढ़ से बचाव के लिए उन्होंने कई उपाय बताए। इसमें जलाशयों, पोखरों आदि को अतिक्रमण से मुक्त करना, उनके निकास मार्ग की सफाई, कूपों व नलकूपों की सुरक्षा दीवारों की ऊँचाई, बाढ़ के औसत जलस्तर से ऊपर रखना आदि शामिल है।

उन्होंने अमेरिका के ओहियो स्मार्ट जलमार्ग का उल्लेख करते हुए कहा कि अमेरिकी सेना के अभियंता दल का काम प्रशंसनीय व अनुकरणीय है। 1775 में ओहियो स्मार्ट जलमार्ग का काम हुआ, जिसने अमेरिका के विकास में अहम भूमिका निभाई। भारत में हर साल 1500 बीसीए बाढ़ का पानी समुद्र में बह जाता है। इसका आधा भी जमा हो जाए, तो पानी की समस्या दूर हो जाएगी।

सुझाव

- आहर-पइनों की पहचानकर उन्हें अतिक्रमणमुक्त करें।
- नदियों के बीच तलमार्जन हो, ताकि नदीतल दोनों ओर की भूमि से नीचे रहे।
- चैक डैम बनाए जाएँ, नहरों का निर्माण हो।
- 500 किमी लंबे जलमार्ग की आवश्यकता।
- इसमें रोज कम-से-कम 18 घंटे परिवहन हो।
- 50 वर्षों के दौरान कोसी व अन्य नदियों की बाढ़ के स्वरूप पर अध्ययन हो और उसके अनुरूप बाढ़-नियंत्रण की रूपरेखा भी तैयार हो।

❑

(घ)
आईआईटी, पटना के दीक्षांत समारोह का संबोधन

तिथि : 23 दिसंबर, 2012
स्थान : आईआईटी, पटना

23 दिसंबर, 2012 को आईआईटी, पटना के दीक्षांत समारोह को संबोधित करते हुए डॉ. एपीजी अब्दुल कलाम ने आईआईटी, पटना को बिहार के स्थायी विकास के लिए प्रयोगशाला के तौर पर उभरने हेतु संकल्प लेने का सुझाव दिया। इसके पूर्व 03 मई, 2011 को बिहार विधान परिषद् के शताब्दी समारोह में जिस जल-प्रबंधन एवं बाढ़-नियंत्रण को समृद्ध बिहार के लिए आवश्यक बताया गया था, उसी की कड़ी को आगे बढ़ाते हुए डॉ. एपीजी अब्दुल कलाम ने उसे मूर्त रूप देने के लिए बिहार के आईआईटियन छात्रों एवं आईआईटी, पटना को आगे आने की सलाह दी।

प्रस्तुत है आईआईटी, पटना के दीक्षांत समारोह के संबोधन का प्रमुख अंश—

बिहार बने स्थायी विकास की प्रयोगशाला

मैं आईआईटी, पटना के दीक्षांत समारोह में शामिल होकर प्रसन्न महसूस कर रहा हूँ। मैं स्नातक छात्रों को उनकी उपलब्धि और शिक्षकों को अपने छात्रों की प्रतिभा निखारने के लिए बधाई देता हूँ।

दोस्तो, आज मैं आप लोगों के साथ विज्ञान की अंतर्संबद्धता पर बात करना चाहूँगा। आज देश में किसी भी शैक्षणिक संस्था के पास स्थायी विकास की प्रणाली विकसित करने के लिए अलग से विभाग नहीं है। क्या आईआईटी, पटना इस मामले में आगे आएगा और स्थायी विकास के लिए बिहार को अपनी प्रयोगशाला बनाएगा? आईआईटी, पटना इन तीन खास बिंदुओं पर फोकस कर सकता है।

अनेक नदियों के बावजूद बिहार के अधिकतर जिले बाढ़ या सूखे की चपेट में रहते हैं। क्या हम बाढ़मुक्त व सूखामुक्त बिहार बना सकते हैं, क्या हम पूरे प्रदेश में जलमार्गों का निर्माण कर सकते हैं, जो बाढ़ से मुक्ति के साथ ही प्रचुर बिजली, सिंचाई के साधन व सैलानियों को आकर्षित करनेवाले आवागमन का जरिया हो सकते हैं? ये जलमार्ग बिहार के सभी 45000 गाँवों को जोड़ेंगे, साथ ही हिंदू, बौद्ध, जैन, इसलामी व सिख आध्यात्मिक केंद्रों को भी जोड़ेंगे।

सभी गाँवों के विकास के लिए मैं पुरा (प्रोवाइडिंग अरबन अमेनिटीज इन रूरल एरियाज) प्रस्तावित करता हूँ। ऐसे पाँच सौ पुरा कॉम्प्लेक्स के लिए मैं प्रस्ताव देता हूँ। मैं महसूस करता हूँ कि इन तीन क्षेत्रों में आईआईटी, पटना रिसर्च पार्टनर बन सकता है। इसके लिए विभिन्न तकनीक की संसृति (मिलना) बनानी होगी। छात्र यहाँ से निकलने पर स्थायी विकास-प्रणाली के वाहक बन सकते हैं। यहाँ के शिक्षक इसे मिशन बनाकर हर नए सत्र के छात्रों को इस दिशा में तैयार कर सकते हैं। इस तरह यह शिक्षा-केंद्र स्थायी विकास के लिए बिहार को अपनी प्रयोगशाला बना सकता है। 2012 की तकनीकी उपलब्धि दुनिया में आर्थिक मंदी का दौर है, पर 40 करोड़ मध्यवर्गीय लोगों की क्रय क्षमता व 60 करोड़ युवाओं के बल पर अपना देश इस संकट से बाहर निकलने की क्षमता रखता है। पिछले दिनों अग्नि मिसाइल सफलतापूर्वक छोड़ा गया है। देशी तकनीक के आधार पर आरआरएसएटी का उन्नत डिजाइन तैयार कर सफलतापूर्वक लॉन्च किया गया। स्वास्थ्य क्षेत्र में मलेरिया की रोकथाम में बड़ी वैज्ञानिक सफलता मिली है। कृषि क्षेत्र में किसानों व वैज्ञानिकों ने कड़ी मेहनत की है और रिकॉर्ड उत्पादन संभव हुआ है। हमारे वैज्ञानिकों, शिल्प विज्ञानियों, तकनीशियनों, किसानों व शोधार्थियों ने इसे राष्ट्रीय मिशन के तौर पर लेते हुए पूरा किया है। सूचना तकनीक व संचार तकनीक पहले ही मिलकर काम कर रहे हैं।

इस प्रकार, डॉ. कलाम साहब का यह संबोधन आईआईटी, पटना और उसके छात्रों के लिए एक चुनौती है कि वे बिहार को विकसित राज्य बनाने के लिए किस तरह अपने संस्थान को एक विकास प्रयोगशाला के रूप में उभार सकें। निश्चित रूप से इस कल्चर को हमें विकसित करना होगा, जिसके अंतर्गत विकसित बिहार की अवधारणा को इन छात्रों के माध्यम से पटल पर लाया जा सके। इस कार्य हेतु डॉ. कलाम साहब का उपरोक्त संबोधन ऊर्जा के रूप में हमें सतत ऊर्जावान बनाए रखने में मदद करेगा।

❑

बिहार के लिए डॉ. कलाम का समर्पण

बिहार को विकसित राज्य बनाने के लिए एवं यहाँ के युवाओं, किसानों, शिक्षाविदों, सामाजिक कार्यकर्त्ताओं को इसके लिए प्रेरित करते हुए डॉ. कलाम ने बिहार के लिए कई फार्मूले दिए, जिसे अपनाकर बिहार एक विकसित राज्य का सपना पूरा कर सकता है।

डॉ. कलाम के निधन के बाद बिहार ने अपना गुरु व मार्गदर्शक को खो दिया, परंतु उनके द्वारा बताए गए फार्मूले अभी भी दिलो-दिमाग में समाये हुए हैं, जिसे मूर्त रूप देने की आवश्यकता है। उनके निधन के बाद बिहार के प्रति उनके समर्पण की भावनाओं को उजागर करते हुए उनको जाननेवालों ने अपनी-अपनी यादों को पुनर्जीवित किया, जिसे विभिन्न अखबारों के माध्यम से प्रकाशित किया गया था। उन्हीं प्रकाशित अंशों का संकलन 'बिहार के लिए डॉ. कलाम का समर्पण' शीर्षक से प्रस्तुत किया जा रहा है, जिससे कि पुनः उनकी प्रेरणा पर हम चलने के लिए अग्रसर हो सकें।

वे दस टास्क, जो डॉ. कलाम ने बिहार के नेताओं को सौंपे थे

पूर्व राष्ट्रपति डॉ. ए.पी.जे. अब्दुल कलाम 2006 में बिहार आए थे। उन्होंने बिहार विधानमंडल के संयुक्त अधिवेशन को संबोधित किया था। तब उन्होंने बिहार के विकास के दस मंत्र दिए थे। बिहार सरकार ने उन मंत्रों को आत्मसात् किया था। इन मंत्रों में बिहार के विकास के वे गुणसूत्र निहित हैं, जो राज्य को आज भी आगे की राह दिखाते हैं।

1. कृषि का समेकित विकास : गेहूँ का उत्पादन 4 मिलियन टन से बढ़ाकर 12 मिलियन टन तथा धान का उत्पादन 5.5 मिलियन टन से बढ़ाकर 15 मिलियन टन, महाराष्ट्र की तर्ज पर शुगर को-ऑपरेटिव और कम-से-कम 10 शुगर मिलें

स्थापित हों। कानफेड का सभी जिलों में विस्तार हो।

2. तकनीकी व शोधपरक ज्ञान विस्तार : 2050 तक बिहार में युवाओं की जनसंख्या करीब 45 मिलियन होगी। तकनीकी और शोधपरक ज्ञान के साधन व अवसर सृजित किए जाएँ। स्किल्ड युवाओं का ग्लोबल कैडर बने, जिसके पास विशेष दक्षता हो। दूसरा ऐसा ग्लोबल कैडर बने, जिसका इस्तेमाल रिसर्च और लीडरशिप के क्षेत्र में हो।

3. शिक्षा में सुधार : साक्षरता दर को 2010 तक 75 प्रतिशत और 2015 तक शत प्रतिशत किया जाए। एकेडमिक कैलेंडर नियमित हों। आईआईटी जैसे 10 स्टेट ऑफ आर्ट तकनीकी संस्थान खुलें।

4. प्राचीन नालंदा विवि की पुनर्स्थापना : इसके लिए अंतरराष्ट्रीय पार्टनरशिप के तहत 500 करोड़ का बजट तैयार हो।

5. प्राथमिक स्वास्थ्य सेवा में सुधार : प्राथमिक स्वास्थ्य केंद्रों में सुधार और मोबाइल क्लीनिक की व्यवस्था हो। इसके लिए राज्य सरकार नागरिकों से तीन रुपए प्रतिमाह का योगदान ले सकती है।

6. बाढ़ नियंत्रण के लिए सेटेलाइट मैपिंग : सेटेलाइट मैपिंग के साथ-साथ दक्षिण बिहार और उत्तर बिहार की नदियों को जोड़कर 500 किमी. लंबे जलमार्ग बनें। इससे सिंचाई के साधन विकसित हों तथा गाँवों की ड्रेजिंग हो।

7. ग्रैंड एशियन रोड का निर्माण : सिंगापुर से म्यांमार होते हुए बोधगया तक ग्रैंड एशियन रोड का निर्माण हो। इससे पर्यटन को बढ़ावा मिलेगा। बिहार को चार मिलियन का रोजगार मिलेगा और 10 मिलियन डॉलर की वार्षिक आय होगी।

8. एक्सक्लूसिव इकोनॉमिक जोन : इसके तहत चीनी, धागे, सिल्क धागे, लेदर, स्पोर्ट्स के सामान तथा एग्रो-फूड प्रोसेसिंग इंडस्ट्रीज की स्थापना हो।

9. सड़क व बिजली दुरुस्त हो : स्टेट हाइवे और नेशनल हाइवे का मेंटेनेंस, करीब 35000 किमी. ग्रामीण सड़कें बारहमासी सड़क में तब्दील हों। कम-से-कम 1000 मेगावाट क्षमतावाले न्यूक्लियर पावर प्लांट की स्थापना।

10. इ-गवर्नेंस एवं प्रशासनिक सुधार : ई-गवर्नेंस एवं प्रशासनिक सुधार की प्रक्रिया में तेजी लाएँ। इसी से सामाजिक और आर्थिक प्रगति को गति मिल सकेगी।

सरकार को दिया सुझाव—मैंने बिहार के लिए पीयूआरए (पुरा) का कंसेप्ट दिया है। राज्य के 45 हजार गाँवों में शहरी सुविधाओं का विस्तार किया जाए, जिसमें बेहतर स्कूल, कॉलेज, अस्पताल और शहरों से अच्छी सड़कों से

जुड़ाव होना चाहिए। इसके साथ सभी गाँवों को इलेक्ट्रॉनिक संपर्क से जोड़ना चाहिए।

कलाम ने बच्चों से कहा था—इफ माइ मदर इज हैप्पी, माइ होम विल बी हैप्पी, इफ माई होम इज हैप्पी, सोसाइटी विल बी हैप्पी, इफ सोसाइटी इज हैप्पी, बिहार विल बी हैप्पी, इफ बिहार इज हैप्पी, देन इंडिया विल बी हैप्पी।

पालीगंज, बिक्रम व नौबतपुर के किसानों के मार्गदर्शक थे कलाम

पूर्व राष्ट्रपति डॉ. ए.पी.जे. अब्दुल कलाम के निधन से पालीगंज, बिक्रम एवं नौबतपुर के किसानों में मायूसी छा गई। कलाम साहब को यहाँ के किसान मार्गदर्शक के रूप में जानते हैं। बतौर राष्ट्रपति उन्होंने पालीगंज के किसानों को राष्ट्रपति भवन बुलाकर मार्गदर्शन दिया था।

डॉ. अब्दुल कलाम को किसानों एवं बच्चों से काफी प्रेम था। यही कारण था कि जब वे राष्ट्रपति थे 31 मई, 2003 को उन्होंने पालीगंज के कृषि भवन आकर किसानों का हौसला बढ़ाया था। उन्होंने किसानों को परंपरागत एवं वैज्ञानिक तरीके से खेती के गुर बताए थे। 25 किलोग्राम धान के बीज के बदले केवल पाँच किलोग्राम बीज से खेती करने के बारे में बताया था। कलाम साहब के निर्देशों से खेती करने से उपज दुगुनी बढ़ गई थी। कलाम साहब ने दिल्ली से टाइफेड के वैज्ञानिकों को पालीगंज भेजकर किसानों को खेती के वैज्ञानिक तरीके का प्रशिक्षण दिया था। बाद में फरवरी 2008 में मुख्यमंत्री श्री नीतीश कुमार के साथ कलाम साहब ने पालीगंज आकर किसानों को सुगंधित एवं औषधीय पौधों की खेती के बारे में बताया था। किसानों ने औषधीय पौधों की खेती से एवं धान की खेती से चौगुना लाभ कमाकर अपनी आर्थिक स्थिति काफी मजबूत की। वर्ष 2011 में ए.पी.जे. अब्दुल कलाम ने पालीगंज के कृषि भवन में मिट्टी-जाँच प्रयोगशाला किसानों को सौंपी। इस प्रयोगशाला से किसानों ने मिट्टी की जाँच कराकर जरूरत के अनुसार खेत में उर्वरक डाले, जिससे उत्पादन क्षमता बढ़ी। पालीगंज कृषक वितरण समिति के सदस्य वाल्मीकि सिंह, कपिल यादव, उमेश सिंह, उमेश चौबे, दीनानाथ सिंह, विशुनदेव पासवान को कई बार दिल्ली के राजभवन में बुलाकर डॉ. कलाम ने कृषि से संबंधित जानकारी दी।

पूर्व राष्ट्रपति भारत रत्न डॉ. ए.पी.जे. अब्दुल कलाम के आकस्मिक निधन की जानकारी मिलने से बिक्रम के किसानों को गहरा धक्का लगा। डॉ. कलाम ने

25 अक्तूबर, 2000 को बिक्रम और नौबतपुर का दौरा किया था। उस दौरान उन्होंने किसानों को आधुनिक तरीके से खेती करने का गुर बताया था, जिसकी वजह से वे आज उन्नति के पथ पर हैं। दतियाना के किसान आमोद कुमार सिंह ने बताया कि डॉ. कलाम की राह पर चलकर दर्जनों किसानों ने वैज्ञानिक तरीके से खेती की, जिससे उपज में बढ़ोत्तरी हुई। किसान रामजीत सिंह ने बताया कि नगवां में अजय सिंह एवं संग्रामपुर में बैकुंठ सिंह से खेती करने की विधि को समझा। आज जब उस महान् व्यक्ति के निधन की खबर आई तो गहरा शोक हुआ।

कलाम ने पालीगंज के किसानों से अगस्त 2015 में मुलाकात करने का वादा किया था, लेकिन जुलाई में ही जुदा हो गए। उनके आकस्मिक निधन की खबर सुनकर पालीगंज के किसानों को गहरा शोक हुआ है। किसानों का कहना है कि डॉ. कलाम ने वादा किया था कि बिहार दौरे पर आएँगे तो पालीगंज के किसानों से जरूर मिलेंगे। डॉ. कलाम के करीबी माने जानेवाले किसान बाल्मिकी सिंह ने बताया कि 31 मई, 2003 को डॉ. कलाम पालीगंज आए थे। उन्होंने यहाँ के किसानों को वैज्ञानिक तरीके से खेती करने का सुझाव दिया। उनके नक्शेकदम पर चलने से किसानों को दोगुने से अधिक का मुनाफा हुआ। वर्ष 2008 के फरवरी में जब वह मुख्यमंत्री नीतीश कुमार के साथ पहुँचे तो उन्होंने नकदी खेती की विधि बताई थी।

कहते थे द्वितीय हरित क्रांति की शुरुआत बिहार से होगी

किसानों से काफी लगाव था कलाम को। उनका मानना था कि खेती-किसानी से ही गाँवों की तसवीर बदलेगी और जब गाँवों की तसवीर बदलेगी, तभी देश आगे बढ़ेगा। बिहार की मिट्टी में बहुत ताकत है। यहाँ के किसान चाहें तो दूसरी हरित क्रांति की शुरुआत यहीं से हो सकती है। विजन 2020 के तहत टाइफैक संस्था बनाई थी। बिहार में पहली बार टाइफैक (सूचना पूर्वानुमान मूल्यांकन परिषद्) का काम पालीगंज में सरजमीन पर उतरा था। उन्होंने बाल्मीकि शर्मा को टाइफैक का सचिव बनाया था। पहली बार वे किसानों से मिलने मार्च 2003 में पालीगंज आए थे।

कलाम के गम में किसान ने अन्न-जल छोड़ा

ईश्वर उन्हें माफ करना, उन्हें नहीं मालूम वे क्या कर रहे हैं। कभी यीशु ने

उनपर जुल्म ढानेवालों के लिए ईश्वर से यह प्रार्थना की थी। ऐसा ही कुछ वाकया पूर्व राष्ट्रपति डॉ. कलाम के साथ नालंदा में घटित हुआ था, जब अंतरराष्ट्रीय विश्व विद्यालय के शिलान्यास समारोह के दौरान पिलखी गाँव के कुछ ग्रामीणों ने पथराव कर दिया था।

कलाम साहब के इंतकाल के बाद गाँव के बुजुर्ग भोला महतो को उस उत्पात की टीस आज भी कचोटती है। उन्होंने डॉ. कलाम के निधन की खबर सुनते ही अन्न-जल त्याग दिया और उनके दाह-संस्कार के बाद ही कुछ खाया। कलाम साहब नालंदा अंतरराष्ट्रीय विश्वविद्यालय की बुनियाद रखने 2008 की 8 फरवरी को यहाँ पर आए थे। राजगीर के पिलखी गाँव में शिलान्यास समारोह था। कलाम विश्व विद्यालय के पास की प्राकृतिक छटा को निहार रहे थे और साथ चल रहे मुख्यमंत्री श्री नीतीश कुमार उन्हें अधिगृहित जमीन की चौहद्दी बता रहे थे। इसी बीच पिलखी व आसपास के गाँव के कुछ लोग नारेबाजी करने लगे, मौके का फायदा उठाकर कुछ उपद्रवी रोड़े-पत्थर चलाने लगे। मुख्यमंत्री सहित पूरा प्रशासनिक अमला सकते में आ गया। पुलिस ने हलका बल प्रयोग कर भीड़ को खदेड़ दिया। मुख्यमंत्री ने खुद ग्रामीणों के बीच जाकर उन्हें शांत कराया। इस घटना से निबटकर जैसे ही मुख्यमंत्री डॉ. कलाम के पास पहुँचे, उन्होंने छूटते पूछा, व्हाट हैपेंड, लोग पत्थर क्यों चला रहे हैं ? बताया, सर जमीन अधिग्रहण के बदले मुआवजा नहीं मिलने से वे नाराज हैं। कलाम तत्काल ग्रामीणों से मिले। शिष्टमंडल में भोला महतो भी थे। उस मुलाकात को याद कर उनकी आँखें भर आईं, कहा—कलाम साहब ने बड़े प्रेम से हमारी बातें सुनीं और हम लोगों को नालंदा विश्वविद्यालय की स्थापना का महत्त्व समझाया।

जब मिसाइल मैन ने गुरुद्वारा तख्त श्री हरमंदिरजी पटना साहिब में टेका मत्था

31 मई, 2003 का वह दिन जब ए.पी.जे. अब्दुल कलाम ने श्री गुरु गोविंद सिंह के जन्मस्थली पटना साहिब में आकर मत्था टेका था। भारत के राष्ट्रपति के रूप में वह पटना साहिब पहली बार आए थे। इस स्थल पर आकर गुरुघर का दर्शन किया। श्री गुरु गोविंद सिंह के जीवन से जुड़ी वस्तुएँ, उनके तीर, सात वर्ष की आयु में पहना जानेवाला चोला, चंदन की खड़ाऊँ, छोटा झूला, गुलेल की गोली, छोटी चकरी, लोहे का खंडा और दस्तार में बाँधनेवाली चकरी सहित अन्य वस्तुओं

का दर्शन कर निहाल हुए थे। दरबार साहिब में जत्थेदार ने सरोपा प्रदान किया था। तख्त श्री हरिमंदिरजी पटना साहिब प्रबंधक कमेटी के तत्कालीन महासचिव सरदार महेंद्र पाल सिंह ढिल्लन सहित अन्य पदाधिकारियों ने उनका स्वागत किया था। अब्दुल कलाम ने अपने संक्षिप्त उद्गार में कहा था कि श्री गुरु गोविंद सिंह ने देश की एकता, अखंडता, धर्मनिरपेक्षता, सामाजिक न्याय तथा सामाजिक क्रांति को दृष्टि में रखते हुए मानव जीवन में चिर नवीन, पर चिर पुरातन अमृत प्रदान कर पराजित शक्तियों को जगाया। अन्याय, हिंसा, शोषण के विरुद्ध बलिदान होने की प्रेरणा दी। उन्होंने कहा था कि गुरुजी ने अलौकिक शक्ति का संचार किया और उपदेश दिया कि खालसा में कोई ऊँच-नीच नहीं है। सभी ईश्वर की संतान और एक समान हैं। खालसा का पहला धर्म है कि देश तथा जाति की रक्षा के लिए तन, मन और धन यहाँ तक कि अपने प्राण भी न्योछावर कर दें। निर्धनों, अनाथों तथा असहायों की रक्षा के लिए आगे रहें।

नालंदा विवि से जुड़ा रहेगा डॉ. कलाम का नाम

भारत के पूर्व राष्ट्रपति डॉ. ए.पी.जे. अब्दुल कलाम आज भले ही इस दुनिया में नहीं रहे, लेकिन डॉ. कलाम हमेशा नालंदावासियों के दिलो-दिमाग में बने रहेंगे। डॉ. कलाम के निधन पर देश सहित नालंदा जिले में भी शोक की लहर दौड़ गई। नालंदा के लिए उनके द्वारा किए गए कार्य हमेशा स्मरणीय रहेंगे। नालंदा जिलावासी उनके कार्यों को कभी नहीं भुला पाएँगे। डॉ. कलाम वैसे तो नालंदा जिले में दो बार पहुँचे, लेकिन अपने जीवन में इन दो दौरे के दौरान उन्होंने वह कर दिखाया, जो कई सदियों से गुमनाम हो चुका था।

भारत के राष्ट्रपति पद पर रहते हुए वे तत्कालीन रेलमंत्री श्री नीतीश कुमार के कहने पर सर्वप्रथम 30 अप्रैल, 2003 को नालंदा पहुँचे थे। उन्होंने हरनौत की रेल कोच मेंटनेंस फैक्ट्री का शिलान्यास किया था। उस समय ही उनके दिलो-दिमाग में नालंदा के प्राचीन गौरवशाली अतीत को वापस लाने की वह बात घर कर गई और इस दिशा में उनकी ओर से काम भी शुरू कर दिया गया। इसी बीच वर्ष 2005 में जब बिहार के मुख्यमंत्री पद पर श्री नीतीश कुमार ने सत्ता सँभाली, तब डॉ. कलाम ने पटना में विधानमंडल के संयुक्त सत्र को संबोधित करते हुए प्राचीन नालंदा विश्वविद्यालय की तर्ज पर अंतरराष्ट्रीय नालंदा विश्वविद्यालय की स्थापना की परिकल्पना को रखने का काम किया। डॉ. कलाम की इस परिकल्पना को पूरा

करने की दिशा में मुख्यमंत्री श्री नीतीश कुमार ने जी-जान लगाई। फिर क्या था, उनकी इस परिकल्पना को पूरा करने का काम तेजी से शुरू हो गया। धीरे-धीरे यह बात पूरे विश्व में फैली और उसके बाद देश ही नहीं, अपितु विश्व समुदाय ने भी डॉ. कलाम की इस परिकल्पना को पूरा करने की दिशा में अपना अहम योगदान देने के लिए भारत के समक्ष मदद का हाथ बढ़ाया।

समय के साथ-साथ डॉ. कलाम की परिकल्पना रंग लाने लगी और प्राचीन नालंदा विश्वविद्यालय की स्थापना की दिशा में काम आगे बढ़ चला। इसी बीच 8 फरवरी, 2008 में नालंदा विश्वविद्यालय के लिए प्रस्तावित स्थल का भी उन्होंने दौरा किया। इस दौरे के दौरान उनके साथ बिहार के मुख्यमंत्री श्री नीतीश कुमार भी मौजूद थे। अंतरराष्ट्रीय नालंदा विश्वविद्यालय के निर्माण के लिए बने मेंटर ग्रुप के भी सदस्य बने, साथ ही नालंदा विश्वविद्यालय के प्रथम विजिटर भी वे बने थे।

डॉ. कलाम का प्रयास रंग लाया और आज नालंदा विश्वविद्यालय में पठन-पाठन का कार्य प्रारंभ हो चुका है। हालाँकि नालंदा विश्वविद्यालय की स्थापना के लिए जमीन का अधिग्रहण किया गया, लेकिन फिलहाल जमीन की चहारदीवारी-निर्माण का काम चल रहा है। भवन-निर्माण का कार्य अभी प्रारंभिक अवस्था में है, लेकिन पठन-पाठन का कार्य शुरू होने से देश-विदेश में नालंदा अपने पुराने गौरवशाली अतीत को वापस पाने की दिशा में तेजी से अग्रसर है। भले ही आज डॉ. कलाम इस दुनिया में नहीं रहे, लेकिन उनके द्वारा नालंदा को शिक्षा के क्षेत्र में पुनर्जीवित करने की दिशा में किए गए कार्य हमेशा उनकी याद को जीवित रखेंगे। देश-दुनिया में इस विश्वविद्यालय का नाम डॉ. कलाम के नाम के साथ हमेशा स्वर्ण अक्षरों में लिखा जाएगा।

संगीता की बिटिया करेगी डॉ. कलाम का सपना पूरा

ऊँचे सपने दिखाकर खुद अनंत की यात्रा पर निकल गए मिसाइल मैन पूर्व राष्ट्रपति डॉ. ए.पी.जे. अब्दुल कलाम बिहार की एक बिटिया को डॉक्टर बनाना चाहते थे। वह बिटिया गरीबी के कारण खुद तो मुकाम न पा सकी, लेकिन अपनी बिटिया को डॉक्टर बनाकर उनकी इच्छा जरूर पूरी करेगी। फिलहाल वह बिटिया डॉ. कलाम के निधन से काफी मर्माहत है।

ट्रेन में डॉ. कलाम के साथ की थी यात्रा : मनेर की संगीता कुमारी तब छठी क्लास में पढ़ती थी। उसे जब मालूम हुआ कि राष्ट्रपति डॉ. कलाम बिहार आ

रहे हैं तो उसने उनसे मिलने की ठानी। संयोग से राष्ट्रपति ने कुछ ग्रामीण स्कूली बच्चों से मिलने की इच्छा जाहिर की थी। संगीता बताती है कि इसके लिए पटना में परीक्षा हुई थी। परीक्षा में वह अव्वल आई। इसके बावजूद राष्ट्रपति से मिलनेवालों की सूची में उसका नाम शामिल नहीं किया गया। उसने राष्ट्रपति को पत्र लिखा। राष्ट्रपति ने सहमति दे दी। बिहार सरकार को सूचना आ गई कि महामहिम मनेर की संगीता से मिलना चाहते हैं। अब क्या था। संगीता के घर अफसरों की गाड़ी पहुँचने लगीं। हरनौत में 30 जून, 2003 को रेल कारखाने का शिलान्यास करने राष्ट्रपति गए थे। संगीता को लेकर बीडीओ हरनौत पहुँचे। वहाँ से डॉ. कलाम ट्रेन से अपने साथ उसे लेकर पटना तक आए।

हुई थी लंबी बातचीत : डॉ. कलाम ने संगीता से ट्रेन में लंबी बातचीत की थी। संगीता पूरा वाकया बताते हुए कहती है कि उन्होंने पूछा कि किस क्लास में पढ़ती हो, पिताजी क्या करते हैं, क्या बनना चाहती हो ? जैसे कई सवाल। संगीता ने जब बताया कि वह काफी गरीब है। डॉक्टर बनना चाहती है। डॉ. कलाम ने उँगली पर गिना और कहा कि चार वर्ष मेहनत कर पढ़ो और उसके बाद वे खुद उसे पढ़ाकर डॉक्टर बनाएँगे। डॉ. कलाम ने ट्रेन में ही संगीता को अपने साथ खाना खिलाया था। संगीता के साथ उसके पिता अरविंद प्रसाद भी थे। डॉ. कलाम ने उन्हें कहा था कि बेटी को अच्छी तरह पढ़ाइए।

एयरपोर्ट पर बुला संगीता से मिले : तब संगीता बीमार थी। संगीता तत्कालीन राष्ट्रपति डॉ. कलाम से मिलना चाहती थी। प्रशासन मिलने की इजाजत नहीं दे रहा था। इसी दौरान पटना में समाचार-पत्र में संगीता की राष्ट्रपति से मिलने की इच्छा से संबंधित खबर छपी। अखबार में छपी खबर पढ़कर डॉ. कलाम ने उससे मिलने की इच्छा जताई। वर्ष 2006 में पटना एयरपोर्ट पर संगीता को महामहिम से मिलाया गया। डॉ. कलाम को जब उसने अपनी तबीयत खराब होने की बात बताई तो उन्होंने तुरंत डीएम को निर्देश दिया कि सरकारी खर्चे पर उसका इलाज कराया जाए। संगीता बताती है कि डीएम ने एसडीओ को निर्देश भी दिया। काफी पत्राचार हुआ, लेकिन उसे इलाज का खर्च नहीं मिला।

गरीबी के कारण नहीं बन सकी डॉक्टर : परिवार की आर्थिक तंगी के कारण संगीता डॉक्टर नहीं बन सकी। इसके कारण वह डॉ. कलाम का सपना पूरा नहीं कर सकी। इसका दु:ख उसे आज तक है। इसी बीच 2006 में संगीता की शादी हाजीपुर के रामभद्र मुहल्ले में नंद किशोर पटेल के संग हो गई। जब संगीता ने सुना कि डॉ. कलाम नहीं रहे, यह सुनकर वह सन्न रह गई। संगीता कहती है

कि उनके निधन ने उसे झकझोरकर रख दिया। संगीता ने कहा कि वह अपनी गरीबी के कारण भले ही डॉ. कलाम का सपना पूरा नहीं कर सकी, पर वह अपनी बेटी को खूब पढ़ाएगी। संगीता की एक वर्ष की नन्ही बेटी है। वह निरूपमा को पढ़ाकर डॉक्टर बनाएगी और डॉ. कलाम का सपना पूरा करेगी।

राष्ट्रपति ने संगीता को भेजी थीं कई पुस्तकें : राष्ट्रपति डॉ. कलाम ने संगीता को कई पुस्तकें भेजी थीं। 'तेजस्वी मन' एवं 'मिसाइल मैन कलाम' समेत उनकी भेजी गईं पुस्तकों को संगीता ने सँजोकर रखा है। उन पुस्तकों पर डॉ. कलाम ने हस्ताक्षर कर संगीता को दिया है। उनके तीन-तीन ऑटोग्राफ भी उसने रखे हैं। राष्ट्रपति डॉ. कलाम द्वारा भेजे गए पत्रों को भी उसने रखा है। संगीता बताती है कि उनकी यादों को उसने फाइल में सुरक्षित रखा है।

पंकज की पढ़ाई का सारा खर्च देते थे डॉ. कलाम

गोपालगंज जिले के मांझागढ़ प्रखंड के भटवलिया गाँव में पूर्व राष्ट्रपति ए.पी. जे. अब्दुल कलाम के निधन से मातम छा गया।

इस गाँव के दूधनाथ सिंह का बेटा पंकज कुमार कलाम चाचा के निधन से सबसे अधिक दुःखी है। उसे लग रहा है कि उसके सिर से पूरी दुनिया ही छिन गई।

वर्ष 2004 में 07 अगस्त को वह राष्ट्रपति भवन में जाकर डॉ. कलाम साहब से मिला था, तब से उन्हें अपना अभिभावक मानने लगा था। कलाम ने पंकज की प्रतिभा को देखते हुए उसकी पढ़ाई का सारा खर्च वहन किया। वह उसे एक बड़े वैज्ञानिक के तौर पर देखना चाहते थे। इसके लिए उन्होंने उसे सतत प्रेरणा दी। पंकज पत्र-पत्रिकाओं में पढ़कर जाना था कि कलाम बच्चों से अधिक प्यार करते हैं। यह सोचकर पंकज लगातार राष्ट्रपति भवन से पत्राचार करने लगा। पत्राचार के क्रम में ही वह राष्ट्रपति से मिलने के लिए राष्ट्रपति भवन पहुँचा, लेकिन उसकी मुलाकात उनसे नहीं हो सकी।

उसने अपनी चाहत मिलनेवालों की सूची में दर्ज करा दी। जब कलाम प्रवास से राष्ट्रपति भवन आए तो कर्मियों ने उन्हें उसकी इच्छा के बारे में जानकारी दी। राष्ट्रपति भवन से उसी रात तत्कालीन गोपालगंज जिलाधिकारी से संपर्क किया गया। इसके बाद 7 अगस्त को पुनः उसे राष्ट्रपति भवन में बुलाया गया।

पंकज पिता के साथ राष्ट्रपति भवन कलाम से मिलने गया। वहाँ पंकज ने सात वर्ष की अवस्था में ही कलाम से मिलकर कई सवाल किए। उसने कहा था

कि वह मदन मोहन मालवीय काशी विश्वविद्यालय व सर सैयद मोहम्मद मुसलिम विश्व विद्यालय अलीगढ़ से एक-एक छात्र को गोद लें। बिहार में बाढ़ की स्थिति के बारे में भी उसने कलाम को जानकारी दी थी। पंकज की बातों को सुनने के बाद राष्ट्रपति ने उससे वादा किया था कि जब भी वे बिहार आएँगे तो उसके घर जरूर आएँगे। भटवलिया गाँव में राष्ट्रपति ने केंद्रीय विद्यालय, अस्पताल व बैंक खुलवाने का आश्वासन दिया था। पूरा परिवार पूर्व राष्ट्रपति के अंतिम संस्कार में शामिल होने के लिए रामेश्वरम भी गया।

नालंदा विश्वविद्यालय डॉ. कलाम की देन

मुख्यमंत्री श्री नीतीश कुमार ने पूर्व राष्ट्रपति डॉ. ए.पी.जे. अब्दुल कलाम को श्रद्धांजलि देते हुए कहा, ''डॉ. ए.पी.जे. अब्दुल कलाम साहब सिर्फ देश के राष्ट्रपति ही नहीं, बल्कि बहुत बड़े मार्गदर्शक एवं महान् वैज्ञानिक थे। डॉ. कलाम के पास देश के विकास का एक विजन था। उन्होंने घोषण की कि पूर्व राष्ट्रपति की स्मृति में किशनगंज कृषि महाविद्यालय का नाम अब डॉ. कलाम कृषि महाविद्यालय होगा। देश के पूर्व राष्ट्रपति, महान् वैज्ञानिक एवं कुशल प्रशासक के प्रति मेरी तथा बिहार की सच्ची श्रद्धांजलि यही है। मुख्यमंत्री ने दिवंगत पूर्व राष्ट्रपति भारत रत्न डॉ. कलाम के पार्थिव शरीर पर उनके 10, राजाजी मार्ग स्थित आवास पर पुष्पांजलि अर्पित करने के बाद कहा कि युवा पीढ़ी को कलाम सबसे ज्यादा आकृष्ट करते थे। युवाओं के बीच जब वे अपनी बात रखते थे तो बहुत अधिक प्रभावित करते थे। मेरी अपनी समझ है कि इस दौर में उन्होंने युवा पीढ़ी को सबसे अधिक प्रभावित किया है। वे राष्ट्रपति बने और राष्ट्रपति के रूप में देश की सेवा की। एक वैज्ञानिक के रूप में भी उन्होंने काम किया और उसी के आधार पर भारत रत्न भी बने। वे सही मायने में भारत रत्न थे। हमारा तो उनसे बहुत ज्यादा लगाव था। मेरे निमंत्रण पर जब वे राष्ट्रपति थे तो राष्ट्रपति के रूप में बिहार आए। वे 2006 में बिहार आए और बिहार विधानमंडल के संयुक्त अधिवेशन को संबोधित किया। बिहार के विकास के बारे में उन्होंने सुझाव दिया। मुझे आज भी याद है कि उन्होंने बिहार के विकास के लिए 10 सूत्री सुझाव दिए थे। उन्होंने कहा था कि बिहार का पुराना गौरवमय इतिहास है, उसकी अपनी विरासत है, यह शिक्षा का बहुत बड़ा केंद्र रहा है। उन्होंने यह सुझाव दिया कि नालंदा विश्वविद्यालय को पुनर्जीवित किया जाना चाहिए। इसके बाद हम लोगों

ने इस काम को आगे बढ़ाया और खुशी है कि नालंदा विश्वविद्यालय मूर्त रूप ले रहा है। बिहार का विकास किस प्रकार होना चाहिए, उन्होंने यह मार्गनिर्देश दिया कि हमारी यहाँ जो विविधताएँ हैं, उसका सम्मान करते हुए किस तरह से समावेशी विकास हो सकता है। गाँव में भी शहर जैसी सुविधा मिल सकती है। मुख्यमंत्री ने कहा कि जब वे राष्ट्रपति नहीं थे, तब मेरे अनुरोध पर नालंदा आए। नालंदा विश्वविद्यालय के विजिटर के रूप में भी काम किया। हम लोगों ने कानून बनाया, केंद्र का भी कानून बना। हम लोगों के बहुत आग्रह के बाद भी उन्होंने विजिटर के रूप में रहना स्वीकार नहीं किया, कहा राष्ट्रपति को ही इसमें रहना चाहिए। उन्होंने यह भी आश्वासन दिया कि नालंदा विश्वविद्यालय को जब भी हमारी जरूरत होगी, हम आएँगे। उन्होंने कहा कि नए भारत के निर्माण एवं विकास के लिए कलाम साहब की जो सोच थी, उसका बहुत बड़ा प्रभाव लोगों के ऊपर था। राष्ट्रपति रहते हुए भी वे इतने लोकप्रिय थे। वे पॉपुलर प्रेसिडेंट थे। लगता था कि वे जनता के राष्ट्रपति थे। इस उम्र में भी शिक्षण-कार्य में सक्रिय दिलचस्पी रखते थे। उनका सबसे प्रिय विषय था—छात्रों एवं युवाओं के बीच बोलना। वे शिलाँग में बोल ही रहे थे कि एकाएक हमारे बीच से वे चले गए। इस प्रकार की मृत्यु विरले को ही प्राप्त होती है।

सचमुच में वे महान् व्यक्ति थे। सही मायने में भारत रत्न थे। वे जीवनपर्यंत शिक्षक की भूमिका में रहे। उन्होंने कहा था कि जब भी जरूरत होगी, वे नालंदा विश्वविद्यालय में पढ़ाने के लिए आएँगे। मुख्यमंत्री ने कहा कि जो इस धरती पर आता है, उनको जाना है। उनके निधन के बाद आज पूरा देश शोकाकुल है। उनके जाने से जिस तरह से लोगों में सदमा लगा है, वह प्रतीक है कि वे जन-जन के प्रिय थे। उनको मेरी विनम्र श्रद्धांजलि है। हम लोगों के लिए एवं बिहार के लिए उनका निधन अपूरणीय क्षति है। बिहार से उनका बड़ा लगाव था। वे हमेशा कहा करते थे कि बिहार के विकास से ही देश का विकास संभव है। उनका निधन तो मेरे लिए व्यक्तिगत क्षति है। उनका सदैव मार्गदर्शन मिलता रहता था। जब मेरे मन में यह बात आई कि यहाँ एक साइंस सिटी बननी चाहिए, हमने उनसे चर्चा की। उन्होंने इस पर सुझाव दिया। अधिकारियों को हमने उनके यहाँ भेजा, उन्होंने इस पर पूरी चर्चा की और मार्ग-निर्देशन दिया। वे हमेशा उपलब्ध रहते थे और हमारा मार्गदर्शन किया करते थे। उनके मार्ग-निर्देशन पर ही हम लोग काम कर रहे हैं। विधानमंडल के संयुक्त अधिवेशन के 5 वर्षों के बाद उन्हें हम लोगों ने बुलाया था, उन्होंने विधायकों के साथ बैठक भी की थी। दरभंगा में भी वे विज्ञान से संबंधित

अधिवेशन में भाग लेने आए थे। मेरा व्यक्तिगत अनुभव है कि जब मैं भी उनसे मिलता था, वे मिलकर प्रसन्न होते थे। सचमुच हम लोगों ने एक मार्गदर्शक खो दिया। उनका निधन मेरे लिए व्यक्तिगत क्षति है।

याद रहेगा वह पल

एनआईटी, पटना के डायरेक्टर प्रोफेसर अशोक डे ने कहा, "मैं भी उन खुशकिस्मत लोगों में से हूँ, जिनको कलाम सर से मिलने का सौभाग्य प्राप्त हुआ। वह भी एक बार नहीं, बल्कि दो-दो बार।

"पहली बार मेरी उनसे मुलाकात दिल्ली में उनके आवास पर ही हुई। यह 2013 की बात है। तब एनआईटी का दीक्षांत समारोह होनेवाला था। पहली मुलाकात में ही उनकी सादगी के हम मुरीद हो गए। इतनी बड़ी शख्सियत और इतना सादा अंदाज। बातों के दौरान उनका सारा ध्यान नई प्रतिभाओं; खासकर गाँव के ऐसे बच्चों पर लगा रहा, जो किसी-न-किसी कारण से शिक्षा से महरूम हो जाते थे। वे कहते थे, गाँव में भी बहुत प्रतिभाएँ हैं। उन पर ध्यान देने की जरूरत है। उनके आइडियाज को जानने-समझने की जरूरत है। तभी गाँव का विकास हो सकेगा।

"2013 के दीक्षांत समारोह में जब वे एनआईटी पटना आए, तब उनकी अगवानी करने का मौका मिला। क्या गजब का माहौल था। इससे पहले भी एनआईटी में कई दीक्षांत समारोह का आयोजन हो चुका था। कई और भी होंगे, लेकिन डॉ. कलाम सर के आने को लेकर स्टूडेंट्स में जो दीवानगी थी, उसे शब्दों में बयाँ नहीं किया जा सकता है। एनआईटी में आने के बाद उन्होंने जो लेक्चर दिया, उसके हर शब्द में जादू था। उनके इंस्पायरिंग लेक्चर को सुनकर स्टूडेंट्स जोश में आ गए थे। स्टूडेंट्स से सीधे जुड़ते हुए कलाम सर ने उनके साथ तसवीरें भी खिंचवाईं। उनका सारा ध्यान स्टडी पर फोकस रहता था। वह प्राइमरी और स्कूल लेवल से ही साइंस और टीचिंग पर जोर देने की बात कहते थे। उनकी सारी कोशिश इस बात पर ही रहती थी कि शुरू से ही साइंस के प्रति बच्चों को कैसे आकर्षित किया जाए। उनका मानना था कि ग्रास रूट लेवल पर काम करके साइंस के क्षेत्र में बहुत कुछ हो सकता है। शायद अपने बचपन में स्कूल की दूरी को महसूस कर चुके महामहिम स्कूल लेवल से ही स्टडी पर जोर देते थे। जितनी देर तक मेरी उनसे बातें हुईं, उसके अनुसार कलाम सर 'महान् इनसान' थे। मेरी नजर में वह 'फादर ऑफ साइंस' थे। वह हमेशा नए इनोवेशन पर जोर देते थे। मेरी

कोशिश है कि कलाम सर के कहे अनुसार नए इनोवेशन पर जोर देंगे। एनआईटी में एक इनोवेशन सेंटर को खोलने की पहल होगी। बिल्डिंग बन रही है, कोशिश होगी कि इस सेंटर का नाम कलाम सर के नाम पर ही हो। डॉ. कलाम सर के लिए असली श्रद्धांजलि यही होगी कि बिना रुके, बिना थके लगातार बेहतर करते रहें।''

इस देश को एक नहीं, हजार कलाम की जरूरत है

सीआईएमपी के डायरेक्टर प्रो. वी. मुकुंद दास ने कहा, ''कलाम सर से मिलने की ख्वाहिश तो शुरू से ही थी। जल्द ही यह ख्वाहिश पूरी भी हो गई। जब मैं अपने एक दोस्त के साथ उनसे मिला या यूँ कहिए, उनसे मिलने का सौभाग्य प्राप्त हुआ, तब डॉ. कलाम सर इसरो में थे। उनसे मैं त्रिवेंद्रम में मिला। यह कोई 15-20 साल पहले की बात है। तब मैं 'इरमा' में था। मेरे बारे में जब उन्होंने जाना तो बहुत खुश हुए। सादगी क्या होती है, यह उनको देखने के बाद पता चला। होंठों पर मंद मुसकान, धीमी, लेकिन स्पष्ट आवाज। हमने अच्छा-खासा समय उनके साथ गुजारा। उनसे बातचीज के दौरान मुख्य बिंदु 'प्रोजेक्ट मैनेजमेंट' रहा। जब उन्होंने इस बारे में सुना तो मुझे उत्साहित किया। हर पल उनकी सोच यही बताती रहती थी कि देश को कैसे बढ़ाया जाए? लोगों को कैसे ज्यादा-से-ज्यादा सहूलियत मिल सके। उनका हर एक शब्द इस बात का एहसास करा रहा था कि केवल बेहतर पर ही यकीन होना चाहिए। उनको जिसने भी देखा, मिला अपने दोस्त के रूप में पाया। बॉस के रूप में तो वह कभी किसी से मिले ही नहीं। जब यह सुना कि कलाम सर हमारे बीच नहीं हैं तो वे सारे पल आँखों के सामने घूम गए। आज जब कलाम सर हमारे बीच नहीं हैं तो उनके लिए हमारी सच्ची श्रद्धांजलि यही होगी कि हम उनकी सोच और आदर्शों पर चलें।''

नेताजी सुभाष इंस्टीट्यूट ऑफ टेक्नॉलोजी अम्हटा बिहटा पटना में शोक की लहर छा गई। नेताजी सुभाष इंस्टीट्यूट ऑफ टेक्नोलॉजी, अम्हटा, बिहटा में डॉ. ए.पी.जे. अब्दुल कलामजी को संस्था के सभी लोगों ने एकत्रित होकर श्रद्धांजलि दी। उनकी आत्मा की शांति के लिए मौन रखकर ईश्वर से प्रार्थना की गई। इसमें शिक्षक से लेकर सभी विद्यार्थी शामिल हुए। संस्थान के रजिस्ट्रार कृष्ण मुरारी सिंह ने कहा कि यह देश के लिए अपूरणीय क्षति है। संस्थान के सचिव मदन मोहन सिंह ने उनके निधन पर गहरा शोक प्रकट करते हुए कहा कि हम लोगों ने एक कुशल तथा महान् वैज्ञानिक खो दिया है, जिसकी पूर्ति असंभव है।

तीन घंटे साथ थे पावापुरी में : प्रदीप जैन

मई 2003, तारीख 29, 30 और 31, कलाम सर पटना में थे। तत्कालीन राज्यपाल श्री विनोद चंद्र पांडेय को कलाम सर ने कहा था कि कोई ऐसा कार्यक्रम रखें कि मैं पावापुरी घूम सकूँ। उसके बाद राज्यपाल ने मुझे बुलाया और पावापुरी के बारे में बताने के लिए कहा। यही नहीं, पावापुरी में घुमाने का जिम्मा भी मुझे ही दिया गया। यह कहना था शहर (पटना) के फिलेडेलिस्ट, सोशल एक्टिविस्ट एवं जैन संघ के मंत्री प्रदीप जैन का। उन्होंने बताया, उनसे मुलाकात के उन बेहतरीन पलों को कभी भूल नहीं सकता हूँ। विश्वास नहीं हो रहा है कि वे अब नहीं रहे। पावापुरी का कार्यक्रम बनने के बाद जब वे आए, तो उनको मैंने पावापुरी घुमाया था। उनको एक घंटे तक पावापुरी में रुकना था, लेकिन वे तीन घंटे तक वहाँ रुके थे। वहाँ मैंने जल मंदिर में घुमाया था। उनकी प्रार्थना को मैंने अंग्रेजी में लिखकर दिया था। इसके अलावा शाम को मेरी बुक की रिलीज होने के वक्त भी मैंने उनके साथ वक्त बिताया था।

स्टांप कलेक्शन को किया भेंट

शहर (पटना) के स्टांप कलेक्टर प्रदीप जैन के पुत्र मास्टर प्रज्ञा कोठारी ने उन्हें अपने स्टांप कलेक्शन को भेंट किया था। वह कलेक्शन इंडियन साइंटिफिक एचिवमेंट्स पर आधारित था। प्रज्ञा बताते हैं कि उनसे मुलाकात मेरे जीवन के बेहतर पलों में से एक है। वे शांत स्वभाव के थे। जो भी बोलते थे, तो उसमें ज्ञान की बातें ही होती थीं। उन्होंने मेरी इस भेंट को सहर्ष स्वीकार किया था। उन्होंने उस कलेक्शन के बारे में मुझसे बातें की थीं।

शॉक्ड हूँ...सदियों में ऐसा महामानव आता है, मेरे साथ फोटो खिंचवाई थी—

वीएस दुबे

मुझे आज भी वह दिन अच्छी तरह से याद है। वर्ष 2001 की बात है। तब मैं झारखंड का मुख्य सचिव था। सूचना आई कि धनबाद एयरपोर्ट पर डॉ. ए.पी. जे. अब्दुल कलाम का हेलीकॉप्टर क्रैश हो गया है। सन्न रह गया। हालाँकि इससे थोड़ी राहत मिली कि ए.पी.जे. सही-सलामत थे। उन्हें कुछ भी नहीं हुआ था। उस समय वे वैज्ञानिक सलाहकार के पद पर थे। एयरपोर्ट पर मैं खुद उनका स्वागत

करने पहुँचा था। उन्होंने बड़ी आत्मीयता से बातें कीं। इस बीच तसवीर खिंचवाने का सिलसिला चल पड़ा।

उन्होंने अपनी पहल पर मेरे साथ फोटो खिंचवाई। मैं हतप्रभ था। इच्छा तो मेरी थी उनके साथ तसवीर खिंचवाने की, लेकिन वे भी इसको लेकर अधिक उत्साहित थे।

डॉ. कलाम के भाषण में पॉलिटिक्स नहीं होती थी

बिहार चैंबर ऑफ कॉमर्स के पूर्व अध्यक्ष पीके अग्रवाल ने डॉ. कलाम से मुलाकात की थी। उन्होंने बताया कि बिहार चैंबर ऑफ कॉमर्स के प्लेटिनम जुबली के समापन समारोह के मौके पर वे आए थे। उस वक्त उनसे मुलाकात करने का सौभाग्य प्राप्त हुआ था। वे हमेशा इकोनॉमिक डेवलपमेंट की बातें किया करते थे। वे कभी एक प्रेसिडेंट नहीं लगे। वे अकसर सामान्य जन की तरह बातें किया करते थे। उनके भाषण में कभी पॉलिटिक्स की बातें नहीं थीं। वे इकोनॉमिक, इंडस्ट्री डेवलपमेंट की बातें करते थे। उनका हमेशा से एक अलग विजन रहता था। यही बातें मुझे काफी ज्यादा अच्छी लगी थीं। उनके द्वारा कही हुई सारी बातों का एक अलग मतलब होता था।

सपनों को हकीकत बनाया : प्रिंसिपल फादर पीटर

लोगों को इंस्पायर करना, उन्हें सपने दिखाना, उस सपने को सच करने की कला बताना, यह सब पूर्व राष्ट्रपति ए.पी.जे. अब्दुल कलाम करते थे। बच्चे उनसे मिलने को व्याकुल रहते थे। उनकी कही हर बात में कुछ खास बात होती थी, जिसे सुन मन खुश हो जाता था। उनकी स्पीच सुनकर लोगों में उम्मीदें जगती थीं। बच्चे कुछ करने की चाह रखते थे। यह कहना था सेंट माइकल स्कूल के प्रिंसिपल फादर पीटर का। उन्होंने आगे कहा, कलामजी के निधन से बहुत दुःख पहुँचा है। हम लोग एक ही जिले के हैं। वे एक क्रिएटिव प्रेसिडेंट थे। वे अपने साथ-साथ देश के सभी लोगों को क्रिएटिव बनाना चाहते थे। उन्हें बच्चों से खासा लगाव था। मुझे उनसे जुड़ी हर बात याद आ रही है, क्योंकि ऐसे महान् व्यक्ति बहुत कम होते हैं।

फादर पीटर कहते हैं कलामजी से मुझे तीन बार मिलने का मौका मिला। तीनों बार का अनुभव मेरे लिए यादगार है। फर्स्ट टाइम मैं उनसे एयरपोर्ट पर मिला था। थोड़े से समय में ही बहुत बातें हो गई थीं। इसके बाद 16 जुलाई, 2009 को

वे हमारे स्कूल के कैंपस में आए थे। करीब ढाई घंटे तक यहाँ मौजूद थे। वह पल आज भी याद हैं, जहाँ स्कूल के सभी बच्चे मौजूद थे। उनके स्वागत में हमने कोई कमी नहीं छोड़ी थी। उनके लिए बच्चों ने कल्चरल प्रोग्राम भी रखा। वहाँ स्वागत प्रस्तुति देख वे बहुत खुश हुए थे, साथ ही उन्होंने स्कूल के स्टूडेंट्स व फैकल्टी को अपनी कई बातें बताईं। उन्होंने सभी से पूछा कि आपके रोल मॉडल कौन हैं? यहाँ कई लोगों ने अपने पैरेंट्स का नाम लिया, तो कई लोगों ने अपने टीचर का नाम लिया, लेकिन उन्होंने बताया कि अपने रोल मॉडल उन्हीं को बनाओ, जिन्हें आध्यात्मिक ज्ञान हो। तीसरी बार उनसे मुलाकात राजभवन में हुई। मुझे अपने साथ स्कूल के 50 बच्चे और 5 टीचर्स को राजभवन ले जाने का मौका मिला। वहाँ उन्होंने हम सभी को बताया कि अकसर मैं बच्चों को इंस्पायर करता रहता हूँ, लेकिन एक बार उनसे एक बच्चे ने सवाल किया कि आप किससे इंस्पायर हुए हैं? उन्होंने उस बच्चे को कहा—जब मैं पाँचवीं क्लास में था, तो मैंने उड़ते हुए पक्षी को देखा। मैं उसी से प्रेरित हुआ हूँ।

पढ़ाई थी मॉडर्न फिजिक्स

सेंट माइकल हाईस्कूल के 150 वर्ष पूरा होने पर 16 जुलाई, 2009 को पूर्व राष्ट्रपति डॉ. ए.पी.जे. अब्दुल कलाम भाग लेने आए थे। उन्होंने स्कूल के बच्चों को मॉडर्न फिजिक्स का पाठ पढ़ाया था। सवालों के जवाब में कहा कि कभी छोटे सपने न देखा करें। सपने हमेशा बड़े होने चाहिए और मंजिल हासिल करने के लिए समुचित प्रयास करना चाहिए। सेंट माइकल हाईस्कूल के प्राचार्य फादर पीटर और डॉ. कलाम एक ही कॉलेज के छात्र थे। दोनों ने तमिलनाडु के त्रिचनापल्ली स्थित सेंट जोसेफ कॉलेज से पढ़ाई की थी। सेंट माइकल हाईस्कूल के बच्चों द्वारा लगाई गई प्रदर्शनी देखकर डॉ. कलाम चकित रह गए थे।

प्रिंसीपल फादर पीटर बताते हैं कि उन्होंने बच्चों से सबसे पहली लाइन यही कही—आपमें कलाम से भी बेहतर बनने की क्षमता है। इतने में एक बच्चे ने पूछा, कैसे? कलाम ने जवाब दिया, ''मैंने स्कूली शिक्षा तमिल मीडियम से पढ़ी थी। कॉलेज में अंग्रेजी में पढ़ाई होती थी। बहुत परेशान होता था। आप तो इतने अच्छे स्कूल में पढ़ रहे हैं। आप कलाम से बेहतर कर सकते हैं। कलाम ने बच्चों से एस्ट्रो फिजिक्स व मॉडर्न फिजिक्स पर बात की। फिर मई 2011 और जून 2012 में भी डॉ. कलाम साहब पटना पहुँचे थे।

साइंस कांग्रेस में हमेशा मुलाकात होती थी : प्रो. आर. के. वर्मा

पटना यूनिवर्सिटी के प्रतिकुलपति प्रो. आर.के. वर्मा ने डॉ. कलाम के साथ बिताए कई पलों को याद किया। उन्होंने कहा कि डॉ. कलाम से हमेशा साइंस कांग्रेस में मुलाकात होती थी। इस बार जनवरी 2016 में मैसूर में होनेवाले इंडियन साइंस कांग्रेस के वार्षिक अधिवेशन में सभी लोग उन्हें काफी मिस करेंगे। उनकी कमी खलेगी। राष्ट्रपति होने के पहले और बाद में वे हमेशा दो जनवरी को साइंस कांग्रेस के वार्षिक अधिवेशन में पहुँच जाते और सात जनवरी तक रहते थे। वहीं राष्ट्रपति रहते हुए भी उद्घाटन के समय पहुँच जाते। इसके बाद वह राष्ट्रपति रहते हुए हमेशा पाँच जनवरी को अधिवेशन में भाग लेने आने लगे थे। सन् 1982 में वे जब भारतीय रक्षा अनुसंधान एवं विकास संस्थान के निदेशक बनाए गए थे, तब का एक वाकया याद है। प्रो. वर्मा ने कहा कि अन्ना यूनिवर्सिटी में 'क्या भारत को नाभिक ऊर्जा की जरूरत है' विषय पर कार्यक्रम चल रहा था। सेशन समाप्त होने के बाद हम दोनों एक साथ टेबल पर खाना खा रहे थे। तभी मैंने उनसे कहा कि सर अगले सेशन में चलना है न, तब उन्होंने कहा, हमें तो जाना ही होगा। इतना कहकर खाना खाने लगे। जब सेशन शुरू हुआ, तब मैंने देखा कि स्पीकर डॉ. कलाम ही थे, उनकी सादगी मुझे हमेशा याद है। वह हमेशा सादा खाना खाते थे। सादा नान या तंदूरी रोटी, गाजर, अचार उनकी प्लेट में रहता था। मैंने बिहार में रिसर्च लैब बनाने की बात भी उनसे की थी, इस पर वह काफी इन्ट्रेस्ट भी ले रहे थे। उनमें कभी अहंकार की भावना नहीं थी। विज्ञान के साथ लोगों को हमेशा पॉजिटिव थिंकिंग देने का काम वे करते थे।

सिमेज के छात्रों ने भी साझा की कलाम के साथ बिताए अपने पलों की यादें

सिमेज कॉलेज में पूर्व राष्ट्रपति ए.पी.जे. अब्दुल कलाम के निधन पर एक शोक सभा का आयोजन किया गया। इस अवसर पर डॉ. कलाम की तसवीर पर पुष्प अर्पित कर उन्हें श्रद्धांजलि दी गई। इस अवसर पर कॉलेज के छात्रों के बीच 'आइ एम कलाम' फिल्म का प्रदर्शन किया गया तथा गुलजार के स्वर में कलाम की ऑटोबायोग्राफी को भी छात्रों को सुनाया गया। शोक सभा में डॉ. कलाम को श्रद्धांजलि अर्पित करते हुए सिमेज के निदेशक नीरज अग्रवाल ने कहा कि डॉ. कलाम हमेशा अमर रहेंगे। वे करोड़ों लोगों के जीवन में प्रेरणास्त्रोत के रूप में जिएँगे

और कभी न हारनेवाली उम्मीद बन जाएँगे। वे समृद्ध, शक्तिशाली भारत के सपनों में जिएँगे। वे बच्चों की आँखों की चमक में जिएँगे। उन्होंने कहा कि डॉ. कलाम सरलता, निःस्वार्थ सेवा-भाव और उद्देश्य के प्रति जबरदस्त समर्पण भाव के अतुलनीय उदाहरण थे। बहुमुखी प्रतिभा के धनी डॉ. कलाम ने अपना पूरा जीवन राष्ट्र को समर्पित कर दिया और आखिरी लमहे तक वे राष्ट्र-निर्माण के मिशन में जुटे रहे। उन्होंने कहा कि मेरे जीवन में डॉ. कलाम का हमेशा एक विशेष स्थान रहेगा। उन्होंने मुझे प्रोत्साहन दिया। प्रेरणा दी। एक विजन दिया और सबसे बढ़कर पर्पस ऑफ लाइफ दिया। उन्होंने हमारे संस्थान में आकर हमारा मान बढ़ाया। छात्रों का उत्साहवर्धन किया। यह सब एक सपने जैसा ही है। मैंने उन्हें सिमेज की शिक्षण-पद्धति में अपनाए गए नवाचारी प्रयोगों से अवगत कराया। उन्होंने बड़े विस्तार से सब सुना और प्रश्न पूछे। एक बार भी एहसास नहीं हुआ कि सामने इतना बड़ा महान् इनसान बैठा है। उन्होंने मुझे प्रेरणा दी, एक ऐसे विद्यालय की, जहाँ पढ़ाई क्लासरूम के दायरों से न बँधी हो, जहाँ ज्ञान सिलेबस और इम्तेहान की सीमाओं में न सिमटा हो, जहाँ छात्र सामाजिक और आर्थिक बंधनों से मुक्त हो, जहाँ हर क्षण सृजन हो, उत्सव हो, योगदान हो और अदम्य सकारात्मक ऊर्जा हो। उन्होंने छात्रों को संबोधित करते कहा कि उन्हें सबसे बड़ी श्रद्धांजलि यह होगी कि हम बड़े सपने देखें और उन्हें पूरा करें तथा देश को आत्मनिर्भर और शक्तिशाली बनाएँ।

कैंसर पीड़ित बच्चों के सस्ते इलाज की सिफारिश

महावीर कैंसर संस्थान के पूर्व निदेशक पद्मश्री डॉ. जितेंद्र कुमार सिंह को आज भी वह दिन याद है, जब पूर्व राष्ट्रपति ए.पी.जे. अब्दुल कलाम अस्पताल आए थे। मिसाइल मैन के नाम से प्रख्यात डॉ. कलाम वर्ष 2007 में महावीर कैंसर के नए बच्चा वार्ड का उद्घाटन करने आए थे। बच्चों की हौसला अफजाई करने के बाद उन्होंने निदेशक से काफी सस्ते में उनके इलाज की सिफारिश भी की थी।

सूबे को दिया था बाढ़-प्रबंधन का मंत्र

गंगा और कोसी की बाढ़ से अभिशप्त बिहार को पूर्व राष्ट्रपति ए.पी.जे. अब्दुल कलाम ने बाढ़-प्रबंधन का मंत्र दिया था। राज्य में उपलब्ध जल के बेहतर इस्तेमाल की जरूरत बताते हुए कहा था कि प्राकृतिक संसाधन को आर्थिक विकास

के रूप में बदलने पर बिहार को सोचना चाहिए। उक्त बातें डॉ. कलाम ने पटना में 29 सितंबर, 2013 को नेशनल इंस्टीट्यूट ऑफ टेक्नॉलोजी (एनआईटी) के तीसरे दीक्षांत समारोह में मुख्य अतिथि के रूप में बताई थीं।

इस मौके पर कलाम ने कहा था कि बाढ़ से निपटने के लिए सेटेलाइट मैप के जरिए जल-स्रोतों के अतिक्रमण का पता लगाकर उन्हें समाप्त किया जा सकता है। गाँवों के तालाबों से कीचड़ निकाले जाने के साथ नदियों के बीच में जमा गाद को निकाला जाना चाहिए, ताकि बाढ़ का पानी भूखंडवाले इलाके में न फैल सके। बिहार में प्राकृतिक संसाधन के रूप में बड़ी मात्रा में जल उपलब्ध है। बाढ़ का पानी हर वर्ष बेकार चला जाता है। कलाम ने सुझाव दिया था कि अंतरराष्ट्रीय मदद से नई बाढ़-प्रबंधन तकनीक का इस्तेमाल कर नदियों से आई बाढ़ का दीर्घकालिक रूप से समाधान निकाला जा सकता है। गंगा नदी का उदाहरण देते हुए कलाम ने कहा था कि कई बार तो पानी इतना हो जाता है कि वह विनाशकारी रूप अख्तियार कर लेता है। अगर इसका प्रबंधन कर खेतों की सिंचाई में इस्तेमाल किया जाए तो बिहार भारत का अन्न-भंडार बन सकता है।

उन्होंने कहा था कि बाढ़ की समस्या का समाधान कोसी नदी के प्रवेश द्वार पर परतदार कुओं का निर्माण कर किया जा सकता है। इससे पानी के प्रवाह पर नियंत्रण के साथ-साथ जल-संकट के समय उपयोग किया जा सकता है। नदियों को जोड़ने की योजना के साथ इस तकनीक का इस्तेमाल उत्तर-पूर्वी क्षेत्र से निकलनेवाली नदियों में भी किया जा सकता है।

कलाम ने नहरों के जरिए नदियों को जोड़कर जल यातायात के विकास के लिए 500 किलोमीटर लंबा जलमार्ग बनाए जाने पर जोर दिया था और कहा था कि इससे सड़कों का लोड कम होगा और वातावरण भी बेहतर होगा।

बिहार के लिए दे रहे थे इस्तीफा

पूर्व राष्ट्रपति डॉ. ए.पी.जे. अब्दुल कलाम ने 2005 में राज्य की राजनीतिक अस्थिरता के बाद इस्तीफे की तैयारी कर ली थी। प्रदेश में हुए विधानसभा चुनाव में किसी भी दल को स्पष्ट बहुमत नहीं मिला था। उस वक्त आरोप लगा था कि नीतीश कुमार की सरकार न बने, इस वजह से कुछ नेताओं ने केंद्र पर दबाव डलवाकर विधानसभा भंग करा दी थी। उस समय बिहार के राज्यपाल बूटा सिंह थे। बिहार में राष्ट्रपति शासन लागू करने के फैसले के समय डॉ. कलाम रूस

की यात्रा पर थे। मॉस्को के समय के मुताबिक रात करीब एक बजे उन्हें बिहार विधानसभा भंग करने का फैक्स भेजा गया। कलाम ने आधे-अधूरे मन से इस पर हस्ताक्षर कर दिए। इस फैसले के खिलाफ दायर याचिका पर सुप्रीम कोर्ट ने केंद्र के फैसले को असंवैधानिक करार दिया। सुप्रीम कोर्ट ने इस फैसले को बदनीयत से लिया गया निर्णय कहा। इसके बाद कलाम ने इस फैसले के लिए खुद को भी जिम्मेदार माना और अंतरात्मा की आवाज पर इस्तीफा देने का फैसला किया, लेकिन तब उपराष्ट्रपति भैरों सिंह शेखावत बाहर थे और इसी वजह से वे तत्काल इस्तीफा नहीं दे पाए। इसी बीच प्रधानमंत्री मनमोहन सिंह किसी दूसरे मसले पर चर्चा के लिए कलाम से मिलने पहुँचे। मुलाकात के दौरान डॉ. कलाम ने सिंह को अपना इस्तीफा दिखाया तो डॉ. मनमोहन सिंह भावुक हो गए। प्रधानमंत्री ने मुश्किल घड़ी में इस्तीफा नहीं देने का आग्रह किया। डॉ. मनमोहन सिंह ने कहा कि इस समय उनके इस्तीफे से सरकार गिर भी सकती है। डॉ. मनमोहन सिंह से मुलाकात के बाद मिसाइल मैन उस रात यही सोचते रहे कि उनका जमीर ज्यादा अहम है या देश ? अगली सुबह नमाज के बाद उन्होंने इस्तीफा नहीं देने का फैसला किया। अपनी पुस्तक 'टर्निंग पॉइंट्स' में पूर्व राष्ट्रपति ए.पी.जे. अब्दुल कलाम उक्त बातों का उल्लेख किया है।

दरभंगा से डॉ. कलाम का रहा जुड़ाव

पूर्व राष्ट्रपति और जाने-माने रक्षा वैज्ञानिक डॉ. ए.पी.जे. अब्दुल कलाम का दरभंगा से गहरा रिश्ता रहा है। वे वर्ष 2005 और 2012 में दरभंगा आ चुके हैं। डिफेंस रिसर्च एंड डेवलपमेंट ऑर्गेनाइजेशन (डीआरडीओ) में रक्षा अनुसंधान पर एक प्रोजेक्ट के दौरान उन्होंने दरभंगा के रक्षा वैज्ञानिक डॉ. मानस बिहारी वर्मा के साथ भी लंबे समय तक काम किया। इस दौरान दोनों एक-दूसरे के निकटतम सहयोगी रहे। वर्ष 2005 में तत्कालीन राष्ट्रपति के रूप में डॉ. कलाम दरभंगा आए थे। उन्होंने ललित नारायण मिथिला विश्वविद्यालय के दीक्षांत समारोह में भाग लिया था, साथ ही मिथिला विश्वविद्यालय के अधीन स्ववित्त पोषित संस्थान के रूप में वीमेंस इंस्टीट्यूट ऑफ टेक्नॉलोजी (डब्लूआईटी) का भी उद्घाटन किया था। उसी दौरान दरभंगा के अधिकांश लोगों को यह पता चला कि घनश्यामपुर प्रखंड के रसियारी निवासी और डीआरडीओ से रिटायर वैज्ञानिक डॉ. मानस बिहारी वर्मा डॉ. कलाम के नजदीकी मित्रों में से एक हैं।

बाद में डॉ. कलाम ने अपने अगस्तया इंटरनेशनल फाउंडेशन की ओर से स्कूली बच्चों के बीच विज्ञान को लोकप्रिय बनाने के अभियान की जिम्मेवारी डॉ. वर्मा को सौंप दी। उसके बाद दिसंबर, 2012 में अगस्तया फाउंडेशन की ओर से आयोजित चार दिवसीय विज्ञान प्रदर्शनी में शामिल होने के लिए डॉ. कलाम दरभंगा आए थे। यहाँ उन्होंने रात्रि विश्राम भी किया था। उद्घाटन की पूर्व संध्या पर मेडिकल छात्रों और विज्ञान के मेधावी छात्रों के बीच समय बिताया था। मिसाइल मैन डॉ. ए.पी.जे. अब्दुल कलाम के निधन की खबर से उनके अभिन्न मित्र और रक्षा वैज्ञानिक डॉ. मानस बिहारी वर्मा गहरे सदमे में हैं।

डॉ. कलाम के साथ बिताए गए दिनों को याद करते हुए डॉ. वर्मा कहते हैं कि—

"I was associated with Dr Kalam since early 1990s as a scientist of DRDO, working on the design and development of TEJAS Light Combat Aircraft (LCA) Program in Aeronautical Development Agency Bangalore. Dr Kalam was at that time Director DRDL Hyderabad and Program Director of IGMDP and I was a Project Director of ADA. Several of LCA systems were being developed jointly by the Scientists of ADA and DRDL, whose reviews were Chaired by Dr Kalam either in ADA or DRDL almost every month. This association continued even after Dr. Kalam moved to New Delhi as Chief of DRDO and Director General of both ADA and DRDO. He could then give more time and attention to LCA Program, which had by that time become Flagship Program of DRDO, with highest outlay, complexity and over fifty Work Centers, spread over India. At that time I had opportunity to work very closely with Dr Kalam. After I retired from service in July, 2005 as Director of ADA and Program Director of Tejas LCA, my association with Dr Kalam continued in several social programs like science education, health, water management, which I had taken up in my home district in Bihar.

I cherish the memories of words of appreciation and encouragement that our team use to receive from Dr Kalam on achievement of every critical milestones of the project, like completion of Flight Certification Tests of Aircraft Items, Airborne software verification and validation tests, Systems integration tests on rigs as well as on airframe. Dr Kalam used to be very happy whenever he was informed about the design and manufacture of any critical system or item by the Indian engineers. "Design and Make in India" was his creed. He used to find out time to visit test labs and Aircraft Assembly hangars even at odd hours and enjoyed talking to our young engineers and senior technicians working at their work stations, asking them about technical challenges and problems they experienced in the course of their work. He used to approach them with the spirit of learning with his innocent questions, connected with their work and never disparaged anybody's work. The design team used to enjoy Dr Kalam's visits to lab and cherish his words of encouragement. He introduced for the first time several annual awards for achieving excellence by scientists in different categories, which were given by the Prime Minister of India on DRDO day at Vigyan Bhavan."

❑

डॉ. कलाम के अनमोल वचन

"दुनिया में कुछ ही चीजें आगे बढ़ने के लिए दिए गए हलके से धक्के से ज्यादा शक्तिशाली हैं, जैसे—एक मुसकान, आशावाद व उम्मीद का एक शब्द और कठिन समय में 'हाँ, मैं यह कर सकता हूँ' की सकारात्मक भावना।"

डॉ. कलाम का युवाओं के लिए संदेश

डॉ. कलाम का जीवन अपने आपमें एक महान् संदेश है। रामेश्वरम से राष्ट्रपति भवन की यात्रा एक असाधारण व्यक्तित्व की कहानी है, जो अपने पीछे करोड़ों संदेश छोड़ चुके हैं। प्रतिकूल समय में भी कठिन परिश्रम कर आगे बढ़ने की चाहत, पक्षी की तरह आकाश में उड़ने का हौसला व सपना, अदम्य साहस, दिन-रात एक कर मंजिल प्राप्त करने के लिए पूर्ण समर्पण और श्रेष्ठता के शिखर पर बैठकर भी पैर धरती पर रखनेवाले डॉ. कलाम साहब का जीवन युवाओं के लिए प्रेरणा का स्रोत है, जिस पर अमल कर वे अपने सपनों को मूर्त रूप दे सकते हैं।

प्रस्तुत है डॉ. कलाम साहब के जीवन से ऊर्जा की तरंगों की भाँति निकलता हुआ वह बहुमूल्य संदेश—

ज्ञान का दीप जलाए रखूँगा

'हे भारतीय युवक! ज्ञानी-विज्ञानी मानवता के प्रेमी, संकीर्ण तुच्छ लक्ष्य की लालसा पाप है। मेरे सपने बड़े, मैं मेहनत करूँगा, मेरा देश महान् हो, धनवान हो, गुणवान हो, यह प्रेरणा का भाव अमूल्य है, कहीं भी धरती पर, उससे ऊपर या नीचे दीप जलाए रखूँगा, जिससे मेरा देश महान् हो।'

—डॉ. ए.पी.जे. अब्दुल कलाम

5 बातें, जो कलाम के जीवन से सीख सकते हैं—

1. ज्ञान के पीछे भागो : डॉ. कलाम कहते थे—ज्ञान ही सफलता का आधार है। जीवन में लक जैसा कुछ नहीं होता है। सबकुछ मेहनत से है। व्यक्ति सफलता के पीछे भागता है, लेकिन उसे ज्ञान के पीछे भागना चाहिए। ज्ञान के मिलने से

सफलता वैसे ही मिल जाएगी।

2. छोटी सोच अपराध है : व्यक्ति के आगे बढ़ने में सपने सबसे ज्यादा मददगार साबित होते हैं। आविष्कारकों ने भी सोचा कि ऐसा क्यों होता है। बड़े-बड़े सपने देखे। छोटे सपने देखना अपराध है। एडिसन हों या न्यूटन, आईंस्टाइन हों या राइट ब्रदर, सबने बड़े सपने देखे।

3. बस काम ही करते रहो : डॉ. कलाम जब मद्रास इंस्टीट्यूट ऑफ टेक्नॉलोजी में पढ़ रहे थे तो उनके एयरक्राफ्ट डिजाइन को प्रोफेसर ने रिजेक्ट कर दिया था और तीन दिन में नया डिजाइन लाने को कहा था, नहीं तो उनकी स्कॉलरशिप रोक दी जाती। डॉ. कलाम ने रातभर काम कर दो दिन में ही डिजाइन तैयार कर लिया था।

4. नई सोच का दुस्साहस दिखाओ : वे कहते थे कि अलग ढंग से सोचने का दुस्साहस करो। आविष्कार का साहस करो। हमेशा असंभव को खोजने का साहस करो और जीतो।

5. बुराई घर से खत्म करो : डॉ. कलाम सन् 2020 तक भारत को भ्रष्टाचार मुक्त राष्ट्र बनाना चाहते थे। बच्चों से कहा था कि वह भ्रष्टाचार को खत्म करने की शुरुआत अपने घर से करें।

अगर एक देश को भ्रष्टाचार मुक्त होना है तो मैं यह महसूस करता हूँ कि हमारे समाज में तीन ऐसे लोग हैं, जो ऐसा कर सकते हैं। ये हैं माता-पिता और शिक्षक।

जीवन का दर्शन : डॉ. कलाम की नजरों में

सोचः हमेशा पॉजिटिव

फेल : यानी फर्स्ट अटेम्प इन लर्निंग

एंड : यानी एफर्ट नेवर डाइज

नो : यानी नेक्स्ट अपॉर्चुनिटी

डॉ. कलाम के संदेश : 3 चीजों पर ध्यान दो

सफलता का रहस्य ? सही निर्णय

सही निर्णय कैसे ? अनुभव से

अनुभव कैसे ? गलत निर्णय से

गुलजार के शब्दों में कलाम…मैं एक गहरा कुआँ हूँ इस जमीन पर

मैं एक गहरा कुआ हूँ इस जमीन पर, बेशुमार लड़के-लड़कियों के लिए, जो उनकी प्यास बुझाता रहूँ। उसकी बेपनाह रहमत उसी तरह जर्रे-जर्रे पर बरसती है, जैसे कुआँ सबकी प्यास बुझाता है। इतनी सी कहानी है मेरी। आशिअम्मा के बेटे की कहानी। उस लड़के की कहानी, जो अखबार बेचकर भाई की मदद करता था। उस शागिर्द की कहानी, जिसकी परवरिश शिवसुब्रह्मण्यम अय्यर और अय्या दोराइ सोलोमन ने की। उस विद्यार्थी की कहानी, जिसे शिवा अय्यर ने तालीम दी, जिसे एमजीके मेनन और प्रोफेसर साराभाई ने इंजीनियर की पहचान दी। जो नाकामियों और मुश्किलों में पलकर साइंसदान बना। मेरी कहानी मेरे साथ खत्म हो जाएगी, क्योंकि मेरे पास कोई पूँजी नहीं है। मैंने कुछ हासिल नहीं किया…मेरे पास कुछ नहीं…और कोई नहीं। न बेटा-न बेटी, न परिवार। मैं दूसरों के लिए मिसाल नहीं बनना चाहता, पर कुछ पढ़नेवालों को प्रेरणा मिले कि अंतिम सुख खुदा की रहमत, उनकी विरासत है। परदादा अबुल, दादा पकीर, वालिद जैनुलाब्दीन का खानदानी सिलसिला कलाम पर खत्म हो जाएगा, लेकिन खुदा की रहमत कभी खत्म नहीं होगी।

मिसाइल मैन के टिप्स

डॉ. ए.पी.जे. अब्दुल कलाम ने कई मौकों पर छात्रों, राजनेताओं, उद्यमियों और बुद्धिजीवियों की बैठक को संबोधित किया था। इस मौके पर उन्होंने बिहार की बेहतरी के टिप्स भी दिए थे।

राजनेताओं को टास्क

- सिंचाई के लिए बेहतर जल-प्रबंधन
- कृषि व खाद्य प्रसंस्करण का विकास
- बिहार को टूरिज्म का हब बनाना
- उत्तरदायी शासन, भ्रष्टाचारमुक्त प्रशासन
- सुव्यवस्थित जल-मार्गों को विकसित करना
- ऐतिहासिक शहरों को मेट्रो से जोड़ना
- स्वास्थ्य की सर्वोत्तम सुविधा उपलब्ध करना।

उद्यमियों से सवाल

- क्या हम भ्रष्टाचार मुक्त संस्थान व उद्योग दे सकते हैं ?
- क्या हम ईमानदारी के साथ व भ्रष्टाचार के खिलाफ हो सकते हैं ?
- क्या हम ईमानदार की मदद और पीड़ितों की रक्षा कर सकते हैं ?
- क्या हम राज्य व देश को भ्रष्टाचारमुक्त सेवा दे सकते हैं ?
- क्या हम भ्रष्टाचारमुक्त राज्य बनाकर उदाहरण प्रस्तुत कर सकते हैं ?

किसानों को शपथ

- अनुभव व ज्ञान बाँटेंगे।
- बेटे-बेटियों को एक समझेंगे। समान शिक्षा देंगे।
- मेहनत की कमाई जुए, शराब में बरबाद नहीं करेंगे।
- परिवार को छोटा रखेंगे।
- बच्चों को शिक्षा का महत्त्व बताएँगे।
- पर्यावरण की रक्षा करेंगे, पौधरोपण कराएँगे।
- बच्चों की परवरिश बेहतर तरीके से करेंगे।
- सहकारिता अपनाकर खेतीबारी को बेहतर बनाएँगे।

बच्चों को साहस का संकल्प

- अलग सोचने का साहस।
- आविष्कार करने का साहस।
- अपने देश का एक युवा होने के नाते मैं काम करूँगा। हर काम में सफलता के लिए साहस से काम करूँगा।
- अब तक जिस रास्ते की खोज नहीं हुई, उस पर चलने का साहस।
- असंभव को संभव बनाने का साहस।
- मुश्किलों के मुकाबले का साहस।
- सफलता ही युवाओं के खास गुण हैं।

2020 : विशिष्ट रूपरेखा

- ऐसा राष्ट्र, जहाँ शहर व गाँव के बीच खाई नहीं के बराबर हो।
- जहाँ सामान वितरण और ऊर्जा व शुद्ध पेयजल तक पर्याप्त पहुँच हो।

- जहाँ कृषि, उद्योग और सेवा-क्षेत्र मिलकर काम करें।
- जहाँ सामाजिक व आर्थिक भेदभाव के कारण किसी प्रतिभाशाली अभ्यर्थी को मूल्य आधारित शिक्षा से वंचित न किया जाए।
- प्रतिभाशाली विद्वानों, वैज्ञानिकों व निवेशकों को काम करने के लिए माहौल माकूल हो।
- सभी के लिए बेहतरीन स्वास्थ्य सुविधाएँ उपलब्ध हों।
- शासन पारदर्शी, भ्रष्टाचारमुक्त और जवाबदेह हो।
- गरीबी व निरक्षरता को पूर्णतः समाप्त कर दिया गया हो। बच्चों व महिलाओं के खिलाफ हिंसा नहीं हो और समाज में कोई अलगाव महसूस नहीं करता हो।
- आतंकवाद से मुक्त, संपन्न, स्वस्थ्य, सुरक्षित, शांतिपूर्ण और खुशहाल हो और सतत विकास के पथ पर अग्रसर हो।
- रहने के लिए सबसे अच्छी जगहों में से एक हो और वह अपने नेतृत्व पर गर्व करता हो।

आपके पास होने चाहिए अग्निपंख

आप अपनी आकांक्षाएँ कैसे पूरी कर सकते हैं और कैसे अपनी क्षमता सामने ला सकते हैं, इसके लिए चार पूर्व सिद्ध कदम हैं—

- बीस वर्ष की उम्र का होने से पहले अपने जीवन का एक लक्ष्य हो।
- निरंतर ज्ञान अर्जित करें।
- कड़ा परिश्रम कर हर समस्या को परास्त करने और सफल होने का लक्ष्य रखें, चाहे समस्या कोई भी हो।
- महान् कार्य कर सकने की पर्याप्त इच्छाशक्ति और विश्वास हो।

आपके पास 'अग्निपंख' होने चाहिए। यह पंख आपको ज्ञान की ओर ले जाएँगे, जो बदले में ऊँची उड़ान देंगे—डॉक्टर, इंजीनियर, वैज्ञानिक, शिक्षक, राजनेता, अधिकारी, राजनयिक या जो भी आप बनना चाहते हैं, बनाएँगे।

आप क्या दे सकते हैं...

अगर आपके अंदर 'मैं क्या दे सकता हूँ' का दृष्टिकोण विकसित होता है, तो राष्ट्र का कायाकल्प हो जाएगा। आप यह कैसे कर सकते हैं, आप क्या दे सकते हैं?

आपमें से प्रत्येक व्यक्ति तीन चीजें दे सकता है और इसके लिए आपको धन की जरूरत नहीं पड़ेगी।

- हमारे आसपास बहुत से ऐसे लोग हैं, जो पढ़ना-लिखना नहीं जानते। ऐसे लोगों को हम पढ़ना-लिखना सिखा सकते हैं।
- अपने घर या कार्यस्थल पर हम कुछ पेड़ लगा सकते हैं और उनकी देखभाल कर सकते हैं। इस प्रकार हम प्रदूषण-मुक्त पर्यावरण की रचना में सहयोग कर सकते हैं।
- सरकारी अस्पतालों में बहुत से ऐसे मरीज होते हैं, जिनकी देखभाल करनेवाला कोई नहीं होता, उनसे मिलने कोई नहीं आता। यदि आप ऐसे लोगों से मुसकराते हुए मिलने और उनका हालचाल पूछने जाएँगे, तो उन्हें बहुत अच्छा महसूस होगा।

युवाओं को संदेश : अपना एक लक्ष्य बनाओ

अपने देश के युवाओं के लिए मेरा एक संदेश है। हमारे सभी युवाओं में अदम्य साहस होना चाहिए। अदम्य साहस के दो अंग हैं—पहला, अपना एक लक्ष्य बनाओ, फिर उसे पाने की दिशा में जुट जाओ तथा दूसरा, यह कि कार्य करते समय बाधाएँ तो आएँगी ही, अतः बाधाओं को अपने ऊपर कदापि हावी मत होने दो, अपितु बाधाओं को अपने नियंत्रण में रखो, उन्हें परास्त करो और सफल बनो। यह सौभाग्य की बात है कि अपने देश में युवा संपदा प्रचुर मात्रा में है। तेजस्वी मेधावाले ये युवा इस धरा पर, धरा के नीचे तथा धरा के ऊपर विद्यमान किसी भी संपदा से अधिक श्रेष्ठ हैं। जब कोई तेजस्वी मन अदम्य साहस के साथ कार्य में जुट जाता है, तो वह एक समृद्धशाली, खुशहाल तथा सुरक्षित भारत के प्रति हमें आश्वस्त करता है। एक छात्र के रूप में आप अपना एक लक्ष्य निर्धरित कर उस पर अपना ध्यान केंद्रित करते हुए विघ्न-बाधाओं पर विजय प्राप्त करें और उसमें उत्कृष्टता अर्जित करके अपना सहयोग दें। छात्र नैतिक मूल्यों को अपने जीवन में आत्मसात् करें। वे उद्यमी बनने का प्रयास करें। छुट्टी के दिन निर्धन तथा सुविधाओं से वंचित बच्चों को पढ़ा सकते हैं तथा उनके लिए जीवन में एक मिशन का निर्माण कर सकते हैं।

सुनो! देश के शिल्पकारों (टर्निंग पॉइंट्स का एक संपादित अंश)

ओ, सांसदो! भारत माता के शिल्पकारो! हमें प्रकाश की ओर ले चलो, हमारा

जीवन समृद्ध करो। तुम्हारा निष्ठापूर्ण उद्यम, हमें राह दिखाता है। तुम्हारी सतत कर्मठता, हमारा उत्कर्ष है।

एक राष्ट्र के रूप में हमने अभूतपूर्व प्रगति की है। विशेष रूप से आर्थिक व्यवस्था इतनी अच्छी कभी नहीं रही। इसके बावजूद हमारी सफलता को बस ठीक-ठाक ही कहा जा सकता है, क्योंकि मानव संसाधन के विकास और प्रबंधन में हमें अभी बहुत कुछ करना है। हमें नए लक्ष्य और संकल्पशील नेताओं की जरूरत है, जो जनहित में जी-जान से जुट जाने का साहस रखते हों और इस तरह उनमें सारी दुनिया के हित के लिए जूझने का जज्बा हो। निस्संदेह संसद् भारत की एक प्रमुख संस्था है, जो प्रतिनिधि लोकतंत्र का वास्तविक स्वरूप है। संसदीय लोकतंत्र को यदि एक शासन-प्रक्रिया और राष्ट्रीय नीतियों के व्यवस्था तंत्र के रूप में देखा जाए तो इसने स्वतंत्र संस्थाओं को बनाए रखने में और लोकतंत्र में आम लोगों की भागीदारी का विस्तार करने में अहम भूमिका निभाई है। इसमें संदेह नहीं कि संसद् के सामने, 1951 में उसकी संरचना के बाद से पहली बार इतनी अधिक चुनौतियाँ हैं, विशेषकर मानव संसाधन और शासन के संदर्भ में।

एक आम धारणा यह बन रही है कि भारत की शासन-प्रणाली के आंतरिक और बाहरी परिवेश में पिछले दो दशकों में बहुत तेजी से परिवर्तन हुआ है। नए बदलावों के कारण जो चुनौतियाँ राष्ट्र की एकजुटता और संप्रभुता तथा आर्थिक विकास के समक्ष आई हैं, उसका बहुत जल्दी और सुसंगत ढंग से सामना करने की जरूरत है। यह भारत का सौभाग्य है कि उसके पास सरकार और संसद् में बहुत योग्य, सक्षम और संकल्पनाशील नेता हैं। आजादी के बाद से आर्थिक, सामाजिक और राजनीतिक क्षेत्रों में हुई उपलब्धियों पर गर्वित होने का अधिकार है। बहुत लोगों की भविष्यवाणी है कि भारत 2050 तक एक सुदृढ आर्थिक स्थिति संपन्न देश हो जाएगा। फिर भी, लोकतंत्र और आर्थिक संपन्नता को स्थायी रूप से तय नहीं माना जा सकता। संप्रभुता बनाए रखने के लिए सतत निगरानी की जरूरत होती है। हम केवल पिछली उपलब्धियों को देखकर, निश्चेष्ठ बैठ जाएँ और समाज तथा राष्ट्र के समक्ष आ रहे बदलावों को अनदेखा कर दें, यह बिल्कुल भी ठीक नहीं होगा। उदारीकरण के बाद आर्थिक नवीनीकरण और सकारात्मक विकास की लहर निजी क्षेत्रों में भी स्पष्ट देखी जा रही है। यह एक बड़ी चुनौती है। इस लहर को सरकारी संस्थानों में भी जगह दी जाए और उस व्यवस्था में नए प्राण फूँके जाएँ। विविध सरकारी क्षेत्रों में न केवल उत्पादन, लाभ और बचत की दृष्टि से, बल्कि शिक्षा, स्वास्थ्य, जल तथा परिवहन-प्रबंधन की दिशा में भी सुधार करना होगा,

ताकि जनता को बेहतर सुविधाएँ मिल सकें।

देश में यह धारणा पक्की होती जा रही है कि संस्थान के रूप में संसद् की कार्यशैली में, कार्य के प्रति चूक और सकल जवाबदेही की व्यवस्था होनी चाहिए। संसद् इसके लिए कई तरीके अपना सकती है, जैसे सदन में प्रस्ताव का प्रावधान और ऐसी निरीक्षण कमेटियों का गठन, जो संसद् की चूक पर नजर रखें और उसे सदन के पटल पर लाएँ। यह एक तथ्य है कि भारत की आर्थिक-व्यवस्था को वैश्विक होते जाने से मजबूती मिल रही है। हमारा राष्ट्र पहले से अधिक संपन्न हो रहा है, लेकिन संसद् के सचेत रूप से सशक्तीकरण की जरूरत है। इसके दो महत्त्वपूर्ण पक्ष हैं। आजकल बहुत से आर्थिक निर्णयों का आधार अंतरराष्ट्रीय समझौते होते हैं। भारतीय संसद् दुनिया की कुछ उन संसदों में से है, जिसके पास इन समझौते के गहन निरीक्षण का कोई तंत्र नहीं है। यह समझौते अधिकांशतः संसद् में तब पहुँचते हैं, जब वह क्रियान्वित हो चुके होते हैं। इसलिए यह आवश्यक है कि संसद् के पास एक वैधानिक शक्तिसंपन्न तंत्र हो, जो विदेशी समझौतों का निरीक्षण करे। इस समय संसदीय व्यवस्था में गतिशीलता और उत्तरदायित्व का गुण लाने की तत्काल जरूरत है। कार्यपालिका को भी सशक्त किए जाने की जरूरत है। इसके लिए कार्यपालिका अध्यादेशों के माध्यम से काम करना कम करे, अचूक और प्रभावी कानून बनाए जाएँ और वित्तीय निरीक्षण की कार्याविधि को मजबूत किया जाए। हमारा संसदीय लोकतंत्र सक्रिय सहभागिता की दृष्टि से बहुत उर्वर है। देश की पहली लोकसभा में केवल पाँच राजनीतिक दलों का प्रतिनिधित्व था, लेकिन आज इनकी संख्या बहुत बढ़ गई है। संसद् में इनकी भागीदारी ऐसे नियोजित की जानी चाहिए, जिससे संसद् भी मजबूत हो और राजनीतिक पार्टियाँ भी। इसके लिए सामूहिक कार्याविधि के बीच से बाधाएँ हटाई जानी चाहिए। जो सांसद अच्छा काम कर रहे हैं, उनकी प्रशंसा की जानी चाहिए। उन्हें अपने संसदीय क्षेत्र में और राजनीतिक दल या गठबंधन में पुरस्कृत किया जाना चाहिए।

सकारात्मक दूरदर्शी नेतृत्व को प्रोत्साहन देने से सांसदों को कई और चुनौती भरी जिम्मेदारी लेने के लिए प्रोत्साहित करें, जिससे जवाबदेही और प्रभावी प्रबंध सुनिश्चित रहे। इसके लिए राजनीतिक स्तर पर जो कदम उठाए जा सकते हैं, उनमें चुनाव निधि में जनता की हिस्सेदारी शुरू की जाए। ऐसे कानून बनाए जाएँ कि किसी भी सदन की काररवाई सप्ताह में दो बार से अधिक तब तक स्थगित नहीं की जा सकती है, जब तक उसके लिए निर्दिष्ट सारे कार्य पूरे न हो जाएँ। सदन के स्पीकर को यह अधिकार होना चाहिए कि वह सदन की काररवाई में बार-बार

बाधा डालनेवाले सदस्य को निलंबित कर सके। इसी तरह प्रशासनिक स्तर पर उठाए जा सकनेवाले कदमों में विकेंद्रीकरण के तहत विकास कार्यक्रमों के लिए वित्त-व्यवस्था का दायित्व केंद्र के बजाय राज्य के ऊपर हो। एक केंद्रीय समिति का गठन हो, जो गरीबी उन्मूलन के लिए केंद्र द्वारा आवंटित सहायता की पुष्टि करे और उसके तहत हुए कामों की जाँच करें। एक वैधानिक तंत्र बने, जो मंत्रियों द्वारा किए जा रहे कामों की निगरानी करें।

शासन में मंत्रियों की भूमिका बढ़ गई है, जिस कारण उनके कामकाज की जवाबदेही बहुत जरूरी हो गई है। आर्थिक-सामाजिक लक्ष्यों की योजना बनाने और उसे लागू करने के काम में सांसदों की भूमिका को और अधिक सक्रिय बनाने से संसदीय नेतृत्व का आधार व्यापक होगा। इससे सकारात्मक नेतृत्व की प्रवृत्ति बढ़ेगी और ऐसे लोगों के संसद् में प्रवेश पर रोक लगेगी, जिनका आपराधिक रिकॉर्ड है और जो कानून की अवहेलना के अभ्यस्त हैं। संसद् सदस्य इन सुझावों को एकता और समन्वयपूर्ण नेतृत्व की संकल्पना के रूप में विचार-विमर्श के लिए स्वीकार कर सकते हैं। इक्कीसवीं सदी की संसदीय व्यवस्था वैश्विक और दीर्घकालिक सोच की माँग करती है। इसके साथ उन रणनीतियों का संलग्न होना जरूरी है, जिनके अभ्यास के जरिए वे सुगठित कार्य योजनाएँ बनाई जा सकती हैं, जो भारत को 2020 तक विकसित राष्ट्र के स्तर तक पहुँचा दें। हमारे सांसदों के लिए इस समय सबसे ज्यादा जरूरी यह है कि राष्ट्रीय अभियान की दिशा में एकता और समन्वय भाव से काम करें। हमारे सांसदों के सामने यह सबसे बड़ा लक्ष्य है।

अनजानी राह पर चलना ही साहस और लीडरशिप

दोस्तो! मैं आपको लीडर बनाना चाहता हूँ। इस देश को हर क्षेत्र में नेतृत्व की जरूरत है, पर हम लीडर कैसे बनें? मैंने जीवन में तीन बड़े मिशन का नेतृत्व किया। पहला सेटेलाइट लॉञ्च व्हीकल बनाना। दूसरा, अग्नि मिसाइल का निर्माण और तीसरा, शहरी सुविधाओं को गाँव तक पहुँचाने का मिशन 'प्रोवाइडिंग अर्बन एमेनिटीज टू रूरल एरियाज' (पुरा)।

मैंने इनसे जो सीखा, वही आपको बताने का प्रयास करता हूँ। मैं मानता हूँ कि लीडर के पास दूरदृष्टि होनी चाहिए, जिससे वह जान सके कि अगले 10-15 साल में क्या होगा। सपने सच करने के लिए उसके पास जुनून होना चाहिए। अनजाने रास्ते पर चलने का साहस होना चाहिए। अब साहस क्या है? साहस है

अलग सोचना। आविष्कार करना साहस है। अनजाने रास्ते पर चलना साहस है। मुश्किलों से लड़कर सफल होना और असंभव को संभव बनाना साहस है। साहस युवाओं का गुण है। युवा होने के नाते आपको काम करना होगा और ढेर सारा काम करना होगा। फिर साहस के साथ सफलता पानी होगी, हर मिशन में।

आप जो बनना चाहते हो, वही बनें। इंजीनियर, वैज्ञानिक, डॉक्टर, शिक्षक, प्रशासनिक अधिकारी या फिर नेता। आप जब सफल होंगे, तभी देश आगे बढ़ेगा, पर जीवन में कुछ करने के लिए ज्ञान जरूरी है।

ज्ञान तीन चीजों का जोड़ है। रचनात्मकता, साहस और सच्चाई। साहस के बारे में आप जान चुके हैं। बाकी दो के बारे में बताता हूँ। पढ़ने से रचनात्मकता आती है। रचनात्मकता से हम विचारवान बनते हैं। विचार हमें ज्ञानी बनाते हैं। ज्ञान हमें महान् बनाता है। जब दिल में सच्चाई होती है, तब चरित्र में सुंदरता आती है। चरित्र में सुंदरता से घर में एकता आती है। घर में एकता से देश में व्यवस्था का राज होता है। देश की व्यवस्था से विश्व में शांति आती है। अब समझिए कि दिल में सच्चाई कैसे आती है। यह सिर्फ माता-पिता और प्राथमिक स्कूल के शिक्षकों की देन है।

अब लीडर के दूसरे गुणों पर आते हैं। ध्यान रखें कि लीडर कभी असफलता से नहीं डरते। उन्हें असफलता को सफलता में बदलने का हुनर आता है और वे किसी भी सूरत में हार नहीं मानते और प्रयास करते रहते हैं, साथ ही वे असफलता का बोझ अपने कंधे पर उठाते हैं, लेकिन सफलता का श्रेय पूरी टीम को देते हैं। जैसे, 1979 में सेटेलाइट लॉन्च व्हीकल का परीक्षण असफल हो गया। इसरो के तत्कालीन प्रमुख प्रो. सतीश धवन ने असफलता को अपने सिर मढ़ लिया और अपनी टीम पर विश्वास जताया, पर एक साल बाद जब यही मिशन सफल हुआ तो उन्होंने मुझे प्रेस को संबोधित करने का मौका दिया। इसके अलावा लीडर में फैसला लेने की ताकत होती है। उसके प्रबंधन में सज्जनता और हर काम में पारदर्शिता होती है।

इसलिए बच्चो, शपथ लो, मैं जहाँ भी रहूँगा, यही सोचूँगा कि मैं दूसरों को क्या दे सकता हूँ? हर काम को ईमानदारी से पूरा करूँगा और सफलता हासिल करूँगा। महान् लक्ष्य निर्धारित करूँगा। अच्छी पुस्तकें, अच्छे लोग और अच्छे शिक्षक मेरे दोस्त होंगे। मैं विश्वास के साथ मानता हूँ कि कोई समस्या हमें हरा नहीं सकेगी। राष्ट्रध्वज मेरे दिल में लहराता रहेगा। मैं गरीबी और अन्याय का खात्मा करूँगा। थैंक्स।

ज़िंदगी बदलनी है तो बड़े लक्ष्य रखो, छोटे लक्ष्य तो अपराध हैं

18 मई, 2015 को दैनिक भास्कर द्वारा उपमिता वाजपेयी के साथ डॉ. कलाम साहब का साक्षात्कार प्रकाशित किया गया था, जो हम सब युवाओं के लिए बहुत ही रोचक एवं प्रेरणादायी है। यह साक्षात्कार हम सब युवाओं को सकारात्मकता के लिए प्रेरित करता है और किस तरह हम अपने देश को विकसित राष्ट्र की ओर ले चलें, इसके लिए भी यह साक्षात्कार हमें प्रेरित करता है। हम खुद किस प्रकार अपने जीवन का लक्ष्य तय कर आगे बढ़ें, इसके संबंध में भी यह साक्षात्कार हमें मार्गदर्शन देता है।

प्रस्तुत है उपमिता वाजपेयी के शब्दों में प्रकाशित वह साक्षात्कार

लुटियंस दिल्ली का 10, राजाजी मार्ग। यही है पूर्व राष्ट्रपति ए.पी.जे. अब्दुल कलाम का बँगला। निचले तल पर घर और दफ्तर। ऊपर के पूरे फ्लोर पर लाइब्रेरी। रात के 8 बज रहे हैं। फिर भी घर के बाहर तीन स्कूल बस खड़ी हैं। 70 बच्चे आए हैं डॉ. कलाम से मिलने। इनके अलावा वेटिंग रूम में 35–40 लोग और इंतजार कर रहे हैं। इनमें आठ–नौ साल की एक बच्ची भी है। वह बार–बार दीवार पर लगे कलाम के फोटे के सामने जाती है और 'जय हिंद' बोलकर मुसकराने लगती है। उसके पापा रिहर्सल करवा रहे हैं कि अंदर जाकर बोलना क्या है। तभी मेरी बारी आती है। खूब सारे सवालों का अरमान लिये मैं उनके केबिन में दाखिल होती हूँ और शुरू होता है 85 की उम्र में भी ऊर्जा से भरे डॉ. कलाम से बातचीत का सिलसिला…।

सवालों से पहले ही जवाब मिलने लगे। डॉ. कलाम बोले…देखो…शहर से निकलो…गाँव में जाओ। वहाँ कोई किसान मिलेगा, जिसने सबसे ज्यादा फसल उगाई होगी। किसी मछुआरे ने सबसे ज्यादा मछलियाँ पकड़ी होंगी या प्राइमरी स्कूल का कोई बच्चा, जो किसी मछुआरे का बेटा है, मैथ्स में 100 में 100 नंबर लाया होगा और यह गाँव शहरों के बाजू से लगे हैं। दिल्ली के आसपास ही गाँव हैं। कोई जाता ही नहीं। पॉजिटिविटी गाँवों में मिलेगी।

आपको कैसा लग रहा है देश का माहौल?

इकोनॉमिकिली डेवलप हो जाना हमारे लिए सबसे अच्छी बात होगी। 1947 से हम विकासशील देश हैं। दुनिया के सैकड़ों देशों में सिर्फ जी–8 देश

ही विकसित हैं। कब यह जी-9 और जी-10 होंगे? सोचो जरा। किसानों को देखो। कितना अच्छा काम कर रहे हैं। हर साल हमें 26 करोड़ टन फसल उगाकर देते हैं। कई बार मानसून फेल हो जाता है, तब भी…।

आप 85 के हो गए। अब भी इतना काम, आखिर कैसे?

मैं नहीं जानता यह सब कैसे कर पाता हूँ। मेरा मिशन है अगले पाँच साल में 'इंडिया-2020' को पूरा करना। देश को विकसित बनाना। इस देश के युवा मेरी पावर हैं। मुझे उन्हीं इग्नाइटेड माइंड्स से ताकत मिलती है। मैं हर महीने एक लाख बच्चों-युवाओं से मिलता हूँ। अब तक दो करोड़ युवाओं से मिल चुका हूँ। मैं उनसे सीखता हूँ, उन्हें सिखाता भी हूँ।

जब आप युवाओं-बच्चों से मिलते हैं तो वह आपसे क्या कहते हैं?

वह मुझसे पूछते हैं कि हम देश को क्या दे सकते हैं और कैसे? मैं उनसे कहता हूँ कि एक स्टूडेंट की तरह आप अच्छी तरह पढ़ाई कर अपना योगदान दे सकते हैं। आप अच्छे से पढ़ोगे, तभी एक ग्रेट इंजीनियर बनोगे, ग्रेट डॉक्टर बनोगे, पायलट, एस्ट्रोनॉट या टीचर बनोगे, लेकिन जो भी काम करें, उसमें बेस्ट दें और ग्रेट बनें। लोग कह सकते हैं कि सभी तो निगेटिव ही पसंद करते हैं, लेकिन अगर आप भी यही सोचते रहे तो आपका कॉन्ट्रीब्यूशन कुछ नहीं होगा। आप बच्चों को पॉजिटिव पसंद करना सिखाएँ।

आपको नहीं लगता कि हमारी सामूहिक सोच बदली है?

बचपन की एक कहानी सुनाता हूँ। 1941 की बात है। मैं पाँचवीं क्लास में था। तब अपने यहाँ ब्रिटिश राज था। मेरे जो टीचर थे मि. अय्यर, वे ब्लैकबोर्ड के पास गए और बताया कि एक पक्षी कैसे उड़ता है। वे उससे जुड़ी वैज्ञानिक बातें बता रहे थे। वे तमिल और संस्कृत के ज्ञानी थे, पर साइंस के बेहतरीन टीचर थे। वे यह नहीं सोचते थे कि अभी किसकी सरकार है, कौन देश को चला रहा है, कौन नहीं, वे सिर्फ पढ़ाने पर ध्यान देते थे। ग्रेट टीचर।

तो क्या अभी ऐसे टीचर नही हैं?

हैं, लेकिन उनकी संख्या बहुत कम है। युवाओं को अय्यर जैसा टीचर बनने की कोशिश करनी चाहिए।

आपकी नई पुस्तक भी युवाओं पर है?

हाँ, वह युवाओं पर है। नाम है 'रीइग्नाइटेड'। इसी हफ्ते आई है। हमने इसमें युवाओं के भीतर वैज्ञानिकता को बाहर लाने के लिए काम किया है।

आपको क्या पसंद है, टीचर या प्रेसिडेंट बनना?

मुझे टीचर बनना ज्यादा अच्छा लगता है। मैं युवाओं से बात करता हूँ। पढ़ाता हूँ। आईआईएम अहमदाबाद में और भी कई सारे कॉलेजों में। मैं हर महीने युवाओं से मिलने कई सारी जगह पर जाता हूँ। अभी-अभी तो औरंगाबाद से लौटा हूँ।

उत्तर प्रदेश को आपने हाल ही में डेवलपमेंट फंडा दिया है?

मैंने उन्हें अपने '9-पाथवे' दिए हैं। इसमें पीने का पानी, गाँव में नेक्स्टजनरेशन लीडर्स तैयार करना, सोलर एनर्जी, स्किल डेवलपमेंट, डिस्ट्रिक्ट डेवलपमेंट प्लान, वेस्ट टू वेल्थ, सोशल इंटरप्रेन्योरशिप मिशन, सेफ्टी-सिक्योरिटी और मोबाइल गवर्नेंस शामिल हैं।

निगेटिविटी कैसे दूर होगी, पॉजिटिविटी कैसे आएगी?

छोटी-छोटी चीजों से पॉजिटिविटी आ सकती है। एक वाकया सुनाता हूँ। मैं एक बार इजरायल में था। वहाँ हमास ने बड़ा आतंकी हमला किया था। अगले दिन आप अखबार से क्या उम्मीद करेंगे, यही न कि वह आतंकवादी हमले की बड़ी सी खबर छापे। बोलो··· ? लेकिन वहाँ के एक अखबार ने ऐसा नहीं किया। मैंने देखा कि उस अखबार ने एक किसान की खबर छापी थी। वह किसान रूस का था और इजरायल आकर बस गया था। उसने कम पैसों में खूबसारी सब्जियाँ उगाई थीं। आप भी यह एफर्ट कर रहे हैं। बहुत अच्छा है। हमारा देश बहुत बड़ा है। काफी कुछ सकारात्मक है और हो रहा है यहाँ। आप देखें तो सही। मैं तो कहूँगा हर हफ्ते नहीं, हर रोज नो-निगेटिव अखबार निकालना चाहिए।

युवा अपने में क्या बदलाव लाएँ, ताकि देश के लिए कुछ कर सकें?

सिर्फ चार···

- अपना लक्ष्य ग्रेट रखें। ग्रेट ही बनें, क्योंकि अगर आपका लक्ष्य छोटा हुआ तो वह अपराध है।
- नॉलेज यानी ज्ञान लेने की कोशिश करें। इसके लिए ग्रेट टीचर्स और ग्रेट बुक्स ही मददगार होंगी।
- हार्डवर्क और ऐसे सपने देखें, जो आपको सोने न दें।
- मुसीबतों से डरें नहीं, लगातार काम करते रहें।

दैवी शक्ति पर भरोसा रखें

'मुझे याद है, पिताजी की दिनचर्या पौ फटने से पहले ही सुबह चार बजे नमाज पढ़ने के साथ शुरू हो जाती थी। नमाज के बाद वे हमारे नारियल के बाग जाया करते। बाग घर से करीब चार मील दूर था। करीब दर्जन भर नारियल कंधे पर लिये पिताजी घर लौटते और उसके बाद ही उनका नाश्ता होता। मैंने अपनी विज्ञान एवं प्रौद्योगिकी की सारी जिंदगी में पिताजी की बातों का अनुसरण करने की कोशिश की है। मैंने उन बुनियादी सत्यों को समझने का भरसक प्रयास किया है, जिन्हें पिताजी ने मेरे सामने रखा और मुझे इस संतुष्टि का आभास हुआ कि ऐसी कोई दैवी शक्ति जरूर है, जो हमें भ्रम, दुःखों, विषाद और असफलता से छुटकारा दिलाती है तथा सही रास्ता दिखाती है। जब पिताजी ने लकड़ी की नौकाएँ बनाने का काम शुरू किया, उस समय मैं छह साल का था। ये नौकाएँ तीर्थयात्रियों को रामेश्वरम से धनुषकोडि तक लाने-ले जाने के काम आती थीं। एक स्थानीय ठेकेदार अहमद जलालुद्दीन के साथ पिताजी समुद्रतट के पास नौकाएँ बनाने लगे। बाद में अहमद जलालुद्दीन की मेरी बड़ी बहन जोहरा के साथ शादी हो गई थी। नौकाओं को आकार लेते देखते वक्त मैं काफी अच्छे तरीके से गौर करता था। पिताजी का कारोबार काफी अच्छा चल रहा था। एक दिन सौ मील प्रति घंटे रफ्तार से हवा चली और समुद्र में तूफान आ गया। तूफान में हमारी नावें बह गईं। उसी में पामबन पुल भी टूट गया और यात्रियों से भरी ट्रेन दुर्घटनाग्रस्त हो गई। अब तक मैंने सिर्फ समुद्र की खूबसूरती को ही देखा था। उसकी अपार एवं अनियंत्रित ऊर्जा ने मुझे हतप्रभ कर दिया।'

सांसदों की भूमिका

'लोकतंत्र में संसद् निर्णायक संस्था होती है। हालाँकि, इसे लोकतंत्र का

प्रखर व प्रगतिशील किला बनाने के लिए इसे फिर से सशक्त बनाना होगा। इसमें सांसदों की भूमिका बहुत महत्त्वपूर्ण हो जाती है और यह आवश्यक है कि सांसद उन आकांक्षाओं एवं आदर्शों को पूरा करें, जिनके लिए उन्हें चुना गया है। कई बार हमारी मतदान प्रक्रिया पर कई तरह के दबाव पड़ते हैं और कुछ घातक घटनाएँ भी हो जाती हैं। बहुमत जुटाने की बाध्यता तथा विधायकों-सांसदों की कथित खरीद-फरोख्त के कारण शायद सीटें अनुचित और अलोकतांत्रिक तरीके से जीती जाती हैं। इससे लोगों की निगाह में हमारी लोकतांत्रिक प्रणाली के बारे में संदेह पैदा होते हैं। जब राजनीति का पतन राजनीतिक लापरवाही के रूप में हो जाता है, तो देश आपदा और तबाही के अनर्थकारी रास्ते पर चल निकलता है। समय आ गया है कि हम आत्म-निरीक्षण करें और उन अपेक्षाओं को पूरा करें, जो हमारे संविधान में कड़ी मेहनत से और आशावादी रूप में निहित की गई थीं, ताकि भारत अपने को कायम रख सके और परिपक्व, स्वस्थ, उत्साहपूर्ण व लोकतांत्रिक राष्ट्र के रूप में बढ़ सके।

हमारे संसद् सदस्यों के हर कार्य से हमारे देश के करोड़ों युवाओं को प्रेरणा मिलनी चाहिए। वे ऐसे महान् नेता होने चाहिए, जो उनके आदर्श बन सकें और राजनीति में गतिशील परिवर्तन ला सकें, विकासपरक योजनाओं को पूरा कर सकें। सांसदों का कर्तव्य है कि वे मतदाताओं की अपेक्षाओं पर खरे उतरें।

संसद् को विकासोन्मुखी अर्थव्यवस्था में अड़चन खड़ी करनेवाले पुराने जटिल कानूनों और प्रशासनिक प्रक्रिया की पहचान करने तथा उन्हें हटाने का मिशन अपनाना होगा। इससे जनता के बड़े तबके के मन में उम्मीद जगेगी। लोगों को अपने नेताओं में विश्वास बढ़ाने की जरूरत है और केवल सांसद ही यह बदलाव ला सकते हैं। हमें अपने आपको और दुनिया के सामने अपनी राजनीति में हासिल परिपक्वता को दिखाना होगा और बताना होगा कि हम अपने देश के टिकाऊ विकास के लिए इसका किस तरह से इस्तेमाल कर सकते हैं। हम ऐसे भारत के निर्माण के लिए जुटेंगे, जो कि जीवंत हो, सजग हो, सुरक्षित हो और पथनिरपेक्ष हो। मुझे विश्वास है कि यह सब हमारी क्षमता के अंदर है और हम सचमुच इसके लिए प्रयास करें तो इस लक्ष्य को हासिल कर सकते हैं।

डॉ. कलाम की बातों में छिपा है जीवन का सबक

11वें राष्ट्रपति डॉ. ए.पी.जे. अब्दुल कलाम, देश के संभवतः पहले ऐसे शीर्ष नेता थे, जिन्हें बच्चों ने अपने बेहद करीब महसूस किया। उनकी मौत

पर हर देशवासी को कुछ कीमती वस्तु खोने का एहसास हुआ। उनके गुणों के मुरीद दुनिया भर में थे। सर्वशक्तिशाली देश अमेरिका ने अपने राष्ट्रध्वज को आधा झुका उन्हें श्रद्धांजलि अर्पित की। यूएनओ ने उनके जन्मदिन 15 अक्तूबर को 'स्टूडेंट्स डे' के रूप में मनाने की घोषणा की। भारत सरकार ने रुपए पर उनकी तसवीर छापने की पहल की।

परंपराओं से परे थे कलाम

- डॉ. कलाम नाम परंपरागत तौर-तरीकों से आगे निकलने का प्रतीक है। राष्ट्रपति के अपने कार्यालय में उन्होंने कई अनावश्यक प्रोटोकॉल समाप्त कर दिए थे, जो एक मिशाल थी।
- राष्ट्रपति कार्यालय की प्रथा है कि महामहिम के जूते, सेवक बाँधता है। कलाम को यह नापसंद था और उन्होंने फैसला किया कि वह स्वयं अपने जूते बाँधेंगे।
- नवनियुक्त राष्ट्रपति को सेवक पूरा भवन दिखाता है। यह काम सेवक के लिए न छोड़ उन्होंने नई राष्ट्रपति बनीं प्रतिभा पाटिल को खुद भवन का दौरा कराया।
- 15 अगस्त पर राष्ट्रपति भवन में होनेवाले भोज में ड्रेस कोड प्रोटोकॉल का हिस्सा है। कलाम ने इसकी अनिवार्यता समाप्त कर दी।
- सुरक्षा घेरा तोड़कर बच्चों से मिलना तो कलाम का चिर-परिचित अंदाज रहा। वे अमूमन प्रोटोकॉल की परवाह किए बिना राष्ट्रपति भवन के सुरक्षाकर्मियों से भी बात करने लगते थे।
- राजघाट पर महात्मा गांधी की समाधि पर जाते समय भी कलाम ने जूते उतारने के लिए सेवक की मदद नहीं ली। खुद जूते उतारे और चल पड़े समाधि की ओर।
- मिसाइल मैन इतने सरल व सहज थे कि चित्रकूट में महिला सरपंचों को संबोधित करने के बाद उनके लिए अलग खाने की व्यवस्था थी, लेकिन उन्होंने सरपंचों के साथ पंगत में बैठकर पत्तल पर खाना खाया।

बातें, जो बन गईं सबक

- अपनी पहली जीत के बाद कभी आराम मत करिए, क्योंकि दूसरे मौके

पर अगर आप असफल हुए तो पहले से कहीं अधिक लोग यह कहने के लिए तैयार हैं कि पहली जीत महज भाग्य की बात थी।

- सारी चिड़ियाँ बारिश होने पर किसी आड़ में जाकर उससे बचती हैं, लेकिन चील बादलों के ऊपर उड़कर बारिश से बचती है।
- अगर आप सूर्य की तरह चमकना चाहते हैं तो पहले उसकी तरह जलिए।
- हम सबके पास बराबर प्रतिभा नहीं है, मगर हमारे पास प्रतिभा को विकसित करने का बराबर मौका है।
- सपनों को पर लगाएँ। सपने वह नहीं, जो हम सोते समय देखते हैं, सपने तो वे हैं, जो हमें सोने नहीं देते।
- अगर आप रेत पर अपने कदमों के निशान छोड़ना चाहते हैं तो एक ही उपाय है…कदम पीछे मत खींचिए।

डॉ. कलाम की 11 बातें, जो बदल देंगी आपका जीवन

1. जो लोग जिम्मेदार, सरल, ईमानदार एवं मेहनती होते हैं, उन्हें ईश्वर विशेष सम्मान देता है, क्योंकि वे इस धरती पर उसकी श्रेष्ठ रचना हैं।
2. किसी के जीवन में उजाला लाओ।
3. दूसरों का आशीर्वाद प्राप्त करो, माता-पिता की सेवा करो, बड़ों तथा शिक्षकों का आदर करो और अपने देश से प्रेम करो। इनके बिना जीवन अर्थहीन है।
4. देना सबसे उच्च एवं श्रेष्ठ गुण है, परंतु उसे पूर्णता देने के लिए उसके साथ क्षमा भी होनी चाहिए।
5. कम-से-कम दो गरीब बच्चों को आत्मनिर्भर बनाने के लिए उनकी शिक्षा में मदद करो।
6. सरलता और परिश्रम का मार्ग अपनाओ, जो सफलता का एक मात्र रास्ता है।
7. प्रकृति से सीखो, जहाँ सबकुछ छिपा है।
8. हमें मुसकराहट का परिधान जरूर पहनना चाहिए तथा उसे सुरक्षित रखने के लिए हमारी आत्मा को गुणों का परिधान बनाना चाहिए।
9. समय, धैर्य तथा प्रकृति, सभी प्रकार की पीड़ाओं को दूर करने और

सभी प्रकार के जख्मों को भरनेवाले बेहतर चिकित्सक हैं।

10. अपने जीवन में उच्चतम एवं श्रेष्ठ लक्ष्य रखो और उसे प्राप्त करो।
11. प्रत्येक क्षण रचनात्मकता का क्षण है, उसे व्यर्थ मत करो।

पूरे जीवन का मिशन हो दान

'व्हाट कैन आइ गिव' मिशन के कार्यकर्ताओं के बीच शुक्रवार (15 जून, 2012) को पटना के एस.के. मेमोरियल हॉल में डॉ. ए.पी.जे. अब्दुल कलाम ने सारगर्भित भाषण दिया। पेश है—भाषण के महत्त्वपूर्ण अंश, जिसका प्रकाशन 16 जून, 2012 को 'प्रभात खबर, पटना' द्वारा किया गया था।

'व्हाट कैन आइ गिव' मिशन के छात्रों से मिलकर मैं खुश हूँ। इस कार्यक्रम को आयोजित करनेवाले गुलजार ग्रुप की दृष्टि मैंने पढ़ी है, जिसमें कहा गया है कि अपने विकास को तेज करने के लिए ज्ञान का इस्तेमाल करें व ऐसे महान् विचारों को जन्म दें, जिनसे समाज का विकास हो। सचमुच यह समय की माँग है।

कार्यक्रम की शुरुआत में डॉ. कलाम के साथ आए मिशन प्रमुख सृजन पाल सिंह ने माइक सँभाला और सभी को कलामजी के मिशन 'वॉट कैन आइ गिव' के बारे में बताया। सृजन ने बताया 'वॉट केन आइ गिव' का अर्थ है, दूसरों को मुसकान देना। यही मिशन है हमारा।

'वॉट केन आइ गिव' 11 राज्यों में चल रहा है। इसकी शुरुआत भी अनोखी है। एक बार हम सभी (डॉ. कलाम के साथ) गोरखपुर से बस्ती जा रहे थे। खराब सड़कें थीं और बुलेट प्रूफ गाड़ी होने की वजह से वह टैंकर की तरह बज रही थी। कलामजी ने कहा कि ऐसी खराब परिस्थति में भी क्या हम कुछ सकारात्मक नहीं सोच सकते, ताकि सकारात्मक ऊर्जा फैले। तब हमने आधे घंटे सोचकर इस मिशन का प्लान बनाया। हम सभी राजनीति, सिस्टम, करप्शन की बुराई करते हैं, लेकिन क्या हमने सोचा है कि हम क्या दे सकते हैं, हम इसे कैसे सुधार सकते हैं? आप और हम युवा हैं, हमारे कंधें पर बड़ी जिम्मेदारी है। हम इस मिशन द्वारा आपको यही बता रहे हैं कि हम विभिन्न क्षेत्रों में क्या दे सकते हैं।

ज्यादा जानकारी के लिए आप वेबसाइट वॉट कैन आई गिव डॉट इंफो पर जा सकते हैं। इसमें कलामजी ने बताया है कि हम राजनीति, शिक्षा, चिकित्सा जैसे क्षेत्रों में क्या योगदान दे सकते हैं। हम माँ को मुसकान कैसे दे सकते हैं। सृजन ने सभी को एक-दूसरे के चेहरे पर मुसकान लाने के लिए एक्सरसाइज

भी करवाई। उन्होंने सभी को कहा कि आपकी बगलवाली सीट पर जो भी बैठा है, उसकी 30 सेकंड के अंदर तारीफ कीजिए। देखिए वह कैसे मुसकराता है। यही तो खुशी हम दूसरों को दे सकते हैं—एक मुसकान।

देने का कोई अंत नहीं

युवा दोस्तो, पिछले महीने केरल के फादर डेविस मिलने आए। उन्होंने मुझसे किडनीदाताओं के संघ का उद्घाटन करने का आग्रह किया। उसी समय उनके एक दोस्त ने मुझे फादर डेविस लिखित पुस्तक 'द इमप्रिंट्स ऑफ लव' भेंट की। पुस्तक से मैंने जाना कि फादर ने खुद अपनी किडनी एक बिजली मिस्त्री गोपीनाथ को दान में दी है। मैंने उनसे पूछा कि किडनी दान करते समय आपके दिमाग में क्या बातें थीं। उन्होंने कहा, बस तीन शब्द दिमाग में आए—ईश्वर की इच्छा।

बी अ लैंप
ऑर अ लाइफ बोट,
ऑर अ लैडर,
हेल्प समवंस सोल हील,
वॉक आउट ऑफ योर हाउस
लाइक अ शेपर्ड।

जीवन सार्थक होता है, जब दूसरों की जिंदगी बचाते हैं। दोस्तो, हमने अपना यह मिशन लाखों लोगों तक पहुँचाया है। सभी को सिखाया है—देना जिंदगी भर का मिशन हो।

एक महिला का सेवा मिशन

पिछले हफ्ते मैं पुडुचेरी गया था। बेल्जियम निवासी मेडिलिन डी ब्लिक ने यहाँ 1962 में वोलेंटेरियट नाम का संगठन बनाया। संगठन का मकसद मानवता की सेवा है। उन्होंने बड़ी संख्या में गरीब बच्चों को शिक्षा दी। महिलाओं का सशक्तिकरण किया। इलाके में जैविक खेती को प्रोत्साहित किया। इसे देखकर मुझे याद आया कि महात्मा गांधी को उनकी माँ ने कहा था कि अगर तुमने किसी का जीवन बचाया या जीवन में खुशहाली दी, तो समझो तुम्हारा जन्म

सार्थक हो गया। मैडम मेडिलिन ने पिछले पाँच दशकों में हजारों लोगों को नया जीवन दिया। मैं जब उनसे मिला, तो उनमें मदर टेरेसा-सी सेवा-भावना देखी।

मेरे पास पंख हैं, मैं उड़ान भरूँगा

उपलब्धियाँ कैसे हासिल की जाती हैं। इसके चार प्रमाणित चरण हैं।

1. 20 वर्ष की उम्र से पहले जीवन का लक्ष्य निर्धारित हो।
2. हमेशा ज्ञान की भूख बनी रहे।
3. कड़ी मेहनत एवं
4. मुश्किलों से लड़ना।

मैं 13वीं शताब्दी के सूफी कवि रूमी की कविता का अंश सुनाना चाहता हूँ।

उड़ने के लिए पंख
मुझमें जन्मजात क्षमता है
मुझमें जन्म से ही दया-भाव व विश्वास है
विचारों व सपनों के साथ मेरा जन्म हुआ
मुझमें जन्म से उदारता है
जन्म के साथ ही मुझमें कुछ करने का विश्वास है
पंख हैं, इसीलिए मैं घुटनों के बल नहीं रेंगूँगा
मेरे पास पंख हैं, मैं उड़ान भरूँगा, मैं उड़ूँगा, मैं उड़ूँगा।

इस कविता का संदेश साफ है। शिक्षा ही आपको वह पंख देती है, जो आपको आगे ले जाएगी।

आप कौन हैं, इसका महत्त्व नहीं, मैं आपको एक नोबेल पुरस्कार विजेता की कहानी सुनाना चाहता हूँ। मारियो कापेची का बचपन बेहद कठिन परिस्थितियों में गुजरा।

वह अपनी माँ के साथ इटली में झोंपड़ी में रहते थे। दूसरा-विश्वयुद्ध छिड़ने पर उनकी माँ को राजनीतिक कैदी बना दिया गया। कापेची को बचपन में ही दूसरे के खेतों में काम करना पड़ा। साढ़े चार वर्ष की उम्र में उन्हें फुटपाथ पर रहना पड़ा। वहाँ रहनेवाले असामाजिक तत्त्वों के गैंग के साथ भी वे रहे। उन्हें कई-कई दिनों तक भूखे रहना पड़ता। इसके बाद उन्होंने पढ़ाई शुरू की। अपनी मेहनत के बल पर वे पढ़ाई को जारी रखते हुए वैज्ञानिक बने। बाद में उन्हें नोबेल पुरस्कार मिला।

ज्ञान का सूत्र

जब आप स्कूल छोड़ेंगे, तो आप अकेले नहीं होंगे, आपके साथ एक महान् दोस्त होगा। कौन है वह दोस्त। वह दोस्त है ज्ञान। अब मैं आपको ज्ञान का सूत्र बताता हूँ।

ज्ञान = रचनात्मकता + सच्चाई + साहस

रचनात्मकता सीखने से आती है। रचनात्मकता सोच-विचार को जन्म देती है। सोच-विचार से ज्ञान मिलता है। ज्ञान ही आपको महान् बनाता है। जब मन में सच्चाई हो तो चरित्र में सुंदरता आती है। इससे घर में सौहार्द आता है। समाज व फिर देश व्यवस्थित होता है। विश्व में शांति आती है। इसी तरह साहस का भी महत्त्व है। वह साहस अलग तरह से सोचने का होना चाहिए। नई खोज करने का साहस होना चाहिए। मुश्किलों को आसान बनाने का साहस होना चाहिए। ये सब युवाओं के गुण होने चाहिए।

सोच, ज्ञान व कड़ी मेहनत जरूरी

आपमें से कितने डॉक्टर बनना चाहते हैं? (कुछ श्रोताओं ने हाथ उठाए) थोड़े कम हाथ हैं···ओके, कितने इंजीनियर बनना चाहते हैं, ओह···सो मैनी हैंड्स···आइएएस, आइपीएस कितने बनना चाहते हैं? अगेन सो मैनी पीपल··· पोलिटिकल लीडर? अच्छा इसमें भी हाथ हैं। इट्स गुड। आप जैसे युवा लोग राजनीति में आएँगे तो देश के लिए बहुत अच्छा होगा।

दोस्तो, आपको अगर यह सब बनना है तो आपको तीन चीजें करनी होंगी।

1. अच्छी सोच,
2. ज्ञान और
3. हार्ड वर्क।

होम ऑफ एथिक्स

मेरे मिशन के तीन कंपोनेंट्स (घटक) हैं। इसमें पहला है कि अपनी माँ को खुश रखो। मेक योर मदर हैप्पी। आज ही शपथ लो कि मैं अपनी माँ को खुश रखूँगा। माँ खुश होगी तो परिवार खुश होगा। परिवार खुश होगा तो सोसाइटी खुश होगी। सोसाइटी खुश होगी तो पटना खुश होगा। होम ऑफ एथिक्स आपके हाथ में है।

दूसरी बात, देश में कई परिवार हैं। हर परिवार में माता-पिता, भाई-बहन होते हैं। जब परिवार का मुखिया भ्रष्ट होता है तो पूरा परिवार भ्रष्टाचार का हिस्सा बन जाता है। आप बच्चे हैं, आप प्रश्न करें पिता से। कहें कि वह ऐसा काम न करें, अगर वह करते हैं तो, आप उन्हें कहें कि पापा अगर आप करप्शन द्वारा घर में कार, बाइक लाएँगे तो मैं नहीं चलाऊँगा। क्या आप सब कहेंगे ऐसा? मुझे खुशी है कि कई लोगों ने हाथ उठाया। जिन लोगों ने नहीं उठाया, उन्हें मैं कहूँगा कि इस काम के लिए हिम्मत की जरूरत है, उसे पैदा करें अपने अंदर। यदि आपको होम ऑफ एथिक्स चाहिए तो आपको यह करना होगा। यह आपके हाथ में है।

मेरे साथ बोलें—आज से मैं अपने घर, सोसाइटी, नेशन को प्यार दूँगा। माता-पिता को प्यार दूँगा और यह इनश्योर करूँगा कि सभी करप्शन फ्री हों। मैं अपने घर को साफ करने का काम करूँगा। पड़ोस को साफ करूँगा, गाँव, शहर को साफ करूँगा और पेड़ लगाऊँगा। मैं वृद्धाश्रम जाऊँगा। अनाथाश्रम जाऊँगा। हॉस्पिटल्स जाऊँगा और उनके साथ समय गुजारूँगा। उनकी मदद करूँगा। मैं लोकल एडमिनिस्ट्रेशन का पार्ट बनूँगा। मैं कोशिश करूँगा कि सभी खुश व सुरक्षित हों।

मैं हमेशा दूसरों की जिंदगी बचाने के लिए कार्य करूँगा, बिना किसी भेदभाव के। मैं साहस के साथ काम करूँगा और सफलता प्राप्त करता चला जाऊँगा। मैं दूसरों की सफलता से भी खुश हुआ करूँगा। मैं प्रयास करूँगा कि मेरा देश तरक्की करे, मैं अपने देश की ग्लोरी वापस लाऊँगा।

पाँच पेड़ लगाएँ और देखभाल करें

क्या आप जानते हैं कि एक पेड़ कितनी कार्बन डाई ऑक्साइड लेता है और कितनी ऑक्सीजन आपको देता है? क्यों नहीं, आज यह शपथ लें कि हम पाँच पेड़ लगाएँगे और उनकी देखभाल करेंगे। समय बहुत महत्त्वपूर्ण होता है। सेकंड उड़ जाता है, मिनट उड़ जाता है। घंटे उड़ जाते हैं। दिन उड़ जाता है। हमारा समय पर कोई नियंत्रण नहीं होता। हम बस उस वक्त का सही उपयोग कर सकते हैं।

हमारा वैश्विक मिशन होना चाहिए पौधे लगाना। दुनिया में अरबों पेड़ लगाने होंगे। हर पेड़ एक साल में 20 किलोग्राम कार्बन डाईऑक्साइड को पचा लेता

है। अंत में मैं अपने पेड़ अर्जुन की चर्चा करना चाहूँगा, जो मेरे 10, राजाजी मार्ग आवास में है। यह 105 वर्ष पुराना है।

अर्जुन का मिशन क्या है? उसने 105 वर्षों तक सिर्फ दिया है। उसके पास जो भी अच्छी चीजें थीं, सब लोगों को दीं। लोगों को छाया, स्वच्छ हवा, हजारों पक्षियों को गोद, फूल व इससे बननेवाले मधु दिए।

जीवन में निराश नहीं होना, प्रयास पूरी ईमानदारी से होना चाहिए : डॉ. कलाम

(आलोक चंद्र, दैनिक भास्कर, पटना दिनांक—29 जुलाई, 2015 के शब्दों में)

डॉ. ए.पी.जे. नहीं रहे। सहसा विश्वास नहीं हुआ। उनका मुसकराता हुआ चेहरा आँखों के सामने से ओझल नहीं हो रहा। याद है, आज से ठीक 12 वर्ष पूर्व उनके साथ व्यतीत किया गया वह दिन। उन्होंने बड़े सहज भाव से मुझसे कहा था 'जीवन में कभी निराश मत होना...विश्वास सबसे बड़ी चीज है। कुछ पाना है तो प्रयास पूरी ईमानदारी से होना चाहिए।'

30 जून, 2003...हरनौत में वे रेल कोच फैक्ट्री का शिलान्यास करने आए थे। उनका एक कार्यक्रम पटना में भी था। हरनौत से लौटने के क्रम में प्रेसिडेंट सैलून में उनके साथ कुछ लम्हा बिताने का अवसर मिला।

प्रेसिडेंट सैलून स्वतंत्र भारत में दूसरी बार ट्रैक पर आया था। राष्ट्रपति नीलम संजीव रेड्डी ने वर्ष 1977 में पहली बार इससे यात्रा की थी। उसके बाद यह दूसरा अवसर था। ऐसे में वह क्षण मेरे लिए ऐतिहासिक तो था ही, राष्ट्रपति के साथ यात्रा का रोमांच भी था। हरनौत के कार्यक्रम को कवर करने दिल्ली से राजदीप सरदेसाई आए थे। मैं ठीक उनकी बगल में बैठा था। कई मुद्दों पर उनसे बातचीत होती रही। ए.पी.जे. के बारे में उनकी जानकारी बड़ी गूढ़ थी। उनके जीवन के कई अध्याय उन्होंने बताए। प्रेसिडेंट सैलून से लगभग तीन बजे दिन में हम पटना के लिए रवाना हुए। राष्ट्रपति के साथ कई शिक्षाविद् भी थे, लेकिन सबसे खास उनकी चीफ गेस्ट एक छोटी सी लड़की (संगीता) थी। उसके स्कूल की छात्राओं का चयन ए.पी.जे. से मिलने के लिए किया गया था, लेकिन उसे छोड़ दिया गया था।

छात्रों से कहा था—जो पढ़े-लिखे नहीं हैं, उन्हें पढ़ाओ

पूर्व राष्ट्रपति व देश में मिसाइल मैन के नाम से चर्चित डॉ. अब्दुल कलाम इमारत-ए-शरिया पटना में भी एक बार तशरीफ लाया था। 14 फरवरी, 2004 को भारत रत्न डॉ. ए.पी.जे. ने इमारत की संस्था एमएम रहमानी पैरा मेडिकल इंस्टीट्यूट का उद्घाटन किया था, जो अब एक अहम् संस्था बन चुकी है। उद्घाटन करते हुए देश के महान् वैज्ञानिक डॉ. ए.पी.जे. ने छात्रों से कहा था कि शिक्षा के बिना गरीबी दूर नहीं हो सकती है। मौजूदा जमाने में तकनीकी शिक्षा जरूरी है। छात्रों से कहा था—जीवन में संघर्ष करो। जो पढ़े-लिखे नहीं हैं, उन्हें पढ़ाओ। सच बोलो, गरीबों के दुःख-दर्द में शरीक रहो, समाज में फैली बुराइयों को मिटाओ।

❑

डॉ. कलाम के अनमोल वचन

"अच्छे लोगों से मिलने का अनुभव अपने-आप में एक शिक्षा है। मेरा यह सौभाग्य रहा है कि जीवन के विभिन्न चरणों में बहुत से अच्छे लोगों से मिलने का मौका मिलता रहा है। अच्छे लोगों से मिलना और उनके गुणों को आत्मसात् करना सफलता की सीढ़ी पर चढ़ने के बराबर है।"

डॉ. कलाम के जीवन के अनोखे पहलू

शुरुआती जीवन

- 15 अक्तूबर, 1931 को रामेश्वरम (तमिलनाडु) के तमिल मुसलिम परिवार में जनमे कलाम के पिता जैनुलाब्दीन मछुआरा थे।
- स्कूली पढ़ाई पूरी करने के बाद गरीब कलाम को अपने परिवार की आय को सहारा देने और अपनी आगे की पढ़ाई के लिए अखबार बेचना पड़ा।
- 1954 में उन्होंने मद्रास विश्वविद्यालय से भौतिकी में स्नातक की डिग्री ली।
- 1955 में उन्होंने चेन्नई में एयरो स्पेस इंजीनियरिंग में दाखिला लिया। उनके दाखिले के लिए बहन ने अपने जेवर बेच दिए थे।

वैज्ञानिक

1960 में एमआइटी–चेन्नई से इंजीनियरिंग करने के बाद डीआरडीओ में वैज्ञानिक के रूप में कॅरियर शुरू किया। वहाँ उन्होंने सेना के लिए एक छोटे हेलीकॉप्टर का डिजाइन तैयार किया।

विक्रम साराभाई के साथ

वे मशहूर अंतरिक्ष वैज्ञानिक विक्रम साराभाई के नेतृत्व में 'इंडियन नेशनल कमेटी फॉर स्पेस रिसर्च' (इंकोस्पार कमेटी) का हिस्सा थे। भारतीय अंतरिक्ष कार्यक्रम के लिए इस कमेटी का गठन किया गया था। इसकी शुरुआती टीम में रॉकेट इंजीनियर के रूप में कलाम को शामिल किया गया।

विक्रम साराभाई में व्यक्तियों को पहचानने की अद्‌भुत क्षमता थी। उन्होंने उभरते हुए युवा वैज्ञानिक ए.पी.जे. अब्दुल कलाम की अपूर्व बौद्धिक क्षमता को पहचाना। उन दिनों बंगलोर में वायुयान संबंधी (Aeronautics) विभाग की स्थापना की गई थी। बंगलौर में विभाग के विकास के लिए युवा वैज्ञानिक अब्दुल कलाम की नियुक्ति की गई। ओ.पी. मेदीरत्ता उस विभाग के निदेशक थे। उन्होंने वैज्ञानिकों व तकनीशियनों का एक दल बनाया। इस दल को 'हावर वायुयान' बनाना था। इस योजना में चार व्यक्तियों के दल के अलावा कलाम भी थे, डॉ. कलाम को दल का नेतृत्व करने के लिए कहा गया। अन्य चार उनके सहायक सहयोगी थे।

कलाम इस योजना को पूर्ण करने में तन-मन से जुटे रहे। उन दिनों वी.के. कृष्णा मेनन भारत के रक्षा मंत्री थे। उन्होंने 'हावर क्राफ्ट' के विकास में गहरी रुचि ली, जिससे कलाम को प्रेरणा मिली व वे अति उत्साहित हुए। विमानों के विकास की दिशा में यह सकारात्मक प्रयास भारतीय सेना के लिए शुभ संकेत था। जब भी मेनन बंगलोर जाते, वे इस परियोजना से संबंधित जानकारी लेना न भूलते। वह दल के नेता कलाम से मिलते और योजना से संबंधित सभी पहलुओं पर विस्तार से विचार-विमर्श करते। इस प्रकार से कलाम का भी उत्साहवर्द्धन होता व उन्हें प्रेरणा मिलती। उनका अटूट विश्वास था कि इस प्रकार का सार्थक प्रयास भारतीय विमानों के विकास के लिए एक ऐतिहासिक कदम होगा।

उन दिनों भारत विज्ञान व तकनीकी क्षेत्र में इतना विकसित नहीं था। विशेष रूप से विमानों के क्षेत्र में वह अल्प-विकसित था। वैज्ञानिकों के पास सीमित साधन व उपकरण होते थे और उन्हीं से उनको अपना कार्य करना पड़ता था। कुछ लोग इस दल को सनकी कहते थे और कहा करते थे कि ये लोग असंभव कार्य को संभव करने में जुटे हुए हैं।

एक वर्ष के अथक प्रयास से हावर क्राफ्ट का नमूना तैयार हो गया, जिसका नाम भगवान् शिव की सवारी के नाम पर 'नंदी' रखा गया।

अंत में 'नंदी' का सूक्ष्म निरीक्षण किया गया व जो भी थोड़ी बहुत कमी पाई गई, उसे दूर करके परीक्षण उड़ान में जाने के लिए तैयार किया गया। परीक्षण उड़ान में जाने के लिए रक्षा मंत्री कृष्णा मेनन ने अपनी इच्छा व्यक्त की, परंतु सुरक्षा अधिकारी नहीं चाहते थे कि रक्षा मंत्री किसी प्रकार का खतरा मोल लें, पर कलाम, श्री मेनन को वायुसेना की ओर ले गए और यान सफलतापूर्वक हवा में उड़ा।

कृष्णा मेनन भारत की इस विशिष्ट उपलब्धि पर अत्यधिक प्रसन्न हुए। इस

उड़ान के बाद उन्हें यह महसूस हुआ कि भारत भी वायुयान बनाने में सक्षम है और वह अत्यधिक आत्मविश्वास से भर उठे।

उन्होंने कलाम को बधाई देते हुए कहा, ''क्या उपलब्धि है!'' और पुनः कहा, ''मुझे विश्वास है कि भविष्य में तुम इससे भी अधिक कार्यक्षमतावाले वायुयान बनाओगे, पर तुम्हें यह वादा करना होगा कि उसके उड़ान परीक्षण के समय तुम मुझे ले जाओगे। मैं उस अवसर की राह देखूँगा।''

यद्यपि नंदी भारतीय वायुसेना के लिए बनाया गया पहला भारतीय 'हावरक्राफट' था, परंतु दुर्भाग्यवश मंत्रिपरिषद में फेर-बदल हुआ और कृष्णा मेनन रक्षा मंत्री के पद पर और न रह सके। नए बने रक्षा मंत्री ने भारतीय वायुसेना के लिए 'नंदी' को सक्षम नहीं समझा। इस घटना से कलाम अत्यधिक निराश हो गए, उन्हें ऐसा लगा मानो वह किसी पहाड़ी की ऊँचाई से सीधे किसी खाई में जा गिरे हों, साथ ही ऐसा महसूस हुआ मानो उनका शरीर शक्तिविहीन हो गया हो। जो लोग उनकी उपलब्धियों से ईर्ष्या महससू कर रहे थे, वे अत्यंत प्रसन्न हो गए। यह योजना फिर विवाद का विषय बन गई और कुछ समय के लिए इसे स्थगित कर दिया गया। अब्दुल कलाम अत्यधिक निराश हो गए। एक दिन वह उदास मन से बैठे थे कि डॉ. मेदीरत्ता ने उन्हें बुलाकर कहा, ''कल हमारी कार्यशाला में एक अति विशिष्ट अतिथि आनेवाला है। कृपया, देखना कि सब ठीक रहे। अतिथि 'हावर क्राफट' को देखना चाहता है।''

कलाम को अपने कानों पर विश्वास ही नहीं हुआ, वह खुशी से झूम उठे। उन्हें प्रतीत हुआ मानो उनके शरीर में शक्ति का संचार हो गया हो। उन्होंने खुशी से डॉ. मेदीरत्ता को देखा व उन्हें अतिथि के बारे में जानने की इच्छा हुई, परंतु मेदीरत्ता ने उन्हें कुछ भी न बताया व संदिग्ध अवस्था में ही रहने दिया, लेकिन फिर भी कलाम उस व्यक्ति के बारे में ही कल्पना करते रहे।

अगले दिन एक आकर्षक व्यक्तित्व का लंबा-सुडौल शरीरवाला व्यक्ति, जिसकी दाढ़ी करीने से छँटी हुई थी, डॉ. मेदीरत्ता के साथ आया। उसने सहृदयता के साथ कलाम से हाथ मिलाया व दल के अन्य सदस्यों से भी मिला। उसने कहा, ''मुझे तुम्हारे हावर क्राफ्ट को देखकर खुशी होगी। क्या मैं उसे देख सकता हूँ, आप मुझे दिखाने ले चलेंगे?''

''ओह, अवश्य सर! आपका स्वागत है।''

कलाम उसके साथ नंदी की ओर मुड़े। उसने नंदी का सूक्ष्म निरीक्षण किया व उससे संबंधित अनेक प्रश्न किए। प्रश्नों को पूछने के बाद जब वह आश्वस्त हुआ

तो उसने कहा, "क्या मैं इसमें बैठकर इसकी उड़ान देख सकता हूँ?"

कलाम इस अप्रत्याशित सवाल से अचकचा गए, उन्होंने तो सपने में भी न सोचा था कि अब कोई इस विमान में उड़ान के बारे में कहेगा। उनके चेहरे पर प्रसन्नता की ऐसी झलक छलकी कि वह छुपाए नहीं छुप रही थी। वे खुशी से बोले, "अवश्य सर! यह तो अत्यंत प्रसन्नता की बात होगी।"

कलाम और अतिथि 'नंदी' में बैठकर उड़े, पर वह जमीन से कुछ सेंटीमीटर ही ऊपर उड़ सके।

बाद में वह विशिष्ट व्यक्ति अपनी पहचान बताए बिना ही वहाँ से चले गए। कलाम ने उसकी पहचान जानने की अनेक कोशिशें कीं, अटकलें लगाईं, मगर कोई लाभ न हुआ। लगभग एक सप्ताह पश्चात् मुंबई से उनके नाम एक पत्र आया जो कि 'टाटा इंस्टीट्यूट ऑफ फंडामेंटल रिसर्च' के निदेशक प्रोफेसर एम.जी.के. मेनन ने भेजा था। कलाम को अगले आनेवाले सप्ताह में 'भारतीय अंतरिक्ष अनुसंधान संस्थान (इसरो)' में एक साक्षात्कार के लिए बुलाया गया था। इस पत्र को प्राप्त करने के बाद ही कलाम को ज्ञात हुआ कि उनसे मिलने आनेवाले विशिष्ट व्यक्ति कोई और नहीं स्वयं एम.जी.के. मेनन ही थे, जो कलाम को अपना परिचय दिए बिना ही मिले थे।

'इसरो' की स्थापना 'टाटा इंस्टीट्यूट ऑफ फंडामेंटल रिसर्च' की एक सहायक संस्था के रूप में की गई थी।

कलाम ने खुदा का स्मरण किया व साक्षात्कार के लिए पहुँच गए। साक्षात्कार लेनेवालों में विज्ञान जगत् के जाने-माने प्रसिद्ध लोग उपस्थित थे, जिनमें डॉ. विक्रम साराभाई, प्रोफेसर एम.जी.के. मेनन और श्री सर्राफ थे, जो कि उस समय परमाणु ऊर्जा आयोग के उप-सचिव पद पर कार्यरत थे।

जैसे ही कलाम साक्षात्कार के लिए कमरे में पहुँचे, डॉ. विक्रम साराभाई ने खड़े होकर कलाम का अभिवादन किया, श्री सर्राफ भी उसी गर्मजोशी से मिले। कलाम को इस मित्रतापूर्ण स्वागत से आश्चर्य हुआ। इस खुशनुमा वातावरण ने उनकी सारी घबराहट व बेचैनी को दूर कर दिया। साक्षात्कार लेनेवालों में डॉ. साराभाई प्रमुख थे। यह साक्षात्कार सामान्य रूप से होनेवाले साक्षात्कारों से कुछ भिन्न था, क्योंकि इसमें व्यक्ति की योग्यता को न परखकर उसकी दृढता व लगन को परखना था। प्रो. मेनन ने 'नंदी' के बारे में अपने विचार डॉ. साराभाई को पहले ही लिखकर दे दिए थे, व उनका मानना था कि कलाम एक असाधारण बुद्धि के व्यक्ति हैं, जिनमें विज्ञान के गूढ रहस्यों को गहराई से जानने की असीम ललक है।

साक्षात्कार समाप्त होने के पश्चात् तीनों साक्षात्कार लेनेवालों ने कलाम से कहा कि इसका परिणाम दो दिनों में आपको सूचित कर दिया जाएगा। डॉ. विक्रम साराभाई को कलाम की योग्यता पर पूरा विश्वास था। वह इसलिए और अधिक विलंब नहीं करना चाहते थे। अगले दिन ही कलाम को सूचित किया कि 'इसरो' में अभियंता के पद पर उनकी नियुक्ति कर दी गई है और अगले दिन से ही उन्हें पद व कार्य सँभालने के निर्देश दे दिए।

इसरो से जुड़ाव

- 1969 में वह स्थानांतरित होकर इसरो पहुँचे। वह इसरो में जाना अपने कॅरियर का सर्वाधिक महत्त्वपूर्ण कदम मानते थे। वहाँ उनको पहले स्वदेशी सेटेलाइट लॉञ्च व्हीकल (एसएलवी-3) का प्रोजेक्ट डायरेक्टर बनाया गया। उसी प्रोजेक्ट के तहत उनके नेतृत्व में देश ने पृथ्वी की कक्षा के निकट 1980 में रोहिणी उपग्रह का सफल प्रक्षेपण किया।
- अगले दो दशकों में उन्होंने पोलर सेटेलाइट लॉञ्च व्हीकल को विकसित करने का सफल प्रयास किया।

पोखरण परीक्षण

1992-99 के दौरान वे प्रधानमंत्री के मुख्य वैज्ञानिक सलाहकार और डीआरडीओ के सेक्रेटरी रहे। उसी दौरान 1998 में उनके नेतृत्व में पोखरण-2 परमाणु परीक्षण किया गया। उस दौरान वह आर. चिदंबरम के साथ चीफ प्रोजेक्ट कोऑरडिनेटर थे।

राष्ट्रपति

2002 के राष्ट्रपति चुनाव में वे लगभग एक तरफा मुकाबले में लक्ष्मी सहगल को हराकर देश के 11वें राष्ट्रपति बने। वह 2007 तक देश के राष्ट्रपति रहे।

अन्य तथ्य

- वे शुद्ध शकाहारी थे।
- उनका अनोखा हेयरस्टाइल लोगों में लोकप्रिय था।
- वे राष्ट्रपति बनने से पहले भारत रत्न (1997) से सम्मानित होनेवाले

तीसरे व्यक्ति थे। उनसे पहले डॉ. सर्वपल्ली राधाकृष्णन (1954) और डॉ. जाकिर हुसैन (1963) राष्ट्रपति बनने से पहले भारत रत्न से सम्मानित हुए।

- वे राष्ट्रपति बननेवाले पहले अविवाहित और पहले वैज्ञानिक थे।

और यूँ बने मिसाइल मैन

रामेश्वरम की गलियों में पले-बढ़े डॉ. कलाम के बचपन में इच्छा तो पायलट बनने की थी, लेकिन नियति ने उन्हें मिसाइल मैन बना दिया। कलाम एयरफोर्स में भरती होना चाहते थे, लेकिन वहाँ से उन्हें जो निराशा हाथ लगी, वह देश के अंतरिक्ष विज्ञान के लिए वरदान साबित हुई।

डीआरडीओ में अपने वैज्ञानिक कॅरियर की शुरुआत डॉ. कलाम ने एक छोटे हेलीकॉप्टर बनाने की कोशिश से की थी। वैसे बाद में उन्होंने माना कि वे खुद भी इस हेलिकॉप्टर के डिजाइन से संतुष्ट नहीं थे, साथ ही डीआरडीओ में काम के सरकारी माहौल ने उनके वैज्ञानिक उत्साह पर पानी डाल दिया था, लेकिन इसरो में आने के बाद सबकुछ बदल गया। इसरो में एक युवा वैज्ञानिक के तौर पर उन्हें प्रख्यात वैज्ञानिक विक्रम साराभाई की अध्यक्षता में गठित एक समिति का सदस्य बनाया गया। डॉ. कलाम ने बाद में लिखा भी कि जब उनकी इसरो में नियुक्ति हुई और उन्होंने काम करना शुरू किया तो उन्हें अपनी काबिलीयत पर भरोसा हुआ। इसरो को ज्वाइन करने को वह अपने जीवन की सबसे अहम उपलब्धियों में से एक मानते रहे।

वर्ष 1970 से वर्ष 1990 के बीच डॉ. कलाम ने देश की महत्त्वाकांक्षी अंतरिक्ष योजनाओं को दिशा देने में सबसे अहम भूमिका निभाई। इस दौरान ही पोलर सेटेलाइट लॉञ्च व्हीकल (पीएसएलवी) और सेटेलाइट लॉञ्च व्हीकल (एसएलवी) कार्यक्रम को परवान चढ़ाया गया। भारत से अंतरिक्ष में स्थापित किए गए पहले सेटेलाइट लॉञ्च व्हीकल (एसएलवी-तीन) के प्रोजेक्ट निदेशक डॉ. कलाम ही थे। इस दौरान न सिर्फ अंतरिक्ष कार्यक्रम में भारत की पहचान बनी, बल्कि इस तकनीकी का इस्तेमाल देश की रक्षा के लिए करने का रास्ता भी खुल गया। भारत को मिसाइल तकनीकी से लैस करने के लिए डॉ. कलाम ने प्रोजेक्ट डेविल और प्रोजेक्ट वैलियंट की शुरुआत की। कहा जाता है कि तत्कालीन इंदिरा गांधी सरकार तब मिसाइल प्रोजेक्ट को बड़ा फंड देने के लिए बहुत उत्साहित नहीं

थी, लेकिन डॉ. कलाम ने श्रीमती गांधी के सामने जब प्रेजेंटेशन रखा तो वह इसके लिए तैयार हो गईं। मिसाइल प्रोजेक्ट के लिए श्रीमती गांधी ने एक गोपनीय फंड बनाया और इसके कर्ता-धर्ता पूरी तरह से डॉ. कलाम थे। इस फंड की भारत को अंतरिक्ष विज्ञान में आत्मनिर्भर बनाने में काफी अहम भूमिका रही। बाद में जब इंटीग्रेटेड गाइडेड मिसाइल कार्यक्रम (आइजीएमपीडी) बनाया गया तो डॉ. कलाम को इसका चीफ एक्जीक्यूटिव बनाया गया। 'अग्नि' और 'पृथ्वी' जैसे मिसाइल को तैयार करने में भी उनका अहम योगदान रहा, जिसके कारण उन्हें 'मिसाइल मैन' कहा गया। बाद में भारत ने जब पोखरन में दोबारा परमाणु विस्फोट किया तो डॉ. कलाम और आर. चिदंबरम संयुक्त तौर पर इस प्रोजेक्ट के इंचार्ज थे।

विफलता सीखने के प्रयास की कड़ी : डॉ. कलाम

अपनी पहली जीत के बाद सुस्त मत पड़ो, क्योंकि अगर आप दूसरी बार विफल होते हैं, तो कई लोग यह कहने को बेताब होंगे कि आपको पहली जीत किस्मत के कारण मिली थी। यह शब्द पूर्व राष्ट्रपति ए.पी.जे. अब्दुल कलाम के थे, जिन्होंने अपने अंतिम क्षणों तक जीवन को भरपूर अंदाज में जिया।

डॉ. कलाम को एक ऐसे दिलेर राष्ट्रपति के रूप में जाना जाता है, जिन्होंने सुखोई लड़ाकू विमान में उड़ान भरी, पनडुब्बी में सफर किया, दुनिया के सबसे ऊँचे युद्ध के मैदान सियाचिन ग्लेशियर गए और नियंत्रण रेखा पर जाकर सैनिकों से बातचीत की। इसमें वह साहसिक घटना भी शामिल है, जब उनके विमान ने एजोल एयरपोर्ट (मिजोरम) से रात के समय उड़ान भरी तो रनवे को लालटेन और टॉर्च की रोशनी से प्रकाशित किया गया।

यह घटना वर्ष 2005 की है, जब कलाम ने अपनी मिजोरम यात्रा के दौरान सभी अधिकारिक कार्यक्रम पूरे कर लिये। उनका अगली सुबह रवाना होने का कार्यक्रम था, लेकिन कलाम ने रात में ही दिल्ली के लिए उड़ान भरने का निर्णय किया। भारतीय वायुसेना के स्टेशन प्रमुख को बुलाया गया। उन्हें राष्ट्रपति के राष्ट्रीय राजधानी के लिए उड़ान भरने की इच्छा से अवगत कराया गया, लेकिन अफसर ने कहा, एयरपोर्ट पर रात में उड़ान भरने की सुविधा नहीं है। कलाम इससे संतुष्ट नहीं हुए। कहा, अगर आपात स्थिति हो तो क्या होगा, क्या वायु सेना सुबह का इंतजार करेगी ? मुझे उड़ान भरनी है और सभी जरूरी व्यवस्था की जाए। इसके बाद आइएएफ के कमांडर ने तत्काल दिल्ली में अपने वरिष्ठ अधिकारियों

से संपर्क किया, लेकिन उच्च अधिकारियों ने उन्हें 'मिसाइल मैन' के आदेशों का पालन करने का निर्देश दिया। अंतत: कलाम की इच्छा पूरी हुई और वायु सेना कर्मियों ने लालटेन, टॉर्च व मशाल जलाकर रन-वे को रोशन किया, ताकि उड़ान भरी जा सके। कलाम के सहयोगी उनके रात में उड़ान भरने के फैसले से चिंतित थे, क्योंकि एयरपोर्ट पर केवल बुनियादी सुविधा ही उपलब्ध थी। वायुसेना अधिकारी ने कहा कि आप उड़ान तो भर सकते हैं, पर अगर लौटना पड़ा तो परेशानी होगी। रात के करीब नौ बजे राष्ट्रपति के बोइंग विमान ने उड़ान भरी, जिस पर कलाम और उनके साथ 22 लोग थे।

स्मृतियाँ

'1950 में जब मैं छात्र था, तो मद्रास इंस्टीट्यूट ऑफ टेक्नॉलोजी (एमआइटी) में अपनी छात्रवृत्ति को बचाने के लिए मैंने तीन दिन तक लगातार एक प्रोजेक्ट पर काम किया था। एमआइटी में मुझे और मेरे छह सहयोगियों को अध्यापक श्रीनिवासन ने छोटे-मोटे हमले करने में सक्षम एक विमान का डिजाइन तैयार करने का काम सौंपा था। प्रोजेक्ट की समीक्षा के बाद श्रीनिवासन ने कहा था, "कलाम तुमने मुझे निराश किया।" '

'मैंने उनसे प्रोजेक्ट में आनेवाली मुश्किलों का हवाला देते हुए एक माह समय देने का अनुरोध किया था। उस दौरान कंप्यूटर के बिना डाटा को सँजोने में बहुत मुश्किलें आती थीं। श्रीनिवासन ने उन्हें तीन दिन का और समय दिया था, साथ ही यह भी कहा था कि अगर सोमवार की सुबह तक प्रोजेक्ट नहीं मिला तो छात्रवृत्ति रोक दी जाएगी। मेरे लिए वह स्कॉलरशिप बहुत जरूरी थी। मेरे वित्त-पोषण का एक मात्र जरिया था। इसी के सहारे मैं अपनी आगे की पढ़ाई पूरी कर सकता था। मैं उसे किसी भी कीमत पर खोना नहीं चाहता था। छात्रवृत्ति को खोने के डर से मैं और मेरे सहयोगी उस रात नहीं सोए और प्रोजेक्ट में जुटे रहे। अगले दिन और रात खाना भी नहीं खाया। इसके बाद मैंने एक घंटे का ब्रेक लिया। तीसरे दिन रविवार को मेरा प्रोजेक्ट करीब-करीब पूरा होनेवाला था कि मुझे लगा प्रयोगशाला में कोई है। वे प्रोफेसर श्रीनिवासन थे। उन्होंने मेरी पीठ थपथपाई थी और मुझे गले लगा लिया था। फिर मुझे अपने साथ घर ले गए थे और मद्रासी कॉफी पिलाई थी और कहा था, 'मैं जानता हूँ कि मैंने तुम्हें बहुत कम समय में पूरा करने का जटिल काम दिया था। तुमने बहुत अच्छा काम किया।'

मंत्री बनाना चाहते थे अटल बिहारी वाजपेयी

पूर्व प्रधानमंत्री श्री अटल बिहारी वाजपेयी 1998 में डॉ. ए.पी.जे कलाम को मंत्रिमंडल में शामिल करना चाहते थे, लेकिन डॉ. कलाम ने इससे इनकार कर दिया। डॉ. कलाम ने अपनी पुस्तक 'टर्निंग पॉइंट्स : ए जर्नी थ्रू चैलेंजेज' में इस बात का रहस्योद्घाटन किया है। वे उस समय रक्षा अनुसंधान एवं विकास संगठन (डीआरडीओ) के प्रमुख थे। डॉ. कलाम का सपना था कि मंत्रिमंडल में शामिल होने से इनकार करने से वे दो बड़े कार्यक्रमों में योगदान दे सकें और देश लाभान्वित हुआ।

डॉ. कलाम के अनुसार, 15 मार्च, 1998 की मध्य रात्रि को उन्हें मंत्रिमंडल में शामिल होने के लिए वाजपेयीजी का फोन आया। वाजपेयीजी ने उनसे कहा कि वे मंत्रियों की सूची को अंतिम रूप दे रहे हैं और उन्हें मंत्रिमंडल में शामिल करना चाहते हैं। उन्होंने वाजपेयीजी से कहा कि मुझे इस बारे में विचार करने के लिए कुछ समय चाहिए। उन्होंने डॉ. कलाम को अगले दिन सुबह नौ बजे मिलने का कहा। डॉ. कलाम ने उस मध्य रात्रि को अपने कुछ दोस्तों को बुलाया और तड़के करीब तीन बजे तक इस बारे में विचार-विमर्श किया कि उन्हें मंत्रिमंडल में शामिल होना चाहिए या नहीं। आम राय यह थी कि चूँकि वह राष्ट्रीय महत्त्व के दो कार्यक्रमों से जुड़े हैं, इसलिए इन्हें छोड़कर मंत्रिमंडल में शामिल नहीं होना चाहिए।

अगले दिन सुबह वे 7, सफदरगंज रोड गए, जहाँ वाजपेयीजी रहते थे। उन्होंने अटलजी को बताया कि हमारी टीम अग्नि मिसाइल तैयार करने और परमाणु ऊर्जा विभाग के साथ परमाणु कार्यक्रम पर काम कर रही है। यदि मैं इनमें पूर्ण रूप से शामिल रहता हूँ तो देश के लिए अधिक योगदान दे सकूँगा और मुझे इसके लिए अनुमति दी जाए। इस पर वाजपेयी ने कहा कि वह कलाम के विचारों का महत्त्व समझते हैं और उन्हें अपने काम को आगे बढ़ाना चाहिए।

मृत्युदंड के थे खिलाफ

डॉ. कलाम का मानना था कि सभी ईश्वर की कृति हैं और किसी भी आधार पर किसी की जान लेने का हक नहीं है। मृत्युदंड के खिलाफ अपनी यह राय उन्होंने विधि आयोग को भी भेजी थी, जो कि फाँसी की सजा समाप्त करने के बारे में मंथन कर रहा है। उन्होंने अपनी पुस्तक 'टर्निंग पॉइंट' में उन क्षणों का जिक्र किया है, जब राष्ट्रपति के तौर पर उनके सामने मृत्युदंड की सजा पुष्टि के लिए

आती थी। कलाम मानते थे कि मृत्युदंड के बारे में फैसला करते समय अपराधी के पिछले जीवन, उसकी परवरिश व परिवार की पृष्ठभूमि के बारे में भी विचार करना चाहिए।

विज्ञान-दिवस बना दौरा

अपने राष्ट्रपति कार्यकाल के दौरान डॉ. कलाम ने 26 मई, 2005 को स्विट्जरलैंड का चार दिवसीय दौरा किया। यह भारत के किसी राष्ट्र प्रमुख का 30 साल बाद यहाँ का दौरा था। इसके पहले बतौर राष्ट्रपति वी.वी. गिरि स्विट्जरलैंड के आधिकारिक दौरे पर गए थे। स्विट्जरलैंड उनकी प्रतिभा और ख्याति से इतना अभिभूत हुआ कि उसने उनके वहाँ पहुँचने की तारीख यानी 26 मई को देश का विज्ञान-दिवस घोषित कर दिया। तब से हर साल यह देश इस दिन विज्ञान-दिवस के रूप में मनाता है।

आतंक से निपटने का दिया मंत्र

डॉ. अब्दुल कलाम ने आतंकवाद के खिलाफ 'न कभी भूलो और न कभी माफ करो' की रणनीति अपनाने की सलाह दी थी। आतंकी हमलों से निपटने के लिए उन्होंने एक ऐसी राष्ट्रीय खुफिया एजेंसी की वकालत की थी, जिस पर सभी एजेंसियों से सूचनाएँ जुटाने, विश्लेषण करने तथा आतंकी हमलों की पूर्व सूचना देने की जिम्मेदारी हो। 25 जनवरी, 2013 को रॉ के संस्थापक प्रमुख आर.एन. काव की याद में दिए व्याख्यान में कहा था कि आतंकवाद से निपटने के लिए भारत को अमेरिका और इजरायल की 'कभी न भूलो और कभी न माफ करो' की नीति अपनानी चाहिए। यही नहीं, उन्होंने इसके लिए इन तीन देशों को मिलकर काम करने की सलाह भी दी थी।

उन्होंने कहा था कि भारत अपने अनुभव से सीख सकता है। लक्षित व सुव्यवस्थित अभियानों के लिए उपयुक्त तकनीक और उपकरणों को अपना सकता है। आतंकवाद से निपटने के लिए कलाम ने भारतीय खुफिया नाम से नई सेवा प्रारंभ करने की सलाह भी सरकार को दी थी। उन्होंने कहा था, 'एक व्यक्ति के नेतृत्व में खुफिया एजेंसियों की जवाबदेही स्पष्ट रूप से तय की जानी चाहिए, साथ ही प्रत्येक जासूस से प्राप्त ब्योरे को एकत्रकर उनसे काररवाई लायक एकीकृत विचार विकसित करने के लिए सूचना प्रौद्योगिकी एवं नेटवर्क एंटरप्राइज साल्यूशंस

का उपयोग किया जाना चाहिए। एजेंसियों को घटना के बाद हरकत में आने के बजाय घटना का पहले से पता लगाने और उसे न होने देने की प्रवृत्ति विकसित करनी होगी।'

राष्ट्रपति के रूप में डॉ. कलाम का चर्चित होना

अपने कार्यकाल के दौरान कलाम दो बार अपने फैसलों को लेकर चर्चित रहे। पहले जब उन्होंने रूस यात्रा के दौरान केंद्रीय मंत्रिमंडल की सलाह पर बिहार विधानसभा को भंग किया। इस पर हुए विवाद के बाद वह राष्ट्रपति पद से इस्तीफा तक देने को तैयार थे।

दूसरे तब, जब कलाम ने लाभ के पद का विधेयक संसद् को वापस लौटा दिया था। कलाम के इस फैसले को लेकर भी काफी आलोचना हुई। इस बिल पर हस्ताक्षर करने से इनकार करने की वजह से ही प्रधानमंत्री ने एक संयुक्त संसद्ीय समिति गठित की।

राजनीतिक गठजोड़ से परे

साल 2007 में जब राष्ट्रपति का कार्यकाल समाप्त होने को था तो दूसरी बार राष्ट्रपति चुनाव लड़ने का प्रस्ताव आने पर उन्होंने स्पष्ट कर दिया कि यदि उन्हें सर्वसम्मति से बिना चुनाव लड़े राष्ट्रपति बनाया जाए, तभी वह इसके लिए तैयार होंगे।

बेहद सादा जीवन

एक बार कलाम के भाई राष्ट्रपति भवन में उनसे मिलने आए। उस वक्त उनकी उम्र करीब 91 साल की थी। उनके पैरों में भी तकलीफ थी, लेकिन कलाम ने उनके लिए एक बार भी सरकारी गाड़ी का इस्तेमाल नहीं किया। उनके भाई अजमेर शरीफ भी गए, लेकिन डॉ. कलाम का स्पष्ट निर्देश था, किसी को नहीं बताना कि वे उनके भाई हैं।

झूला ठीक करवाया

उनके निजी सचिव रहे पीएम नायर ने अपनी पुस्तक 'द कलाम इफैक्ट : माई ईयर्स विद प्रेसिडेंट' में लिखा है कि एक बार आगरा की एक लड़की ने उन्हें खत

लिखा। उसने बताया कि एक पार्क, जहाँ वह खेलती है, वहाँ का झूला खराब है। उन्होंने तुरंत जिला कलेक्टर को फोन करवाकर उसे ठीक करा दिया।

मानवीय चेहरा

राष्ट्रपति रहते रमजान के वक्त कलाम ने एक बार कंबल और गरम बनियानें खरीदीं और कुछ खाने-पीने का सामान लिया। इन सभी चीजों को एक अनाथ आश्रम में जाकर दान कर दिया। डॉ. कलाम ने अलग से एक लाख रुपए भी दिए। एक बार नायर की पत्नी सड़क हादसे में घायल हो गई। वह राष्ट्रपति कलाम से मिलकर उन्हें बधाई देना चाहती थीं। नायर ने उन्हें जब यह बताया तो कलाम खुद उनके घर पहुँच गए।

कर्मयोगी, भविष्यद्रष्टा, भारत रत्न डॉ. कलाम

(दिनांक 28 जुलाई, 2015 को श्री राज किशोर, दैनिक जागरण, पटना द्वारा प्रकाशित आलेख)

'जीवन एक जटिल खेल है। इनसान बने रहकर आप इसे जीत सकते हैं।' यह मूल दर्शन था उस कर्मयोगी और भविष्यद्रष्टा डॉ. कलाम का। पैर जमीन पर, लेकिन सपने आसमान से भी ऊँचे। वैज्ञानिक थे, लिहाजा कोरी आशावादिता या बड़बोले भाषण तक ही वे सीमित नहीं थे। सपनों को पूरा करने की एक ठोस सोच और रोडमैप के साथ वह अवाम के बीच आए। 21वीं शताब्दी के भारत के पहले और वैसे 11वें राष्ट्रपति डॉ. ए.पी.जे. अब्दुल कलाम ने नई सदी के भारत की सोच को 'अग्नि की उड़ान' दी। बच्चों और युवाओं के 'तेजस्वी मन' में कुछ कर गुजरने का जज्बा भरा। 'विजन 2020' से लेकर शहरी सुविधाओं को गाँवों तक पहुँचाने के उनके 'पुरा' दर्शन ने भारतीय सत्ता-प्रतिष्ठान को एक नई दृष्टि प्रदान की।

भारत रत्न डॉ. अब्दुल कलाम देश के पहले राष्ट्रपति थे, जो राष्ट्रपति भवन या महामहिम के भारी-भरकम प्रोटोकॉल से बाहर निकले। सही मायनों में वे हिंदुस्तान के लोगों के राष्ट्रपति थे। बच्चों के बीच ऐसा क्रेज बालीवुड या क्रिकेट के किसी स्टार का भी हिंदुस्तान में शायद रहा हो, जैसी कि उन्होंने बाल मन में पैठ बनाई थी। देश के राष्ट्रपति बने डॉ. कलाम प्रथम नागरिक बनने से पहले भी न सिर्फ देश, बल्कि दुनिया में भी भारत का सबसे जाना-पहचाना चेहरा थे। उनकी वैज्ञानिक उपलब्धियों ने देश को न सिर्फ ताकतवर बनाया, बल्कि विश्वस्तर

पर गौरव भी दिलाया। रक्षा अनुसंधान और विकास संगठन (डीआरडीओ) जैसे शीर्ष वैज्ञानिक संस्थानों के मुखिया के तौर पर उन्होंने सेवाएँ दीं। इसके बाद अग्नि और पृथ्वी मिसाइलों को ईजाद कर 'मिसाइल मैन' की उपाधि से दुनिया भर में जाने गए।

भारतीय सामरिक शक्ति और प्रतिरोधक क्षमता को बढ़ाने की उनकी उपलब्धियाँ अतुलनीय रहीं। जिस पोखरण-दो परमाणु विस्फोट पर भाजपा या राजग के नेता अपनी पीठ थपथपाते नहीं थकते, उसके असली दिग्दर्शक डॉ. कलाम ही थे। पूर्व प्रधानमंत्री अटल बिहारी वाजपेयी के वैज्ञानिक सलाहकार के रूप में उनके नेतृत्व में ही इस विस्फोट को अंजाम दिया गया, जिसकी गूँज पूरी दुनिया में सुनाई दी। खास बात यह है कि पोखरण विस्फोट की गुपचुप तैयारियों के बीच वह कर्नल रैंक की ड्रेस में काम करते रहे। विधि का विधान देखिए कि बाद में वह तीनों सेनाओं के सुप्रीम कमांडर बने।

मिसाइल मैन या पोखरण-दो के नायक रहे डॉ. कलाम के जीवन का बिल्कुल उलटा पहलू था उनकी कला और संगीत के प्रति अभिरुचि और उसमें पारंगत होना भी। वैज्ञानिक प्रयोगों में तल्लीन डॉ. कलाम के हाथ रुद्र वीणा पर भी देखते बनते थे। वे स्वर-लहरियाँ जैसे उनके अंतस से निकलती थीं। कलाम का जीवन सिर्फ वैज्ञानिक प्रयोगों तक ही सीमित नहीं रहा। उन्होंने सामाजिक जीवन को उच्च स्तर पर उठाने के लिए अपना पूरा जीवन समर्पित कर दिया। दुनिया की सबसे संहारक मिसाइल बनानेवाले इस दिमाग ने हृदय रोगियों के जीवन बचानेवाला एक विशिष्ट स्टेन बनाने का काम भी किया। इसी तरह कृत्रिम पैर बनाने के लिए हलकी और मजबूत धातु ईजाद करने में भी उन्होंने अहम भूमिका निभाई।

देश-दुनिया में अपने समय में सबसे ज्यादा लोकप्रिय रहे डॉ. कलाम की सबसे कमजोर नब्ज शायद सियासत ही थी। भारत के भविष्य निर्माण के लिए हर समय तत्पर रहनेवाला यह महामानव सियासत के पेंचदार गलियारों में कभी सहज नहीं रहा। चाहे 2004 में सोनिया गांधी के दावे और विदेशी मूल का मुद्दा हो या फिर 2005 में रूस यात्रा के दौरान बिहार विधानसभा भंग कराने का मुद्दा हो, इस दौरान यह मिसाइल मैन भी थोड़ा लड़खड़ाया। हालाँकि, बात जहाँ सार्वजनिक जीवन में शुचिता की आई तो उनके आदर्श कभी नहीं डिगे। लाभ के पद विधेयक पर सरकार से सफाई माँगने में उन्होंने जरा भी हिचक नहीं दिखाई।

डॉ. कलाम का पूरा जीवन राष्ट्र और लोगों के प्रति ही समर्पित रहा। राष्ट्रपति भवन छोड़ने के बाद भी वह जीवन भर निभाई गई गरिमा और कर्तव्यपरायणता के

साथ ही जीते आए। पूरा जीवन वह सीखे और सिखाते रहे। दक्षिण के रामेश्वरम में जनमे कलाम संस्कृत के श्लोकों से लेकर उर्दू की आयतों तक से न सिर्फ सीखते रहे, बल्कि अपने जीवन में उतारते रहे। जीवन भर उन्होंने जो समाज या देश से लिया, उससे ज्यादा लौटाने की कोशिश की। अंत तक वह शिक्षक और पथप्रदर्शक के रूप में ही जिए। उत्तर-पूर्व के शिलाँग में जब उन्होंने आखिरी साँस ली तो भी वह काम पर ही थे। वह आई.आई.एम. में धरती को रहने योग्य गृह बनाने के विषय पर संभाषण देने गए थे। जाते-जाते भी अच्छी और सुंदर धरती का संदेश देकर गए कलाम भले ही दुनिया को अलविदा कह गए, लेकिन भारतीयों के दिलो-दिमाग पर उनकी अमिट छाप शायद ही कभी धुँधली पड़े।

कलाम की कहानी गुलजार की जुबानी

(संदर्भ—दैनिक भास्कर, पटना दिनांक 28 जुलाई, 2015)

मैं शहर रामेश्वरम के एक मिडिल क्लास तमिल खानदान में पैदा हुआ। मेरे अब्बा जैनुलाब्दीन के पास न तालीम थी, न दौलत, लेकिन इन मजबूरियों के बावजूद एक दानाई थी उनके पास और वह था हौसला और मेरी माँ आशिअम्मा भी मददगार। उनकी कई औलादों में मैं भी था।...

...एक छोटे से कदवाला मामूली-सूरत सा लड़का। अपने पुश्तैनी मकान में रहते थे हम, जो कभी 19वीं सदी में बना था। काफी वशी व पक्का मकान था, रामेश्वरम की मसजिद स्ट्रीट में। मेरे अब्बा हर तरह के ऐशो-आराम से दूर रहते थे, मगर जरूरियात की तमाम चीजें मुइअसत थीं। सच तो यह है कि मेरा बचपन बड़ा महफूज था, मादी तौर पर भी और जज्बाती तौर पर भी, मटेरियली एंड इमोशनली।

...रामेश्वरम का मशहूर मंदिर हमारे घर से सिर्फ 10 मिनट की दूरी पर था। हमारे इलाके में ज्यादा आबादी मुसलमानों की थी, फिर भी काफी हिंदू घराने थे, जो बड़े इत्तफाक से पड़ोस में रहते थे। हमारे इलाके में एक बड़ी पुरानी मसजिद थी, जहाँ मेरे अब्बा मुझे हर शाम नमाज पढ़ने के लिए ले जाया करते थे। रामेश्वरम मंदिर के बड़े पुरोहित लक्ष्मण शास्त्री मेरे अब्बा के पक्के दोस्त थे। मेरे बचपन की यादों में आँकी हुई एक याद यह भी थी कि अपने-अपने रवायती लिबास में बैठे हुए थे वे दोनों कैसे रूहानी मसलों पर देर-देर तक बातें करते रहते थे। मेरे अब्बा मुश्किल-से-मुश्किल रूहानी मामलों को तमिल की आम-जबान में बयान कर दिया करते थे। एक बार मुझसे कहा था—जब आफत आए तो आफत की वजह

समझने की कोशिश करो, मुश्किलें हमेशा खुद को परखने का मौका देती हैं।'''

'''मैंने हमेशा अपनी साइंस और टेक्नॉलोजी में अब्बा के उसूलों पर चलने की कोशिश की है। मैं इस बात पर यकीन रखता हूँ कि हमसे ऊपर भी एक आला ताकत है, एक महान् शक्ति है, जो हमें मुसीबत, मायूसी और नाकामी से निकालकर सच्चाई के मुकाम तक पहुँचाती है। मैं करीब छह बरस का था, जब अब्बा ने एक लकड़ी की कश्ती बनाने का फैसला किया, जिसमें वे यात्रियों को रामेश्वरम से धनुषकोड़ी का दौरा करा सकें, ले जाएँ और वापस ले आएँ। वे समुंदर के साहिल पर लकड़ियाँ बिछाकर कश्ती का काम किया करते थे, एक और हमारे रिश्तेदार के साथ, उनका नाम था, अहमद जलालुद्दीन, बाद में उनका निकाह मेरी आपा जोहरा के साथ हुआ। अहमद जलालुद्दीन हालाँकि मुझसे 15 साल बड़े थे, फिर भी हमारी दोस्ती आपस में जम गई थी। हम दोनों हर शाम लंबी सैर को निकल जाया करते थे। मसजिद गली से निकलकर हमारा पहला पड़ाव शिव मंदिर हुआ करता था, जिसके इर्द-गिर्द हम उतनी ही श्रद्धा से परिक्रमा करते थे, जिस श्रद्धा से बाहर से आए हुए यात्री। जलालुद्दीन ज्यादा पढ़-लिख नहीं सके। उनके घर के हालात की वजह से, लेकिन मैं जिस जमाने की बात कर रहा हूँ, उन दिनों हमारे इलाके में सिर्फ वही एक शख्स था, जो अंग्रेजी लिखना जानता था। जलालुद्दीन हमेशा तालीमयाफ्ता, पढ़े-लिखे लोगों के बारे में बातें करते थे। साइंस की ईजाद, मेडिसन और उस वक्त के लिटरेचर का जिक्र किया करते थे। एक और शख्स, जिसने बचपन में मुझे बहुत मुतास्सिर किया, वह मेरा कजिन था, मेरा चचेरा भाई शमशुद्दीन। उसके पास रामेश्वरम में अखबारों का ठेका था और सब काम अकेले ही किया करता था। हर सुबह अखबार रामेश्वरम रेलवे स्टेशन पर ट्रेन से पहुँचता था। सन् 1939 में दूसरी आलमगीर जंग शुरू हुई, सेकंड वर्ल्ड वॉर। उस वक्त मैं आठ साल का था। हिंदुस्तान को इत्तहादी फौजों के साथ शामिल होना पड़ा और एक इमरजेंसी के से हालात पैदा हो गए थे। सबसे पहली दुर्घटना यह हुई कि रामेश्वरम स्टेशन पर आनेवाली ट्रेन का रुकना कैंसिल कर दिया गया और अखबारों का गट्ठा अब रामेश्वरम और धनुषकोडी के बीच से गुरजनेवाली सड़क पर चलती ट्रेन से फेंक दिया जाता था। शमशुद्दीन को मजबूरन, एक मददगार रखना पड़ा, जो अखबारों के गट्ठे सड़क से जमा कर सके। वह मौका मुझे मिला और शमशुद्दीन मेरी पहली आमदनी की वजह बना।'''

'''हर बच्चा, जो पैदा होता है, वह कुछ समाजी और आर्थिक हालात से जरूर असरअंदाज होता है और कुछ अपने जज्बाती माहौल से भी। उसी तरह

उसकी तरबियत होती है। मुझे दयानतदारी और सेल्फडिसीप्लिन अपने अब्बा से विरासत में मिला था और माँ से अच्छाई पर यकीन करना और रहमदिली, लेकिन जलालुद्दीन और शमशुद्दीन की सोहबत से जो असर मुझ पर पड़ा, सिर्फ मेरा बचपन ही महज अलग नहीं हुआ, बल्कि आइंदा जिंदगी पर भी उसका बहुत बड़ा असर पड़ा।...

...अग्नि की परवाज 20 अप्रैल, 1999 तय पाई थी। लॉञ्च की तमाम तैयारियाँ मुकम्मल हो चुकी थीं और हिफाजत के लिए यह फैसला किया गया था कि लॉञ्च के वक्त आसपास के तमाम गाँव खाली करा लिये जाएँ। अखबारात और दूसरे मीडिया ने इस बात को बहुत उछाला। 20 अप्रैल पहुँचते-पहुँचते तमाम मुल्क की नजरें हम पर टिकी हुई थीं। दूसरे मुल्कों का दबाव बढ़ रहा था। हम इस तजुर्बे को मुल्तवी कर दें या खारिज कर दें, लेकिन सरकार मजबूत दीवार की तरह हमारे पीछे खड़ी थी और किसी तरह हमें पीछे नहीं हटने दिया। परवाज से सिर्फ 14 सेकंड पहले हमें कंप्यूटर ने रुकने को इशारा किया। किसी एक पुरजे में कोई खामी थी। वह फौरन ठीक कर दी गई, लेकिन उसी वक्त डाउन रेंज स्टेशन ने रुकने का हुक्म दिया। चंद सेकंड्स में कई रुकावटें सामने आ गईं और परवाज मुल्तवी कर दी गई। अखबारात ने आस्तीनें चढ़ा लीं। हर बयान में अपनी-अपनी तरह के वजूहात निकाल लिये।...

...एक कार्टून में दिखाया गया कि साइंसदान कह रहा है, 'सब ठीक था, सिर्फ स्विच बटन नहीं चला। एक कार्टून में एक नेता रिपोर्टर को समझा रहा है, 'डरने की कोई बात नहीं। यह बड़ी अमन पसंद अहिंसावाद की मिसाइल है, इससे कोई मरेगा नहीं।' फिर भी करीब 10 रोज दिन-रात काम चला, मिसाइल की दुरुस्ती में और आखिरकार साइंसदानों ने नई तारीख तय की अग्नि की परवाज के लिए, मगर फिर वही हुआ। 10 सेकंड पहले कंप्यूटर ने रुकावट का इशारा किया। पता चला कि एक पुर्जा काम नहीं कर रहा है। परवाज फिर मुल्तवी कर दी गई।...

...ऐसी बात किसी भी साइंसी तजुर्बे में हो जाना आम बात है। गैर-मुल्कों में भी बहुत बार होता है, लेकिन उम्मीद से भरी हुई कौम हमारी मुश्किलें समझने को तैयार नहीं थी। एक कार्टून छपा, जिसमें एक देहाती नोट गिनते हुए कह रहा था, 'मिसाइल के वक्त गाँव से हट जाने का मुआवजा मिला है। दो-चार बार और यह तर्जुबा मुल्तवी हुआ तो मैं पक्का घर बनवा लूँगा।' अमूल बटरवालों ने अपने होर्डिंग पर लिखा, 'अग्नि को ईंधन के लिए हमारे बटर की जरूरत है।' अग्नि की मरम्मत का काम जारी रहा। आखिरकार फिर 22 मई की तारीख अग्नि की परवाज

के लिए तय पाई गई।...

...अगले दिन सुबह सात बजकर 10 मिनट पर अग्नि लॉञ्च हुई। कदम-कदम सही निकला। मिसाइल ने जैसे टेक्स्ट बुक याद कर ली हो। जैसे सबक याद कर लिया हो। हर सवाल का सही जवाब मिल रहा था। लगता था, एक लंबे खौफनाक ख्वाब के बाद एक खूबसूरत सुबह ने आँख खोली है। पाँच साल की मुशक्कत के बाद हम इस लॉञ्च पैड पर पहुँचे थे। इसके पीछे पाँच लंबे सालों की नाकामयाबी, कोशिशें और इम्तेहान खड़े थे। इस कोशिश को रोक देने के लिए हिंदुस्तान ने हर तरह के दबाव बरदाश्त किए थे, लेकिन हमने कर दिखाया, जो करना था। वह मेरी जिंदगी का सबसे कीमती लम्हा था, वे मुट्ठी भर सेकंड, छह सौ सेकंड की वह परवाज, जिसने हमारी बरसों की थकान दूर कर दी, बरसों की मेहनत को कामयाबी का तिलक लगाया।...

...उस रात मैंने अपनी डायरी में लिखा, 'अग्नि को इस नजर से मत देखो, यह सिर्फ ऊपर उठने का साधन नहीं है, न शक्ति की नुमाइश है, अग्नि एक लौ है, जो हर हिंदुस्तानी के दिल में जल रही है। इसे मिसाइल मत समझो, यह कौम के माथे पर चमकता हुआ आग का सुनहरी तिल है।'

...1990 के रिपब्लिक डे पर देश ने मिसाइल प्रोग्राम की कामयाबी का जश्न मनाया। मुझे पद्म विभूषण से नवाजा गया। दस साल पहले पद्म भूषण की यादें एक बार फिर हरी हो गईं। रहन-सहन मेरा अब भी वैसा ही था, जैसा तब था। दस बाई बारह का एक कमरा पुस्तकों से भरा हुआ और कुछ जरूरत का फर्नीचर, जो किराए पर लिया था। फर्क इतना ही था कि तब यह कमरा त्रिवेंद्रम में, अब हैदराबाद में।...

...मैं जानता हूँ कि बहुत से साइंसदान और इंजीनियर मौका मिलते ही वतन छोड़ जाते हैं, दूसरे मुल्कों में चले जाते हैं; ज्यादा रुपया कमाने के लिए, ज्यादा आमदनी के लिए, लेकिन वह आदर, मोहब्बत और इज्जत क्या कमा सकते हैं, जो उन्हें अपने वतन से मिलती है ?...

...15 अक्तूबर, 1991 को मैं 60 साल का हो गया। मुझे अपने रिटायरमेंट का इंतजार था। चाहता था कि गरीब बच्चों के लिए स्कूल खोलूँ। ये वे दिन थे, जब मैंने सोचा कि अपनी जिंदगी के तजुर्बे और वे तमाम बातें कलमबंद करूँ, जो दूसरों के काम आ सकें। एक तरह से अपनी जीवनी लिखूँ। मेरे खयाल में मेरे वतन के नौजवानों को एक साफ नजरिए और दिशा की जरूरत है। तभी यह इरादा किया कि मैं उन तमाम लोगों का जिक्र करूँ, जिनकी बदौलत मैं यह बन सका, जो

मैं हूँ। मकसद यह नहीं था कि मैं बड़े-बड़े लोगों का नाम लूँ, बल्कि यह बताना था कि कोई शख्स कितना भी छोटा क्यों न हो, उसे हौसला नहीं छोड़ना चाहिए। मसले, मुश्किलें जिंदगी का हिस्सा है और तकलीफें कामयाबी की सच्चाइयाँ हैं।

...काश! हर हिंदुस्तानी के दिल में जलती हुई लौ को पर लग जाएँ और उस लौ की परवाज से सारा आसमान रोशन हो जाए।

कैसे दूर होगा भ्रष्टाचार

सार्वजनिक जीवन में भ्रष्टाचार उन्मूलन के लिए एक व्यापक आंदोलन जरूरी है। यह घर और विद्यालय से ही प्रारंभ करना होगा। माता, पिता और प्राथमिक विद्यालय के शिक्षक। यदि यह तीनों बच्चों को सच्चाई और ईमानदारी का पाठ पढ़ाते हैं तो इसके बाद जीवन में शायद ही कोई इनको डिगा पाए। अतः हर घर में इस तरह के आंदोलन की आवश्यकता है, जो सार्वजनिक जीवन में भ्रष्टाचार को खत्म कर सके।

सुरक्षा की चिंता नहीं

एक बार 400 बच्चों को संबोधित कर रहे थे। बिजली चली गई। वह उनके बीच में पहुँच गए। बच्चों से घेरकर बैठने को कहा। फिर उन्हें संबोधित किया।

कमाई भी दान दी

सरकार राष्ट्रपति और पूर्व राष्ट्रपतियों के खर्चे उठाती है। यह पता चलते ही उन्होंने अपनी पूरी संपत्ति और जिंदगी भर की बचत अपने बनाए एक ट्रस्ट को दान कर दी। डॉ. वर्गीस कुरियन से कहा—अब मैं राष्ट्रपति बन गया हूँ। मैं अपनी बचत और वेतन का क्या करूँ?

इंदिरा गांधी से किया अपना वादा निभाया

पूर्व राष्ट्रपति और मिसाइल मैन डॉ. ए.पी.जे. अब्दुल कलाम आज हमारे बीच नहीं हैं, लेकिन आज देश मिसाइल तकनीक और परमाणु कार्यक्रम में आत्मनिर्भर है। इस उपलब्धि का श्रेय डॉ. कलाम को जाता है, लेकिन खुद डॉ. कलाम इन उपलब्धियों के लिए देश के कई प्रधानमंत्रियों एवं मुख्यमंत्रियों की दूरदृष्टि को मानते थे। डॉ. कलाम ने माना कि यदि इंदिरा गांधी और बीजू पटनायक

जैसे नेताओं की सोच नहीं होती तो आज देश के पास पाँच हजार किलोमीटर दूर तक मार करनेवाली 'अग्नि-5' जैसी मिसाइल नहीं होती।

डॉ. कलाम ने अपनी पुस्तक 'टर्निंग पॉइंट' में इसका श्रेय तीन पूर्व प्रधानमंत्रियों—श्रीमती इंदिरा गांधी, पीवी नरसिम्हा राव, अटल बिहारी वाजपेयी और ओडिशा के पूर्व मुख्यमंत्री बीजू पटनायक को दिया है। डॉ. कलाम ने अपने संस्मरण में जिक्र किया है कि किस प्रकार 'अग्नि-5' जैसी मिसाइल की परिकल्पना साकार हुई थी। 1983 में कैबिनेट ने 400 करोड़ की लागतवाला एकीकृत मिसाइल कार्यक्रम स्वीकृत किया। 1984 में तत्कालीन प्रधानमंत्री इंदिरा गांधी डीआरडीएल लैब हैदराबाद में आई। मैं उन्हें प्रजेंटेशन दे रहा था। सामने विश्व का नक्शा टँगा था। अचानक इंदिराजी ने कहा, 'कलाम, पूरब की तरह यह स्थान देखो (उन्होंने एक जगह पर हाथ रखा)। यहाँ तक मार करनेवाली मिसाइल कब बना सकते हो? जिस स्थान पर उन्होंने हाथ रखा था, वह भारतीय सीमा से पाँच हजार किलोमीटर दूर चीन का एक स्थान था।

डॉ. कलाम लिखते हैं, 1993 में बीजू पटनायक तब ओडिशा के मुख्यमंत्री थे। हमें ओडिशा के तट पर व्हीलर द्वीप सहित चार और द्वीप मिसाइल परीक्षण के लिए चाहिए थे। फाइल राज्य सरकार के पास थी। मैं पटनायक से मिलने पहुँचा। उन्होंने कहा, "कलाम मैं पाँचों द्वीप बिना कीमत के डीआरडीओ को देने को तैयार हूँ। लेकिन एक वादा मुझसे करना होगा।" मैंने पूछा क्या? पटनायक ने कहा, "मुझे चीन यात्रा का निमंत्रण मिला है, लेकिन मैं तभी जाऊँगा, जब तुम मुझसे वादा करो कि एक ऐसी मिसाइल बनाओगे, जो चीन तक अटैक करे।" मैंने उन्हें आश्वस्त किया कि इस पर कार्य करेंगे।

डॉ. कलाम लिखते हैं कि किस प्रकार पोखरण परमाणु परीक्षण सफल हो सका। परीक्षण करना भी हमारे देश के दो अलग-अलग दलों के प्रधानमंत्रियों की दूरदर्शिता और मिला-जुला प्रयास था। मई 1996 में रात नौ बजे मुझे पीएम हाउस से फोन आया कि नरसिम्हा राव तुरंत मिलना चाहते हैं। दो दिन बाद आम चुनावों के रिजल्ट आनेवाले थे। नरसिम्हा राव ने मुझसे कहा, 'कलाम, उम्मीद के मुताबिक रिजल्ट नहीं आ रहे हैं। हम सत्ता से जा रहे हैं। इसलिए परमाणु परीक्षण की तैयारी करो।' मेरी टीम कार्य में जुट गई। दो दिन के बाद रिजल्ट आ गए। अटल बिहारी वाजपेयी प्रधानमंत्री घोषित हो गए। मुझे बताया गया कि तत्काल वाजपेयी से मिलना है। निवर्तमान प्रधानमंत्री नरसिम्हा राव स्वयं मुझे उनसे मिलाने ले गए। एक प्रधानमंत्री का कार्यकाल पूरा हो चुका था और दूसरा कार्यकाल सँभालनेवाले

थे। राव ने मुझसे कहा कि परमाणु परीक्षण की तैयारियों के बारे में बताओ, यह बेहद जरूरी कार्य है। उन्होंने वाजपेयी से कहा कि मैं वह कार्य करना चाहता था, लेकिन नहीं कर पाया। अब आप इसे करें। यह दोनों प्रधानमंत्रियों के प्रयासों का ही नतीजा था कि 1998 में मुझे परमाणु परीक्षण करने का आदेश मिला।

परिवार का खर्च खुद उठाया

बात मई 2006 की है। राष्ट्रपति कलाम का परिवार उनसे मिलने दिल्ली पहुँचा। परिवार में कुल 52 लोग थे। इसमें उनके बड़े भाई से लेकर डेढ़ साल की पड़पोती तक शामिल थी। पूरा परिवार आठ दिन तक राष्ट्रपति भवन में रुका।

कलाम ने इन आठ दिनों में एक-एक पैसे का हिसाब रखा। परिवार के वापस लौटने के बाद कलाम ने अपने अकाउंट से तीन लाख बावन हजार रुपए का चेक राष्ट्रपति कार्यालय को भेजा। उस समय यह बात किसी को पता नहीं थी। बाद में इस बात का खुलासा उनके सचिव नायर ने अपनी पुस्तक में किया।

बच्चों को दिए पार्टी के पैसे

यह दिलचस्प घटना नवंबर 2002 की है। राष्ट्रपति भवन के आतिथ्य विभाग के हेड ने राष्ट्रपति कलाम के पूछे जाने पर उन्हें बताया कि इफ्तार पार्टी में मोटे तौर पर ढाई लाख रुपए का खर्च आता है। बस फिर क्या था, कलाम ने यह सारा पैसा अनाथालयों को देने का फैसला किया। उन्होंने सचिव से कहा कि आप अनाथालयों को चुनें और सुनिश्चित करें कि पैसा बरबाद न जाए। उन्होंने सचिव से कहा कि अनाथालयों को दिया गया पैसा तो सरकार का है। इसमें मेरा कोई योगदान नहीं है। बाद में कलाम ने एक लाख का चेक अलग से भी दिया।

कुदरत भी उन पर मेहरबान

15 अगस्त, 2003 को राष्ट्रपति कलाम ने स्वतंत्रता दिवस के मौके पर शाम को राष्ट्रपति भवन के लॉन में हमेशा की तरह एक चाय पार्टी का आयोजन किया। दोपहर में राष्ट्रपति के सचिव ने कहा कि बारिश में 3000 मेहमानों का स्वागत खुले में कैसे किया जा सकेगा? परेशान सचिव नायर दरवाजे तक ही पहुँचे थे कि कलाम ने उन्हें पुकारा और आसमान की ओर देखते हुए कहा, "आप परेशान न हों, मैंने ऊपर बात कर ली है।" ठीक 2 बजे बारिश थम गई। कार्यक्रम विधिवत् रूप से

हो गया। उसके खत्म होते ही झमाझम बारिश शुरू हो गई। एक अंग्रेजी पत्रिका के अगले अंक में एक लेख छपा, कुदरत भी कलाम पर मेहरबान।

मुशर्रफ को दिया 26 मिनट का लेक्चर

जब साल 2005 में जनरल परवेज मुशर्रफ भारत आए तो वे तत्कालीन प्रधानमंत्री मनमोहन सिंह के साथ-साथ राष्ट्रपति डॉ. ए.पी.जे अब्दुल कलाम से भी मिले। यह दिलचस्प मुलाकात 30 मिनट की थी और मुशर्रफ कुछ बोलते, इससे पहले ही कलाम साहब ने बोलना शुरू कर दिया। उन्होंने मुशर्रफ से कहा कि पाकिस्तान में भी भारत की तरह ग्रामीण इलाके होंगे। उनके विकास के लिए, संभव हो तो जरूर कुछ किया जाना चाहिए। मुशर्रफ भला हाँ के अलावा क्या कहते। इस तरह उन्होंने अपनी बात की शुरुआत विकास के मुद्दे से शुरू की। कलाम ने मुशर्रफ से कहा कि वे संक्षेप में सबकुछ बताते हैं। उनका अगला वाक्य था 'प्रोवाइडिंग अर्बन एमेनिटीज टू रूरल एरियाज।' फिर क्या था, कलाम के ठीक पीछे लगी बड़ी स्क्रीन में कुछ हरकत हुई और अगले 26 मिनट तक प्रोफेसर कलाम का लेक्चर चलता रहा। उन्होंने बताया कि दोनों देश अगले 20 वर्षों में विकास में कहाँ तक पहुँच सकते हैं और आखिर में मुशर्रफ ने कुछ यों कहा, "धन्यवाद राष्ट्रपति महोदय, भारत भाग्यशाली है कि उसके पास आप जैसा एक महान् वैज्ञानिक राष्ट्रपति है।"

पसंद था दक्षिण भारतीय भोजन

रायसीना हिल्स पर स्थित 340 कमरोंवाले भव्य राष्ट्रपति भवन में डॉ. ए.पी. जे. अब्दुल कलाम ने पाँच वर्ष गुजारे। इस दौरान उन्होंने वहाँ के स्टाफ पर अपने मैत्रीपूर्ण व्यवहार और बेहद सादा जीवनशैली से गहरा असर डाला था। पिछले 31 वर्षों के दौरान राष्ट्रपति भवन में खाना बनानेवाले सलीम अहमद के अनुसार डॉ. कलाम को दक्षिण भारतीय भोजन बहुत प्रिय था, लेकिन उन्होंने कोई विशेष भोजन बनाने का कभी आग्रह नहीं किया था। अहमद बताते हैं, 'वे भोजन के बारे में कोई शिकायत नहीं करते थे। कभी-कभार किसी व्यंजन में नमक तेज हो जाता था, लेकिन उन्होंने कभी शिकायत नहीं की। यदि उनके लिए कोई अतिरिक्त व्यंजन बनाया जाता तो वह उपलक्ष्य के बारे में जरूर पूछते थे।

राष्ट्रपति भवन में 18 वर्षों से काम कर रहे जे.के. साहा बताते हैं, "मैं

राष्ट्रपति भवन के परिचर्या विभाग में था, जब एक दिन डॉ. कलाम ने मुझे किसी को फोन लगाने को कहा। आमतौर पर फोन मिलाने का काम सचिवों का होता है, जो नाम उन्होंने बताया, वह मुझे ठीक से सुनाई नहीं दिया था। इस बारे में उनसे दोबारा पूछना गलत होता। इसलिए मैंने उनके सचिव हैरी शेरीडोन से नाम पूछा। जब हमारी फोन पर बात खत्म हुई, तभी डॉ. कलाम का फोन आ गया। उन्होंने बहुत विनम्र स्वर में कहा, 'अगर तुम्हें मेरा कहा समझ न आए तो मुझसे फिर से पूछ लिया करो।'

अंतिम उपहार रहा एडवांटेज इंडिया

अगले पाँच वर्षों में देश के सामने अवसरों और पेश आनेवाली महत्त्वपूर्ण चुनौतियों पर प्रकाश डालनेवाली पुस्तक 'एडवांटेज इंडिया—फ्रॉम चैलेंज टू ऑपरचुनिटी' पूर्व राष्ट्रपति डॉ. ए.पी.जे. अब्दुल कलाम की अंतिम पुस्तक थी। यह पुस्तक ही देश के लिए उनका अंतिम उपहार रही। इस पुस्तक के सह लेखक सृजन पाल सिंह हैं और हार्पर कॉलिंग्स प्रकाशन से यह बाजार में आ चुकी है। पुस्तक इस बात को परिभाषित करती है कि किस तरह कलाम की आखिरी साँस भी भारत के लिए धड़कती रही। 'मेक इन इंडिया' से लेकर 'डिजिटल इंडिया' और 'स्मार्ट सिटीज' से 'ग्रामीण विकास नीति' तक पुस्तक में इस बात को चित्रित किया गया है कि आकर्षण के छोर तक भारत कैसे पहुँच सकता है। पुस्तक में एक विशेषज्ञ ने लिखा है, भारत में 2014 से नीति और योजना में एक नया विश्वास दिख रहा है। वर्ष 2020 के आने तक संसद् और लोग मेक इन इंडिया, युवाओं का कौशल विकास, देश के लिए स्वास्थ्य, स्मार्ट सिटि, डिजिटल इंडिया, नई ऊर्जा नीतियाँ और नवीन ग्रामीण विकास मॉडल जैसे कई नए अभियान छेड़ेंगे। देश के अगले चार-पाँच वर्षों में अवसर क्या होंगे, समाधान के लिए कैसी चुनौतियाँ खड़ी होंगी? हार्पर कॉलिंग्स के संपादक एवं प्रकाशक कृष्ण चोपड़ा ने कहा कि नई पुस्तक कलाम की पूर्व की पुस्तक 'भारत 2020' का समापन होगा।

मिसाइल मैन ने रेलवे को दिया था 'विजन 2030'

डॉ. ए.पी.जे. अब्दुल कलाम भी साधारण परिवार में जनमे और बचपन रेलवे के सान्निध्य में बीता। कुछ समय तो उन्होंने अखबार बेचने का भी काम किया। इसके लिए उन्हें सुबह जल्दी उठकर रामेश्वरम रेलवे स्टेशन जाना पड़ता था, जहाँ

वह धनुषकोडि मेल से फेंके गए अखबारों के बंडल उठाते थे। बाद में ऐसा दिन भी आया, जब कलाम भारत के राष्ट्रपति बने और बाद में रेलवे ने उन्हें मुख्य अतिथि के तौर पर आमंत्रित किया। महाभारत के संजय से आगे कलाम भविष्य को भी देख रहे थे। उस दिन उन्होंने रेलवे के लिए 'विजन 2030' का जो खाका पेश किया था, रेल अब उसी दिशा में बढ़ रही है। वड़ोदरा की नेशनल एकेडमी ऑफ इंडियन रेलवेज (एनआइआर, जिसे पहले रेलवे स्टाफ कॉलेज नाम से जाना जाता था) में 31 मार्च, 2008 को दिए गए इस भाषण में कलाम ने 2030 की भारतीय रेल की संकल्पना प्रस्तुत की थी। 'कनेक्टिविटी लीड्स टू प्रॉस्परिटी' अर्थात् 'संपर्क से समृद्धि' शीर्षक भाषण में उन्होंने कहा था, 2030 तक भारतीय रेल में 88 हजार रूट किलोमीटर लाइनें होंगी और उसकी पहुँच सभी राज्यों के दो करोड़ से ज्यादा यात्रियों तक होगी। तब यानी ट्रेनों की स्पीड 200 किलोमीटर और मालगाड़ियों की 150 किलोमीटर प्रति घंटे से अधिक होगी। भारतीय रेलवे ऐसी प्रणाली विकसित कर चुकेगा, जिसमें मल्टीमॉडल परिवहन साधनों के माध्यम से ग्राहकों को उनके दरवाजे तक सेवा प्राप्त हो रही होगी। इस प्रणाली में पर्यटन एवं माल यातायात के लिए 15 हजार किलोमीटर लंबे अंतरदेशीय जलमार्ग शामिल होंगे। उस वक्त तक रेलवे में दुर्घटना का प्रतिशत 0.1 प्रति दस लाख यात्री प्रति किलोमीटर के न्यूनतम स्तर पर पहुँच चुका होगा और रेल यात्रा बेहद सुरक्षित मानी जाएगी। ट्रेनें समय पर चल रही होंगी और रेलवे को समय की पाबंदी के लिए जाना जाएगा।

मतदाता जागरूकता के लिए बनाया था आईकॉन

पूर्व राष्ट्रपति डॉ. ए.पी.जे. अब्दुल कलाम चुनाव आयोग के पहले राष्ट्रीय आईकॉन भी थे। वोटरों में जागरूकता के लिए आयोग ने उन्हें 2010 में 'राष्ट्रीय आईकॉन' घोषित किया था। आयोग के लिए वह कई मौकों पर प्रेरणा देनेवाले मेंटर के तौर पर रहे। उस साल 25 जनवरी को राष्ट्रीय दिवस पर वे आयोग की ओर से आयोजित कार्यक्रम में मुख्य अतिथि भी थे। आयोग ने पूर्व राष्ट्रपति के निधन को देश के लिए अपूरणीय क्षति बताते हुए उन्हें श्रद्धांजलि दी है। कलाम ने 'मेनिफेस्टो फॉर चेंज' नाम से एक किताब भी लिखी थी। इसमें ई-इलेक्शन के तमाम पहलुओं पर फोकस किया गया है।

❑

डॉ. कलाम की महत्त्वपूर्ण प्रश्नोत्तरी

'हम होंगे कामयाब' पुस्तक से ली गई महत्त्वपूर्ण 43 प्रश्नोत्तरी, जो युवाओं के लिए मार्गदर्शक के रूप में राह दिखाने में महत्त्वपूर्ण भूमिका निभा सकती है, को एकत्रित कर प्रस्तुत किया जा रहा है, जो आपको विशिष्ट बनाने में सहयोग कर सकती है। डॉ. कलाम साहब का भी कहना है कि हममें से हरेक अपने आपमें अलग है, विशिष्ट है, खास है। आपको अपनी इस विशिष्टता का आनंद लेना चाहिए। आपको किसी दूसरे की तरह होने का दिखावा करने की जरूरत नहीं है। अपनी विशिष्टता को सँजोकर रखें। यह एक ऐसा तोहफा है, जो कुदरत ने सिर्फ आपको दिया है।

दूसरों से अलग होने की खूबी आपको उपहार में मिली है, ताकि आप उसका आनंद ले सकें और अपने अनोखेपन का आनंद दूसरों के साथ साझा कर सकें, दूसरों के काम आ सकें और अधिक-से-अधिक लोगों से जुड़ सकें। इन्हीं आशाओं के साथ प्रस्तुत है डॉ. कलाम की 43 महत्त्वपूर्ण प्रश्नोत्तरी—

1. बढ़ती जनसंख्या और अन्य कई प्रकार की सामाजिक समस्याएँ, जो हमारे देश में किसी महामारी की तरह फैली हैं, उनके बारे में जागरूकता लाने के लिए हम छात्र क्या कर सकते हैं?

इसमें कोई दो राय नहीं कि हमारे देश के सामने बढ़ती जनसंख्या और अन्य कई सामाजिक समस्याएँ हैं, पर साथ ही हमें यह भी नहीं भूलना चाहिए कि पूरे विश्व में भारत ही एकमात्र ऐसा देश है, जहाँ 50 प्रतिशत से भी अधिक युवा शक्ति विद्यमान है, जो देश की आर्थिक प्रगति में प्रमुख योगदान दे रही है। यह भी देखने में आया है कि जहाँ कहीं भी महिला साक्षरता की दर अधिक है, वहाँ यह साक्षरता बढ़ती जनसंख्या को नियंत्रित करने में कारगर सिद्ध हुई है। एक छात्र होने के नाते आप सब कम-से-कम ऐसी पाँच महिलाओं को शिक्षित करें, जो पढ़ना-लिखना

नहीं जानतीं, साथ ही आप उन्हें समाज की उन प्रमुख समस्याओं से भी अवगत कराएँ, जिनसे आजकल की महिलाओं को दो-चार होना पड़ता है।

2. वर्तमान में भ्रष्टाचार सार्वजनिक जीवन में लगभग सभी स्तरों पर व्याप्त है। छात्र-समुदाय सन् 2020 तक भारत को भ्रष्टाचार से मुक्त कराने के लिए क्या-क्या कर सकता है?

सार्वजनिक जीवन में भ्रष्टाचार उन्मूलन के लिए एक व्यापक आंदोलन की आवश्यकता है। यह आंदोलन अपने घर और विद्यालय से ही प्रारंभ करना होगा। भ्रष्टाचार उन्मूलन में मेरी दृष्टि में मात्र तीन प्रकार के लोग सहायक सिद्ध हो सकते हैं, वे हैं—माता, पिता व प्राथमिक विद्यालय के शिक्षक। यदि ये तीनों बच्चों को सच्चाई और ईमानदारी का पाठ पढ़ाते हैं तो इसके बाद जीवन में शायद ही कोई इनको डिगा पाए। अत: हर घर में इस तरह के आंदोलन की आवश्यकता है, जो सार्वजनिक जीवन में भ्रष्टाचार को खत्म कर सके। आप सब यह संकल्प लें कि आप सदैव ईमानदार एवं भ्रष्टाचार-मुक्त जीवन का निर्वाह करेंगे और दूसरों के समक्ष एक पारदर्शी जीवन जीने का आदर्श प्रस्तुत करेंगे।

3. एक छात्र के रूप में मैं विकसित भारत के आपके स्वप्न को साकार करने की दिशा में क्या कर सकता हूँ?

एक छात्र होने के नाते, आप जिस कक्षा में भी पढ़ते हों, उसमें आगे बढ़ने के लिए खूब परिश्रम करें। अपने जीवन में पहले एक लक्ष्य बनाएँ, फिर उसे प्राप्त करने के लिए आवश्यक ज्ञान और अनुभव प्राप्त करें। बाधाओं से लड़ते हुए उन पर विजय प्राप्त करें और निरंतर प्रयत्नशील रहते हुए उत्कृष्टता की ओर बढ़ें। जब कभी मुश्किलों से सामना हो तो उसे पराजित करते हुए सफल बनें, साथ ही नैतिक मूल्यों को भी ग्रहण करें। छात्रों को हमेशा उद्यमी बनाने का प्रयत्न करना चाहिए। छुट्टी के दिनों में छात्र गरीब और सुविधाओं से वंचित बच्चों को पढ़ाने का काम करें और इसे अपने जीवन में एक उद्देश्य के रूप में लें। छात्र अधिकाधिक पौधारोपण करें, ताकि प्राकृतिक संतुलन बना रह सके। हमारे ये कार्य न केवल हम सबको, बल्कि हमारे राष्ट्र को भी एक साथ विकास और समृद्धि के पथ पर ले जाएँगे।

4. एक छात्र के रूप में हम बड़ी सरलता से पाश्चात्य संस्कृति से प्रभावित हो जाते हैं और अपनी भारतीय संस्कृति को भूलने लगते हैं। हम अपने विद्यालयों में अपनी संस्कृति को जीवित रखने के लिए क्या कर सकते हैं?

शिक्षा के एक अभिन्न अंग के रूप में प्रत्येक सप्ताह स्कूल में एक घंटे की

एक कक्षा आयोजित की जाए, जिसमें हम आदर्श व्यक्तित्व, अतीत एवं वर्तमान के बारे में और एक अच्छे व्यक्ति के निर्माण के लिए आवश्यक गुणों पर चर्चा करें। इस तरह की कक्षा 'युवाओं को सकारात्मक ऊर्जा प्रदान करेगी।' इस कक्षा में बुद्ध, कन्फ्यूशियस, संत आइंस्टाइन, खलीफा उमर, महात्मा गांधी, अब्राहम लिंकन जैसे व्यक्तियों की चर्चा के साथ-साथ हमारी सभ्यतापरक महान् विरासत से जुड़ी नैतिक कथाएँ भी सुनाई जाएँ। निस्संदेह इससे हमारे छात्रों को अपनी महान् विरासत्, उदात्त परंपरा एवं समाज की सांस्कृतिक समृद्धि के बारे में जानने-समझने का अवसर मिलेगा। संस्कार घर, विद्यालय और समाज से ही सीखने होते हैं।

5. आपके नजरिए से राष्ट्र के विकास के लिए सर्वाधिक प्रेरक-शक्ति क्या हो सकती है?

अपने राष्ट्र के विकास के लिए सर्वाधिक प्रेरक शक्ति तो हमारी यही भावना है कि 'हम यह कर सकते हैं'। जब हमारे पास 25 वर्ष से कम की आयुवाले 54 करोड़ युवा हैं तो फिर भला कौन हमें सन् 2020 तक विकसित राष्ट्र बनने से रोक पाएगा।

6. स्वामी विवेकानंद भारतीय युवाओं की समस्याओं के प्रति अत्यंत गंभीर थे। उन्होंने अत्यंत कठोर शब्दों में कहा था कि 'हमें दास नहीं, सिंहों को जन्म देना होगा।' वर्तमान शिक्षा-व्यवस्था में किस तरह का परिवर्तन लाना चाहिए, ताकि युवाओं में सिंहोचित गुणों का आविर्भाव हो सके?

मेरे विचार से शिक्षा का तात्पर्य व्यक्ति विशेष में छिपी उसकी सृजनात्मकता को बाहर निकालना एवं उसको निखारना है। जब सृजनात्मकता और ईमानदारी परस्पर मिलेंगे तो ऐसे आदर्श नागरिकों का निर्माण होगा, जो अपने जीवन की हर चुनौती का बहादुरी से सामना कर सकेंगे।

7. ग्रामीण क्षेत्रों में शहरी सुविधाएँ (पुरा) उपलब्ध करवाना। इस (पुरा) योजना के अंतर्गत लोगों को अधिकाधिक सुविधा उपलब्ध कराने के लिए हम इसमें अपना सार्थक योगदान कैसे प्रदान कर सकते हैं?

पहले तो आप लोगों को खूब मन लगाकर अपनी पढ़ाई करनी चाहिए, उसमें श्रेष्ठता अर्जित करनी चाहिए। पुन: शिक्षा के एक अंग के रूप में स्वयं में उद्यमशीलता के विभिन्न कौशलों का विकास करना चाहिए। आप लोगों को अभी से ही स्वयं यह विचार आरंभ कर देना चाहिए कि अपनी-अपनी पसंद के गाँवों के एक समूह में जाकर आप किस प्रकार का उद्योग लगा सकते हैं या फिर कैसे अपनी सेवा प्रदान कर सकते हैं, ताकि अधिक-से-अधिक लोगों को रोजगार के

अवसरों के साथ-साथ मूल्य-संवर्धित उत्पाद भी उपलब्ध हो सके। नि:संदेह इससे 'पुरा' योजना पर आधारित उद्योग-धंधे विकसित हो सकेंगे और सभी ग्रामीण लोग आत्मनिर्भर बन सकेंगे।

8. आपकी दृष्टि से विकसित भारत के बारे में एक आम नागरिक की क्या भूमिका होनी चाहिए?

एक नागरिक उन लोगों को पढ़ा सकता है, जो कि लिखना-पढ़ना नहीं जानते। अधिकाधिक पौधारोपण करे और उनकी देखभाल करे। वह जहाँ कहीं भी रहता हो, वहाँ की और अपने आस-पास की सफाई एवं स्वच्छता का ध्यान रखे, साथ ही अपने आस-पास चल रही गतिविधियों पर पूरी नजर रखे।

9. विजन-2020 कहाँ तक सफल हो सकेगा?

विजन 2020 की ओर हमारी यात्रा पहले ही आरंभ हो चुकी है। आम नागरिकों और सरकार दोनों के समेकित प्रयासों से इस दृष्टि को साकार किया जा सकेगा। यह इस बात पर निर्भर करता है कि देश का प्रत्येक नागरिक इस दिशा में अपनी कितनी शक्ति लगाता है।

10. आपको ऐसा क्यों लगता है कि सन् 2020 तक भारत एक विकसित राष्ट्र बन जाएगा?

भारत की जनसंख्या 1 अरब से अधिक है। इसमें 54 करोड़ लोग 25 वर्ष से कम आयु के हैं। ये हमारी राष्ट्रीय शक्ति हैं। भारत को सन् 2020 तक एक विकसित राष्ट्र में परिवर्तित करने के लिए हमारे पास प्रचुर प्राकृतिक संसाधनों के साथ एक सुनियोजित खाका भी उपलब्ध है। इसमें कृषि तथा कृषि प्रसंस्करण के पाँच क्षेत्र—शिक्षा, स्वास्थ्य सेवा, आधारिक संरचना, जिसमें ऊर्जा-उत्पादन सहित सूचना तथा संचार प्रौद्योगिकी, सामरिक प्रणाली और जटिल प्रौद्योगिकियों के क्षेत्र में सामूहिक प्रयास भी सम्मिलित हैं। 54 करोड़ युवाओं के विचारों की एकता निश्चय ही भारत को एक विकसित राष्ट्र में परिवर्तित कर सकने में सफल होगी।

11. आप कहते हैं कि भारत सन् 2020 तक एक विकसित राष्ट्र बन जाएगा; परंतु निरंतर बढ़ती जनसंख्या और बेरोजगारी के कारण क्या यह संभव हो पाएगा?

विकास स्वयं जनसंख्या वृद्धि को रोकने की एक अचूक औषधि है। विकास में जन-शिक्षा विशेषकर स्त्री-शिक्षा की बात भी सम्मिलित है। इससे 'छोटा परिवार : सुखी परिवार' की मान्यता को बल मिलता है। भारत 2020 का मिशन यहाँ के युवाओं को रोजगार के पर्याप्त अवसर उपलब्ध कराएगा। शहरी सुविधाओं की

उपलब्धता से ग्रामीण क्षेत्रों में बड़ी संख्या में उद्योग-धंधे स्थापित किए जाएँगे, जिससे उन क्षेत्रों में रोजगार के प्रचुर अवसर पैदा होंगे।

12. भारत में व्याप्त बेरोजगारी की समस्या के समाधान के लिए आपके क्या सुझाव हैं?

सर्वप्रथम शिक्षा-प्रणाली को उद्योग-धंधे के महत्त्व पर बल देना होगा। छात्रों को उनके कॉलेज के दिनों से ही उद्योग-धंधे लगाने के लिए तैयार किया जाए। इससे उनमें रचनात्मकता के साथ-साथ स्वतंत्रता एवं धनार्जन की क्षमता का विकास होगा। कौशलों में विविधता एवं कार्य में संलग्नता व्यक्ति को उद्यमी बनाते हैं। इसकी शिक्षा प्रत्येक छात्र को दी जानी चाहिए। इसके अतिरिक्त महाविद्यालय के पाठ्यक्रमों, यहाँ तक कि कला, विज्ञान एवं वाणिज्य विषयों के पाठ्यक्रमों में भी जहाँ इस तरह की उद्यमशीलता की चर्चा संभव हो, इस आशय के पाठ तथा प्रायोगिक कार्यों को सम्मिलित कर लिया जाए। दूसरा, बैंकों को भी उद्यमियों के लिए ग्राम स्तर पर भी उद्योगधंधे लगाने के लिए, कुछ जोखिम उठाकर ही सही, उद्योगों पर पूँजी उपलब्ध करानी चाहिए। बैंकों को अपनी परंपरागत 'मूर्त संपदा संलक्षण' (Tangible Asset Syndrome) से स्वयं को मुक्त करते हुए नए ढंग के उत्पादों के निर्माणकर्ता युवा उद्यमियों को पूँजी-निर्माण हेतु सक्षम बनाते हुए उन्हें सहायता करने की दिशा में बढ़-चढ़कर हिस्सा लेना चाहिए।

इसमें कोई संदेह नहीं कि ऐसा करने से कुछ हद तक जोखिम की संभावना अवश्य बनती है; पर इसका निदान एक सफल साहसिक पूँजी उद्यम के चिंतन-विश्लेषण के माध्यम से ही संभव हो सकता है। तीसरी बात यह कि एक प्रकार के आर्थिक आकर्षण की भी आवश्यकता है। उदाहरण के लिए, बाजार में उतारने योग्य उत्पादों के निर्माण के साथ ही लोगों में पर्याप्त मात्रा में क्रय-शक्ति का विकास भी हो। इस तरह के उद्देश्य की पूर्ति कई बड़ी-बड़ी योजनाओं, यथा-ग्रामीण क्षेत्रों में शहरी सुविधाएँ (पुरा) हेतु कार्यक्रम, नदियों को एक-दूसरे से जोड़ने का कार्य, बुनियादी ढाँचे के विकास की योजना, बिजली उत्पादन तथा पर्यटन को बढ़ावा देनेवाले कार्यक्रम को कार्यान्वित कर की जा सकती है। शैक्षिक संस्थान, सरकारी एवं निजी उद्यम बैंकिंग तथा विपणन व्यवस्था की सहायता से इस तरह की उद्यमशीलता को बढ़ावा देने हेतु कार्य करें। उद्यमशीलता को बढ़ावा देने से बेरोजगारी की समस्या को काफी हद तक दूर किया जा सकता है।

13. जो भी बच्चे आपसे मिलते हैं, वे कहते हैं कि वे एक प्रसिद्ध वैज्ञानिक, इंजीनियर, डॉक्टर आदि बनना चाहते हैं, पर किसान, मजदूर और

कलाकार भी किसी राष्ट्र के लिए उतने ही महत्त्वूपर्ण हैं। हम ऐसे ही परिवारों से आते हैं। हमारे लिए आपका क्या संदेश है?

किसान, मजदूर और कलाकार, ये सभी हमारे राष्ट्र के अभिन्न अंग हैं और राष्ट्र के निर्माण में हमें उन सभी की सेवाओं की समान रूप से आवश्यकता है। आप सभी को चाहिए कि अपने-अपने क्षेत्रों में खूब उन्नति करें। मेरा तो आरंभ से ही यही सुझाव रहा है कि अपने-अपने कार्यक्षेत्रों को और अधिक उत्पादक बनाने के लिए प्रौद्योगिकी की भी सहायता लें। यद्यपि इसे कई स्थानों पर उपयोग में लाया भी जा रहा है, तथापि इसे देश के सभी क्षेत्रों में अपनी पैठ बनानी होगी।

14. देश में रोजगार-वृद्धि के लिए आप क्या प्रयास कर रहे हैं, भारत के राष्ट्रपति के रूप में देश के नागरिकों के प्रति आपकी क्या अपेक्षाएँ या संदेश हैं? एक सामान्य नागरिक के जीवन और एक राष्ट्रपति के रूप में जीवन को आप परस्पर कैसे जोड़ते हैं?

आपके इस प्रश्न का उत्तर मैं दो भागों में देना चाहूँगा। प्रथम तो यह विकसित भारत की संकल्पना से तात्पर्य है कि भारत को एक समृद्धशाली राष्ट्र बनाना और साथ ही इस संकल्पना के लक्ष्य की प्राप्ति के लिए चलाए जा रहे मिशन से रोजगार की प्रचुर संभावनाओं का सृजन होगा। युवाओं के प्रति मेरा संदेश 10 सूत्री शपथ के रूप में है, जो अकसर मैं स्वयं दिलाता हूँ। यह शपथ इस प्रकार है—

- मैं अपनी शिक्षा अथवा अपना कर्म पूर्ण निष्ठा के साथ संपन्न करूँगा और उसमें उत्कृष्टता हासिल करूँगा।
- अब से मैं 10 निरक्षर लोगों को लिखना-पढ़ना सिखाऊँगा।
- मैं अपने जीवन में कम-से-कम 10 पौधे अवश्य लगाऊँगा और उनकी सर्वदा देखभाल करता रहूँगा।
- मैं ग्रामीण और शहरी क्षेत्रों में जाऊँगा और कम-से-कम 5 लोगों को स्थायी रूप से जुए एवं नशे के व्यसन से मुक्ति दिलाऊँगा।
- मैं सर्वदा अपने साथियों व भाइयों के दुःख-दर्द को दूर करने की चेष्टा करूँगा।
- मैं किसी भी धर्म, जाति अथवा भाषा विशेष का समर्थन नहीं करूँगा।
- मैं सर्वदा ईमानदार रहूँगा और एक भ्रष्टाचार-मुक्त समाज के निर्माण के लिए प्रयास करता रहूँगा।
- मैं स्वयं एक आदर्श नागरिक बनूँगा तथा अपने परिवार को न्याय परायण बनाऊँगा।

- मैं सर्वदा मानसिक एवं शारीरिक दृष्टि से विकलांगों के प्रति मित्रवत् व्यवहार करूँगा तथा निरंतर प्रयास करूँगा कि वे लोग भी एक सामान्य नागरिक के समान ही सहजता और सरलता का अनुभव करें।
- मैं अपने देश तथा देश के लोगों की समृद्धि और सफलता को अत्यंत गर्व से एक पर्व के रूप में मनाऊँगा।

प्रश्न के द्वितीय खंड के उत्तर में मैं स्वयं को सर्वदा एक सामान्य नागरिक मानता रहा हूँ और यहाँ तक पहुँचने के बाद भी मेरे रहन-सहन में कोई परिवर्तन नहीं आया है, यह पहले जैसा ही है।

15. विजन-2020 को सफल बनाने के लिए क्या भारत की शिक्षा-प्रणाली स्तरीय है?

मेरा मानना है कि हमें नैतिक व्यवस्थावाली एक ऐसी शिक्षा की आवश्यकता है, जो विज्ञान, कला, विधि, साहित्य तथा राजनीति आदि विभिन्न क्षेत्रों में अग्रणी रहे हमारे महान् नेताओं के अनुभव बखान करती हो। प्राथमिक शिक्षा के पाठ्यक्रम में बच्चों में रचनात्मकता लाने का प्रयास किया जाए, परंतु ऐसा करते समय इन पाठ्यक्रमों की समीक्षा करना भी आवश्यक है, ताकि बच्चों के बस्तों का बोझ कुछ कम हो सके तथा उनकी रचनात्मकता भली-भाँति निखर सके। उच्च शिक्षा के पाठ्यक्रम व्यक्ति को एक स्वतंत्र शिक्षार्थी बनाने में सहायक हों। निष्कर्षतः हमारी शिक्षा-व्यवस्था कुछ ऐसी हो, जिससे व्यक्ति विशेष में रचनाशीलता, नवीनता, नैतिकता तथा उद्यमशीलता के कौशलों का विकास हो सके।

16. आप पहले एक प्राध्यापक थे। एक आदर्श शिक्षक को अपने देश की सेवा किस प्रकार करनी चाहिए?

एक आदर्श शिक्षक को चाहिए कि वह अपने छात्रों तथा शिक्षण-कार्य दोनों से प्रेम करे। किसी शिक्षक का लक्ष्य अपने छात्रों को सीखने के लिए प्रेरित करना तथा उनमें रचनात्मकता के दीप प्रज्वलित करना होना चाहिए। अध्यापक को चाहिए कि वह अपने छात्रों को हमेशा के लिए एक स्वतंत्र शिक्षार्थी में बदल दें।

17. आपने अपने जीवन में क्या लक्ष्य निर्धारित किया था, अब हम छात्रों को क्या लक्ष्य बनाना चाहिए?

जब मैं दस वर्ष का था और पाँचवीं कक्षा में पढ़ता था, उन दिनों मेरे शिक्षक श्री शिवसुब्रह्मण्यम अय्यर ने मुझे मेरे जीवन का स्वप्न दिखाया। मैं अपने जीवन में उड्डयन और उड्डयन प्रणाली से जुड़ा कुछ करना चाहता था और मैं एक रॉकेट इंजीनियर बन गया। इसी प्रकार आप भी अपने लिए एक ऐसा क्षेत्र चुन सकते

हैं, जिसमें आपकी गहरी रुचि हो और फिर आप इसमें अपना पूरा उत्साह व पूरी शक्ति लगा दें। पहले तय करें कि आप क्या बनना चाहते हैं—शिक्षक, कलाकार, फैशन डिजाइनर, डॉक्टर, इंजीनियर या समाज-सेवक, फिर इसे उच्च मानवोचित गुणों के साथ समायोजित कर लें।

18. अनेक छात्रों को पढ़ने के लिए वित्तीय सहायता नहीं मिल पाती। इसके लिए क्या उपाय किए जा सकते हैं?

मैं प्रायः यही सलाह देता रहा हूँ कि बैंक और वित्तीय संस्थाएँ निर्धन छात्रों को बिना किसी समस्या के ऋण उपलब्ध करवाएँ। मुझे भरोसा है कि बैंक इस दिशा में आगे आएँगे और वित्तीय सहायता उपलब्ध कराने के अपने नए-नए तरीकों से छात्रों को उनकी शिक्षा जारी रखने में सहायक सिद्ध होंगे।

19. अधिकांश मेधावी छात्र डॉक्टर, इंजीनियर, वकील, आई.ए.एस. व आई.पी.एस. अधिकारी बनना चाहते हैं; परंतु कोई भी छात्र नेता नहीं बनना चाहता, क्यों, यह भारत के भविष्य को कैसे प्रभावित करेगा?

यह सत्य नहीं है। छात्रों के साथ मेरी अनेक चर्चाओं के दौरान छात्रों ने मुझसे कहा कि वह राजनीतिज्ञ बनना चाहेंगे।

20. मुसलिम बालिकाओं के शैक्षिक विकास के लिए क्या-क्या योजनाएँ लागू की जा रही हैं?

अभी कुछ दिन पहले ही मैं पटना गया था। वहाँ मैंने इमारत-ए-शरिया ट्रस्ट द्वारा स्थापित चिकित्सा कर्मचारियों के प्रशिक्षण के लिए बनी एक संस्था का उद्घाटन किया। ट्रस्ट ने बिहार, उड़ीसा और उत्तर प्रदेश में अनेक शैक्षणिक संस्थान, जिनमें कि कई मेडिकल कॉलेज भी हैं, स्थापित किए हैं। इनमें कुछ संस्थान विशेषतः महिलाओं के लिए ही हैं। इसी प्रकार ईसाई मिशनरियों, भारतीय विद्या भवन तथा अनेक परोपकारियों एवं ट्रस्टों ने शैक्षिक संस्थानों की स्थापना की है। ये संस्थाएँ महिलाओं को शिक्षा उपलब्ध कराती हैं, साथ ही छियासीवें संविधान संशोधन अधिनियम को मंजूरी दे दी गई है, जिसके अंतर्गत 6-14 वर्ष की आयु-वर्ग के बच्चों के लिए शिक्षा पाने का अधिकार विषयक विधेयक पर भी सहमति हो गई है। अब आप सबको स्कूलों के लिए वांछित संरचनागत ढाँचे के साथ-साथ मात्र स्कूलों को चलाने के लिए अच्छे शिक्षक, जो गुणात्मक शिक्षा देते हों, के अतिरिक्त आधुनिक तकनीकों से सुसज्जित स्तरीय शिक्षा प्राप्त होगी।

21. आज के समाज में शिक्षकों की क्या भूमिका है, बच्चों का ज्ञान नियंत्रित या सीमित करना या फिर उन्हें जागरूक बनाना?

शिक्षकों पर उत्तरदायित्व बहुत अधिक है। एक यूनानी शिक्षक की उक्ति है कि आप मुझे अपना बच्चा सात वर्षों के लिए दे दें, फिर देखें, उसे न तो कोई शैतान बदल सकता है और न ही ईश्वर। शिक्षा छात्रों को ऐसा ही शक्तिशाली ज्ञान प्रदान करती है। यहाँ समाज में शिक्षकों के दो प्रकार के उत्तरदायित्व हैं—पहला, ज्ञान प्रदान करना तथा दूसरा, अपने बच्चों की दृष्टि में एक आदर्श बनना। श्रेष्ठता ऐसे आदर्श बनने की आधारशिला है, वास्तव में वही सच्चा शिक्षक है, जो किसी व्यक्ति को एक आदर्श नागरिक बनाए।

22. क्या ऐसा नहीं लगता कि वर्तमान पीढ़ी पर अपेक्षाकृत अधिक बोझ लाद दिया जाता है? स्कूल में अच्छे प्रदर्शन के लिए उसपर शिक्षक और माँ-बाप, सभी ओर से दबाव डाला जाता है। इस स्थिति से निबटने के लिए आप हमें क्या सुझाव देंगे?

हाँ, यह सच है। जहाँ कहीं भी मेरी मुलाकात शिक्षकों और अभिभावकों से होती है, तो मैं उन्हें यह सुझाव अवश्य देता हूँ कि बारहवीं कक्षा के पश्चात् छात्रों को स्वयं ही विषय चुनने की स्वतंत्रता दी जानी चाहिए। यह अत्यंत आवश्यक है। यह बच्चे के विकास हेतु माता-पिता के लालन-पालन के उत्तरदायित्व में ही आता है; साथ ही बच्चों के लिए यह भी आवश्यक है कि वह भी अपनी अंतरात्मा की आवाज सुनें तथा विषयों का चयन अपनी स्वाभाविक अभिरुचि के अनुसार ही करें, न कि अपने सहपाठियों एवं मित्रों के विचारों के आधार पर।

23. स्कूल के छात्र पुस्तकों और अन्यान्य कई प्रकार के बोझ तले दबे पड़े हैं। भारत के प्रथम नागरिक होने के नाते इस बोझ को कम करने हेतु कृपया हमारी सहायता करें।

स्कूलों को चलाने के लिए आवश्यक स्कूली सुविधाएँ, आधारभूत ढाँचे और अच्छे शिक्षकों की नियुक्ति हेतु तत्काल कदम उठाने की आवश्यकता है। ऐसा इनके साथ-साथ आधुनिक तकनीकों, यथा-ई-शिक्षण, टेली-शिक्षा आदि लागू करके किया जा सकता है। ऐसा करते समय पाठ्यक्रमों के पुनरीक्षण की भी आवश्यकता है, ताकि बच्चों का बोझ कम हो सके तथा उनकी रचनात्मकता और निखर सके।

24. कई छात्रों के बड़े-बड़े लक्ष्य होते हैं, परंतु आर्थिक तथा अन्य समस्याओं के कारण वे इन्हें प्राप्त नहीं कर पाते। वे अपना लक्ष्य आखिर कैसे प्राप्त करें?

स्कूल में पढ़ाई में अच्छा प्रदर्शन करने पर छात्रवृत्ति प्राप्त होगी, साथ ही

उच्च शिक्षा के लिए बैंकों से ऋण लेने हेतु पात्रता भी बनेगी। जीवन में हम जब भी ऊँचा लक्ष्य निर्धारित करते हैं तो बाधाएँ तो आएँगी ही, लेकिन इसे हमें अपने कठोर परिश्रम एवं उत्कृष्ट कार्यों से पराजित करना होगा। विघ्न-बाधाओं से तो व्यक्ति को पराजित नहीं होना चाहिए।

25. संकल्पना 2020 को साकार करने की दिशा में भारत के छात्रों के लिए आपका क्या संदेश है?

अपने देश के युवाओं के लिए मेरा एक संदेश है। हमारे सभी युवाओं में अदम्य साहस होना चाहिए। अदम्य साहस के दो अंग हैं—पहला, अपना एक लक्ष्य बनाओ और फिर उसे पाने की दिशा में जुट जाओ तथा दूसरा, यह कि कार्य करते समय बाधाएँ तो आएँगी ही, अत: बाधाओं को अपने ऊपर कदापि हावी मत होने दो, अपितु बाधाओं को ही अपने नियंत्रण में रखो, उन्हें परास्त करो और सफल बनो। यह सौभाग्य की बात है कि अपने देश में युवा संपदा प्रचुर मात्रा में है। तेजस्वी मेधावाले ये युवा इस धरा पर, धरा के नीचे तथा धरा के ऊपर विद्यमान किसी भी संपदा से अधिक श्रेष्ठ हैं। जब कोई तेजस्वी मन अदम्य साहस के साथ कार्य में जुट जाता है तो वह एक समृद्धशाली, खुशहाल तथा सुरक्षित भारत के प्रति हमें आश्वस्त करता है। एक छात्र के रूप में आप अपना एक लक्ष्य निर्धारित कर उसपर अपना ध्यान केंद्रित करते हुए विघ्न-बाधाओं पर विजय प्राप्त करें और उसमें उत्कृष्टता अर्जित करके अपना सहयोग दें। छात्र नैतिक मूल्यों को अपने जीवन में आत्मसात् करें। वे उद्यमी बनने का प्रयास करें। छुट्टी के दिन निर्धन तथा सुविधाओं से वंचित बच्चों को पढ़ा सकते हैं तथा उनके लिए जीवन में एक मिशन का निर्माण कर सकते हैं। वे अधिकाधिक पौधारोपण कर पारिस्थितिकी संतुलन को बनाए रखने में सहयोग कर सकते हैं। ये कार्य हमें सामूहिक रूप से विकास और समृद्धि के पथ पर ले जाएँगे।

26. अपने देश में एक ओर जहाँ हम 100 प्रतिशत साक्षरता लाने की बात कर रहे हैं, वहीं दूसरी ओर दिन-प्रतिदिन शिक्षा महँगी होती जा रही है। इन दोनों के बीच एक तार्किक संतुलन कैसे लाया जाए, क्या ऐसा संभव है, यदि हाँ, तो कैसे?

राज्य द्वारा संचालित स्कूलों में, जहाँ शिक्षा पर्याप्त सस्ती है, शिक्षा की गुणवत्ता में सुधार की आवश्यकता है। शिक्षा की गुणवत्ता में सुधार लाने के लिए हमें अच्छे शिक्षकों द्वारा समर्थित आधुनिक तकनीकों को व्यवहार में लाना होगा। यह एक प्रकार का अच्छा निवेश है, जिसका खर्च सरकार को उठाना चाहिए, साथ

ही बड़ी कक्षा के छात्रों को चाहिए कि वे छोटी कक्षा के छात्रों को नि:शुल्क पढ़ाएँ। यह एक आदर्श सामाजिक विकास की बात होगी।

27. कठिन परिश्रम के अतिरिक्त भाग्य का सहयोग कहाँ तक अपेक्षित है?

परिश्रम सर्वप्रथम है। भाग्य भी आपका साथ तभी देगा, जब आप निरंतर परिश्रम करते हों। एक प्रसिद्ध कहावत है कि 'ईश्वर उसी की सहायता करता है, जो अपनी सहायता स्वयं करता है।' एक अन्य कहावत के अनुसार 'रातोरात मिलनेवाली सफलता के पीछे वर्षों का परिश्रम होता है।'

28. अपनी आत्मकथा 'अग्नि की उड़ान' (Wings of Fire) पुस्तक लिखने के पीछे आपकी कौन सी प्रेरणा उत्प्रेरक बनी?

हजारों इंजीनियर तथा अधिकारियों-कर्मचारियों के साथ कार्य करते हुए हर जगह मुझे दो चीजें देखने को मिलीं—यदि कहा जाए और कोई कार्य विशेष करने का उत्तरदायित्व सौंपा जाए तो देश का प्रत्येक नागरिक अपना योगदान देने के लिए अवश्य आगे बढ़कर आएगा, साथ ही मैंने यह भी पाया है कि ऐसा व्यक्ति, जिसके पास कोई समुचित शैक्षिक पृष्ठभूमि नहीं थी, उसने भी अपने कठिन परिश्रम तथा प्रतिभा मात्र के बल पर काफी कुछ कर दिखाया। मैं यहाँ यह कहना चाहता हूँ कि मानव-मस्तिष्क एक ऐसा शक्तिशाली यंत्र है, जिसके समक्ष चुनौतियाँ रखने पर वह विकास की ओर ही बढ़ता है। यह मेरा स्वयं का अनुभव है, जिसे मैं यहाँ बताना चाहता हूँ।

29. यदि हम आपकी तरह बनना चाहें तो हमें क्या करना चाहिए?

जब आप युवा हों, तभी आपको जीवन में एक लक्ष्य निर्धारित करने की आवश्यकता है। हमेशा कुछ बड़ा सोचो। जैसे ही आपको इस बात का अनुभव होगा कि आप आखिर बनना क्या चाहते हैं, तभी उस दिशा में प्रयास और श्रम प्रारंभ कर दो। कहने का अर्थ है कि जी-तोड़ मेहनत करो। ज्यों-ज्यों आप आगे की ओर बढ़ोगे, आपका सामना बाधाओं तथा कठिनाइयों से होगा। आपको अपने अंदर दृढ साहस पैदा करना होगा तथा समस्याओं को पराजित करने में महारत हासिल करनी होगी, तभी अपने जीवन में सफल हो पाओगे। परमपिता परमेश्वर आपके साथ हैं, जो आपकी सफलता में सहायक होंगे। अत: पहले यह आवश्यक है कि आप निरंतर ज्ञान अर्जित करें।

30. आप एक आदर्श व्यक्ति हैं। एक अच्छा व्यक्ति बनने हेतु कृपया हमारा मार्गदर्शन करें।

कठिन परिश्रम तथा वैज्ञानिक प्रवृत्ति के साथ अध्यात्म का योग आपको एक अच्छा व्यक्ति बनाएगा। दूसरे व्यक्तियों में हमेशा अच्छाई ढूँढ़ने का प्रयत्न करें।

31. आपकी सबसे प्रिय पुस्तक का नाम क्या है तथा आपको वह क्यों अच्छी लगती है।

लिलियन आईश्लर वाटसन रचित 'लाइट फ्रॉम मेनी लैंप्स' मेरी सबसे प्रिय पुस्तक है। यह साहस, उत्साह, प्रसन्नता और ज्ञान देती है।

32. मनुष्य विज्ञान तथा प्रौद्योगिकी के क्षेत्र में अत्यंत तेजी से विकास कर रहा है, पर इसके साथ ही उसका ईश्वर पर से विश्वास भी घटता जा रहा है। क्या आप भी ऐसा मानते हैं कि यह प्रगति में बाधक है?

विज्ञान तथा प्रौद्योगिकी; दोनों ही द्रुत गति से विकास कर रहे हैं। प्रायः अधिकांश व्यक्ति, जिन्होंने विज्ञान के क्षेत्र में अपनी अच्छी-खासी प्रतिष्ठा अर्जित की है, वस्तुतः आस्तिक रहे हैं। आइंस्टीन, जिन्होंने E = mc2 की खोज की थी, जब भी कभी आकाशगंगा तथा तारों की ओर देखते थे तो उन्हें ब्रह्मांड तथा उसके जन्मदाता के चमत्कार पर गहरा आश्चर्य होता था। नोबेल पुरस्कार विजेता डॉ. सी.वी. रमण एक आध्यात्मिक प्रकृति के व्यक्ति थे। यदि आप विज्ञान तथा प्रौद्योगिकी के क्षेत्र में ईश्वर में अपनी अटूट आस्था के साथ आगे बढ़ते हैं तो कार्य के परिणामों में स्वतः ही वृद्धि होती चली जाएगी।

33. भारत में सकारात्मक वैज्ञानिक क्रांति लाने का सबसे अच्छा तरीका क्या है?

विज्ञान तथा प्रौद्योगिकी का लाभ सामान्य जनता, विशेषकर ग्रामीण भारत तक पहुँचना आवश्यक है। ग्रामीण क्षेत्रों में शहरी सुविधाओं (पुरा) के माध्यम से यही योजना बनाई जा रही है। विज्ञान के विषयों के क्षेत्रीय भाषाओं में शिक्षण को बढ़ावा देने के प्रयास किए जाएँ। जैसा कि आपको विदित ही होगा कि कार्यान्वयन के स्तर पर 'ग्राम ज्ञान केंद्र' विभिन्न पंचायतों में स्थापित किए जा रहे हैं, ताकि जरूरतमंदों को समय पर ज्ञान उपलब्ध कराया जा सके।

34. क्या कभी सूर्य पर जाना संभव हो पाएगा?

जैसा कि आप जानते ही हैं कि सूर्य अब तक का ज्ञात सबसे बड़ा नाभिकीय शक्ति संयंत्र है। यह आइंस्टीन के सिद्धांत E = mc2 के आधार पर अपने द्रव्यमान के निरंतर ज्वलन से ऊष्मा तथा प्रकाश-ऊर्जा उत्पन्न करता है। हमारे पास आज कोई ऐसा द्रव्य या वस्तु नहीं है, जो मनुष्य तथा यंत्रों की ऐसे उच्च तापमान से सुरक्षा कर सके। हमें यह नहीं पता कि इस प्रकार की वस्तु का निर्माण हम निकट

भविष्य में भी कर पाएँगे या नहीं। तब तक सूर्य पर पहुँचने की बात हम सबके लिए एक स्वप्न तथा चुनौती ही बनी रहेगी।

35. भारत में गंगा, गाय, तुलसी तथा पृथ्वी, ये सभी माँ के रूप में पूजी जाती हैं, लेकिन इसके बाद भी हम अपने पर्यावरण को प्रदूषित करते हैं। इस दिशा में क्या प्रयास किए जा सकते हैं?

हमें अपनी नदियों तथा पर्यावरण को विशेष आदर के साथ देखना चाहिए। हमें यह सुनिश्चित करना चाहिए कि हम इन्हें कदापि प्रदूषित न करें। यह देश के प्रत्येक नागरिक का कर्तव्य होना चाहिए। पर्यावरणीय स्वच्छता की स्थिति किसी भी राष्ट्र के विकास की सूचक है। एक राष्ट्र के रूप में हमें अपने पर्यावरण को स्वच्छ रखना चाहिए। यह देश के सभी नागरिकों के बेहतर स्वास्थ्य के लिए अत्यंत आवश्यक है, साथ-ही-साथ यह हमारे लिए एक संपूर्ण तथा सौंदर्यपरक वातावरण के निर्माण एवं देश में आनेवाले पर्यटकों के लिए भी उतना ही आवश्यक है। हम अपने तीर्थस्थल तथा नदियों को उनके स्वाभाविक दिव्यत्व की रक्षा हेतु स्वच्छ एवं व्यवस्थित रखें। देश का प्रत्येक राज्य अपने-अपने क्षेत्र में संतुलित पर्यावरण के निर्माण हेतु स्थानीय कानूनों की घोषणा करे। जब भी हम कभी किसी तीर्थस्थान की यात्रा करें या फिर पुण्य-स्नान के लिए जाएँ तो वहाँ हम संपूर्ण पर्यावरण की स्वच्छता एवं शुद्धता को बनाए रखने की शपथ लें।

36. कृपया यह बताएँ कि विश्व का सबसे पहला वैज्ञानिक कौन रहा होगा?

विज्ञान का जन्म प्रश्नों से ही हुआ है तथा वह अब भी प्रश्नों से ही जीवित है। विज्ञान की नींव ही जिज्ञासाओं पर आधरित है। माता-पिता तथा शिक्षक इस बात को बखूबी जानते हैं कि बच्चे अनंत जिज्ञासाओं के स्रोत हैं। अत: बच्चा ही प्रथम वैज्ञानिक है।

37. मैंने कहीं पढ़ा है कि आप उस बोधिवृक्ष के नीचे भी बैठे थे, जहाँ भगवान् बुद्ध को साक्षात् ज्ञान प्राप्त हुआ था। क्या आपको वहाँ किसी विशेष प्रकार की अनुभूति हुई?

हाँ, अवश्य। वहाँ मुझे एक प्रकार के शांतिमय कंपन की अनुभूति हुई थी।

38. भारत के विकास में धर्म की क्या भूमिका हो सकती है?

धर्म को चाहिए कि वह शनैः-शनैः अध्यात्म का रूप लेता चला जाए तथा राष्ट्र के विकास हेतु लोगों को एकसूत्र में पिरोने का कार्य करे।

39. महात्मा गांधी के अनुसार, ईश्वर की अनुभूति हम अपने जीवन के

माध्यम से कर सकते हैं। इसी प्रकार ईश्वर के बारे में आपके क्या विचार हैं?

भारत ने एक संकल्पना दस्तावेज—विजन 2020 का निर्माण किया है। सौभाग्यवश इस दस्तावेज की रचना में मेरा भी सहयोग रहा है। यह प्रौद्योगिकी-प्रेरित विजन है। यह उन दिनों अपने अस्तित्व में आया था, जब स्वयं मैं एक वैज्ञानिक था। राष्ट्रपति के रूप में मेरा दायित्व इसे कार्यान्वित करने का है। लोगों के कष्टों का निवारण करना ही ईश्वर का कार्य है।

40. जब आप कोई कठिन कार्य कर रहे होते हैं तो क्या ईश्वर का स्मरण करते हैं?

हमें यह कदापि नहीं भूलना चाहिए कि हमारी सफलता हमारे सच्चे प्रयासों के साथ दैवी आशीर्वाद का परिणाम है। कहा भी गया है कि ईश्वर भी कठिन परिश्रमी व्यक्तियों की ही सहायता करता है।

41. विज्ञान या भगवान्; हमें किस पर अधिक विश्वास करना चाहिए?

मानव ईश्वर का सृजन है। ईश्वर ने हमें बुद्धि तथा सोचने-समझने की शक्ति प्रदान की है। उन्होंने अपने द्वारा सृजित इस मानव को आदेश किया कि वह उस तक पहुँचने के लिए अपनी सोचने-समझने की शक्ति का उपयोग पूरे विवेक के साथ करे। हम मनुष्यों की यही नियति है। यदि समाज विवेकी है तो विज्ञान हम मनुष्यों के लिए ईश्वर-प्रदत्त एक वरदान है।

42. यदि ईश्वर आपको एक वरदान दें तो आप क्या माँगेंगे?

मैं ईश्वर से यही विनती करूँगा कि वह मुझे सर्वव्यापक शांति हेतु कार्य करने की सामर्थ्य प्रदान करें।

43. भगवान् तथा विज्ञान में क्या संबंध है?

विज्ञान उस सत्य का अन्वेषण करता है, जो मानव जाति को समृद्धि देता है, जबकि धर्म विकसित होने के पश्चात् अध्यात्म का रूप ले लेता है। आध्यात्मिक गुरु सर्वशक्तिमान ईश्वर का आशीर्वाद ग्रहण कर मानव-मन में शांति का संचार करते हैं। यदि देखें तो वैज्ञानिक तथा धर्मगुरु; दोनों का कार्य एक ही है। दोनों ही मन एवं शरीर में मानवीय शांति की खोज करते हैं।

❑

डॉ. कलाम के अनमोल वचन

"खुशी अपनी इच्छाओं को पूरा करने से नहीं, बल्कि किसी बड़े और अच्छे उद्देश्य के प्रति खुद को समर्पित कर देने से हासिल होती है और हम जो चाहते हैं, उस दिशा में सच्चे मन से काम करना ही खुद से प्यार होने की निशानी है, जो हमारी जिंदगी को मकसद और मायने देती है।"

श्रद्धांजलि

प्रधानमंत्री श्री नरेंद्र मोदी द्वारा डॉ. कलाम को श्रद्धांजलि

हर बच्चे की तरह कलाम मेरे भी मार्गदर्शक

डॉ. ए.पी.जे. अब्दुल कलाम के रूप में भारत ने एक हीरा खो दिया है, लेकिन उस हीरे की चमक और रोशनी हमें उस मंजिल तक पहुँचाएगी, जो उस स्वप्नद्रष्टा ने देखी थी। उन्होंने ख्वाब देखा था कि भारत एक नॉलेज सुपरपावर (ज्ञान शक्तिपुंज) के रूप में पहली कतार के देशों में शुमार हो। हम उस लक्ष्य की ओर बढ़ेंगे। वैज्ञानिक पृष्ठभूमि से चलकर राष्ट्रपति पद तक पहुँचे कलाम सच्चे मायनों में जनता के राष्ट्रपति थे और यही कारण था कि उन्हें जनता से अथाह प्यार और सम्मान मिला और शायद उनके लिए सफलता का अर्थ भी यही था। उनकी हर कथनी-करनी में इसकी झलक मिली। गरीबी से लड़ने का उनका हथियार था ज्ञान और इसके फैलाने में उन्होंने कभी कोई कसर नहीं छोड़ी। रक्षा कार्यक्रम के वैज्ञानिक के रूप में उन्होंने क्षितिज को पार किया तो एक सच्चे संत के रूप में उन्होंने बताया कि सद्भाव का आकाश सबसे बड़ा है।

हर बड़ी शख्सियत का जीवन एक प्रिज्म की तरह होता है। रोशनी उससे होकर गुजरती है तो हम पर सतरंगी किरणों की वर्षा होती है। कलाम का आदर्शवाद यथार्थ के आधार पर टिका था। सही मायनों में हर वंचित बच्चा यथार्थवादी होता है। गरीबी से भ्रम पैदा नहीं होता है। गरीबी एक ऐसी डरावनी विरासत है, जिसके बोझ तले बच्चा सपना भी नहीं देख सकता है। वह उससे पहले ही परास्त हो जाता है, लेकिन कलामजी को परिस्थितियों से हार मानना स्वीकार नहीं था। उनका बचपन भी कठिन था। अपनी पढ़ाई के लिए उन्होंने अखबार भी बेचा। आज सभी

अखबार उनकी याद और श्रद्धांजलि से पटे पड़े हैं। उन्होंने कभी ठोककर यह नहीं कहा कि उनका जीवन दूसरों के लिए रोल मॉडल है, लेकिन यह सच्चाई है कि उनसे प्रेरणा लेकर गरीबी और अंधकार से भ्रमित और ग्रसित किसी असहाय बच्चे को बाहर निकलने में मदद मिल सकती है। कलाम मेरे मार्गदर्शक हैं, उसी तरह जैसे हर बच्चे के। उनका आचरण, समर्पण और उनकी प्रेरणादायी सोच उनके पूरे जीवन से प्रस्फुटित होती है। अहं उन पर कभी हावी नहीं हो सका और चापलूसी कभी रास नहीं आई। हाई प्रोफाइल मंत्री हों या उच्च सामाजिक वर्ग के श्रोता या फिर युवा छात्र, उन पर इसका कभी कोई फर्क नहीं दिखा। वह हर किसी के लिए एक समान थे। उनके व्यक्तित्व में अद्‌भुत बात थी—वह थी एक छोटे बच्चे की ईमानदारी, युवा होते एक बच्चे का उत्साह और एक वयस्क की परिपक्वता का मिश्रण। यह हर क्षण उनके व्यक्तित्व में झलकता था। संसार से उन्होंने जो कुछ लिया, वह पूरा समाज पर लुटा दिया। गहरी आस्था रखनेवाले कलाम हमारी सभ्यता के तीनों गुण—दम (आत्म नियंत्रण), दान और दया से भरपूर थे, लेकिन इस व्यक्तित्व में प्रयत्नशीलता की आग थी। राष्ट्र के लिए उनकी दृष्टि का निर्माण स्वतंत्रता, विकास और शक्ति के तीनों स्तंभों पर हुआ था। हमारे इतिहास में स्वतंत्रता का मतलब राजनीतिक स्वतंत्रता से है, परंतु इसमें वैचारिक व बौद्धिक स्वतंत्रता भी शामिल है। वह भारत को विकासशील देश से विकसित राष्ट्र के रूप में परिवर्तित होते और समवेत आर्थिक विकास के जरिए गरीबी को समाप्त करना चाहते थे। इसीलिए उन्होंने कहा था कि नेताओं को केवल 30 फीसद समय राजनीति में और 70 फीसद विकास में लगाना चाहिए। वह अकसर सांसदों को बुलाकर उनके साथ उनके क्षेत्र की सामाजिक-आर्थिक समस्याओं पर चर्चा करते रहते थे। उनके मुताबिक, राष्ट्र की शक्ति का तीसरा स्तंभ यानी क्षमता केवल आक्रामकता से नहीं, बल्कि समझ विकसित करने से मजबूत होती है। एक असुरक्षित राष्ट्र शायद ही कभी समृद्धि के रास्ते पर जा सकता है। शक्ति से सम्मान प्राप्त होता है। हमारी नाभिकीय एवं अंतरिक्ष संबंधी उपलब्धियों में उनके योगदान ने ही भारत के अंदर विश्व में उचित स्थान पाने की शक्ति व भरोसा पैदा किया। हम ऐसी सर्वश्रेष्ठ संस्थाएँ खड़ी कर उनकी याद को सम्मान दे सकते हैं, जो विज्ञान एवं तकनीक को बढ़ावा देती हों और प्रकृति की आश्चर्यजनक शक्ति के साथ तादात्म्य स्थापित करने में हमारी मदद करें। अकसर हम लालच के वशीभूत होकर प्रकृति का शोषण करने लगते हैं, लेकिन कलामजी को पेड़ों में कविता, जबकि पानी, हवा और सूरज में ऊर्जा दिखाई देती थी। हमें अपनी दुनिया को उनकी आँखों

और उन्हीं के जैसे उत्साह से देखने को अभ्यास करना होगा।

मनुष्य अपने जीवन को अपनी इच्छा, संकल्प, क्षमता और साहस के अनुसार संचालित कर सकता है, परंतु उसे अपने जन्म का स्थान और मृत्यु का समय तय करने का अधिकार नहीं मिला है, परंतु यदि कलामजी को यह अधिकार मिलता तो अवश्य ही वह कक्षा में अपने प्रिय छात्रों को पढ़ाते हुए संसार से रुखसत होना पसंद करते।

यदि कोई कहता है कि अविवाहित होने के नाते उनके कोई संतान नहीं थी, तो यह सही नहीं होगा। वस्तुत: वे प्रत्येक भारतीय बालक के पिता थे, जिन्हें वे न केवल पढ़ाते और मनाते थे, बल्कि उनका जोश बढ़ाते थे और अपनी दृष्टि की आभा और स्नेह से उनके भीतर से अज्ञान के अँधेरे को दूर करते थे। उन्होंने खुद भविष्य को देखा और दूसरों को रास्ता दिखाया। मैंने जब उस कमरे में प्रवेश किया, जहाँ उनका पार्थिव शरीर रखा गया था तो मेरी नजर द्वार के पास लटकी एक पेंटिंग पर पड़ी। उस पर कलाम की पुस्तक 'इग्नाइटेड माइंड्स' की कुछ प्रेरणादायी पंक्तियाँ लिखी थीं। उनका काम उनके साथ समाप्त नहीं होगा। यह अनंत के लिए है। उनकी प्रेरणा बच्चों के जीवन और काम को दिशा दिखाएगी और फिर आगे उनके बच्चों के लिए भी मार्गदर्शक बनेगी।

व्हीलचेयर से उठकर मार्शल अर्जन सिंह ने दी सलामी

पालम एयरपोर्ट पर जब डॉ. कलाम का पार्थिव शरीर अंतिम दर्शनों के लिए लाया गया, तो उन्हें श्रद्धांजलि देनेवालों में देश के तमाम नेता, सेनाध्यक्ष आदि सभी लाइन में थे। सभी ने डॉ. कलाम को आखिरी सलामी दी, लेकिन, वहाँ मौजूद लोगों की नम निगाहें उस वक्त ठहर गईं, जब सेना की पोशाक में 94 वर्षीय भारतीय सेना के इकलौते मार्शल अर्जन सिंह ने डॉ. कलाम को सलामी दी। व्हीलचेयर पर चलनेवाले अर्जन सिंह जब डॉ. कलाम को सलाम करने के लिए अपनी चेयर से उठ खड़े हुए, तो वहाँ मौजूद हर कोई गर्व से भर उठा। अर्जन सिंह पोडियम तक पहुँचे। उन्होंने तिरंगे में लिपटे डॉ. कलाम के ताबूत के पास फूल अर्पित किए और तनकर उन्हें सलामी दी।

यह नजारा हमेशा के लिए देश की यादों और डॉ. कलाम के प्रति इज्जत की मिसाल के रूप में इतिहास के पन्नों में कैद हो गया।

अर्जन सिंह इंडियन एयर फोर्स के इकलौते मार्शल हैं। फील्ड मार्शल मानेकशॉ की ही तरह, वह भी 5 स्टार रैंक ऑफिसर हैं।

देश ने एक महान् सपूत खो दिया। प्रख्यात वैज्ञानिक, प्रशासक, शिक्षाविद् तथा लेखक के रूप में अपने योगदान को लेकर डॉ. कलाम हमेशा याद किए जाएँगे।

—प्रणब मुखर्जी, राष्ट्रपति

डॉ. कलाम को सच्ची श्रद्धांजलि यह होगी कि देश के लिए उन्होंने जो सपने देखे थे, उन्हें साकार करने की दिशा में काम किया जाए। उन्होंने बहुत से ऊँचे पदों पर काम किया, लेकिन हमेशा खुद को एक अध्यापक कहकर पुकारा।

—नरेंद्र मोदी, प्रधानमंत्री

डॉ. कलाम जनता के राष्ट्रपति थे। वह एक ऐसे राष्ट्रपति थे, जिनमें देश के युवाओं से जुड़ने की अद्‌भुत क्षमता थी।

—राहुल गांधी, उपाध्यक्ष, कांग्रेस

कलाम एक महान् वैज्ञानिक, एक विद्वान् स्टेट्समैन और एक सच्चे देशभक्त थे। हमारी राजनीति में उन्होंने जो योगदान दिया, उसका कोई सानी नहीं है।

—सोनिया गांधी, कांग्रेस अध्यक्ष

डॉ. कलाम हमेशा प्रेरणा के स्रोत बने रहेंगे। वे एक महान् वैज्ञानिक, विद्वान् व विचारक थे। उनका निधन देश के लिए अपूरणीय क्षति है।

—राजनाथ सिंह, गृह मंत्री

डॉ. कलाम का निधन व्यक्तिगत क्षति है। मेरे निमंत्रण पर उन्होंने बिहार आकर मार्गदर्शन किया। नालंदा विश्वविद्यालय की स्थापना में उनकी भूमिका अहम थी।

—नीतीश कुमार, मुख्यमंत्री, बिहार

कलाम साहब के निधन के समाचार से हमें धक्का लगा। उनके निधन से राष्ट्र को नुकसान पहुँचा है। मैं राजद की तरफ से श्रद्धांजलि देता हूँ।

—लालू प्रसाद, राजद सुप्रीमो

डॉ. अब्दुल कलाम को मैं बहुत करीब से जानती थी। वे बहुत बड़े साइंटिस्ट, नेक इनसान व अच्छे कवि भी थे। मैं श्रद्धांजलि अर्पित करती हूँ।

—लता मंगेश्कर, गायिका

कलाम एक बेहद साधारण व्यक्ति थे। उनके लिए देश पहले था। वे देश के लोगों के लिए काम करना चाहते थे।

—चिन्नादुरई, कलाम के पूर्व प्रोफेसर, डिंडीगुल

एक सरल इनसान, बच्चों जैसे व्यवहारवाले···उनके साथ एक मात्र उपलब्धि···राष्ट्रपति के रूप में नाम की घोषणा से पूर्व टेलीफोन पर बातचीत··· भारत शोक में है।

—अमिताभ बच्चन, अभिनेता

राष्ट्र एक महान् व्यक्ति के निधन पर शोकाकुल है। भारत के पूर्व राष्ट्रपति, एक मशहूर वैज्ञानिक, हम सभी के प्रेरणास्रोत, बेहतरीन इनसान, श्रद्धांजलि डॉ. कलाम।

—सचिन तेंदुलकर, क्रिकेटर

कलाम जीवनभर एक शिष्य और शिक्षक रहे। युवा मस्तिष्कों के प्रोत्साहन में भी वह बेमिसाल थे। कलाम के निधन से राष्ट्रीय जीवन में पैदा हुए शून्य को भरा नहीं जा सकता।

—लाल कृष्ण आडवाणी, वरिष्ठ भाजपा नेता

एक वैज्ञानिक के रूप में डॉ. कलाम ने अग्नि, पृथ्वी, आकाश, त्रिशूल, ब्रह्मोस व नाग जैसे प्रक्षेपास्त्र देकर राष्ट्र को अंतरराष्ट्रीय स्तर की प्रक्षेपास्त्र शक्ति बना दिया। उनके निधन से देश ने सपूत खोया है।

—मोहन भागवत, सरसंघचालक

कलाम ने भारत माता की सेवा वाकई अपनी अंतिम साँस तक की। वह वास्तव में एक उत्कृष्ट 'कर्मयोगी' थे। राष्ट्र उनके योगदान के लिए हमेशा उनका ऋणी रहेगा।

—अमित शाह, भाजपा अध्यक्ष

मिसाइल मैन कलामजी के निधन से बहुत दुःख हुआ। एक दूरदर्शी के रूप में वह याद किए जाएँगे। अंतिम समय तक उन्होंने वही किया, जो उन्हें पसंद था यानी पढ़ाना।

—अहमद पटेल, कांग्रेस नेता

डॉ. कलाम का निधन देश के लिए बहुत बड़ा नुकसान है। वह मेरी प्रेरणा थे और युवाओं के मार्गदर्शक थे। उन्हें नमन।

—अन्ना हजारे, सामाजिक कार्यकर्ता

यह देश की अपूरणीय क्षति है। वे बच्चों से प्यार करते थे, देश से प्यार करते थे। मैं उनसे कई बार मिला। असम के ग्रामीण क्षेत्रों में ले गया। वे बेहद सरल व ईमानदार थे। *—तरुण गोगोई, मुख्यमंत्री, असम*

डॉ. कलाम के निधन की खबर सुनकर मैं दुखी हूँ। खुदा दिवंगत आत्मा को शांति प्रदान करें और शोक संतप्त परिवार को इस अपूरणीय क्षति को सहने की शक्ति प्रदान करें।

—अब्दुल बासित, पाकिस्तानी उच्चायुक्त

कलाम एक महान् राष्ट्रपति और एक बेहद प्रतिष्ठित विश्व प्रसिद्ध वैज्ञानिक थे, जिन्होंने भारत के लिए काफी योगदान दिया। हम भारतीयों को उनकी उपलब्धियों पर बहुत गर्व है।

—लॉर्ड स्वराज पॉल, उद्योगपति, प्रवासी भारतीय

कलाम जनता के राष्ट्रपति थे। मुझे 2006 में डॉ. कलाम से मिलने का सौभाग्य मिला था, जब वह सिंगापुर आए थे। दुःख की इस घड़ी में उनके परिजनों व देशवासियों के साथ मेरी सहानुभूति है।

—ली सीन लूंग, प्रधानमंत्री, सिंगापुर

भारत के पूर्व राष्ट्रपति कलाम के निधन की खबर सुनकर मुझे काफी दुःख हुआ। नेपाल ने एक अच्छा मित्र खो दिया और मैंने एक सम्मानित तथा आदर्श व्यक्तित्व खो दिया।

—सुशील कोइराला, प्रधानमंत्री, नेपाल

हम भारत के पूर्व राष्ट्रपति डॉ. कलाम के निधन से अत्यंत दुःखी हैं, जो भारत के सबसे प्रसिद्ध सपूतों में से एक और महान् वैज्ञानिक प्रतिभा थे। बांग्लादेश में भी वह अत्यंत सम्मानित थे।

—शेख हसीना, प्रधानमंत्री, बांग्लादेश

डॉ. कलाम का जीवन असाधारण था। वे एक वैज्ञानिक, कलाकार और दार्शनिक थे। देश के सर्वोच्च पद पर रहते हुए भी उनकी कोशिश एक से सब तक पहुँचने की थी।

—श्रीश्री रविशंकर, आध्यात्मिक गुरु

डॉ. कलाम के अनमोल वचन

"सृजनशील व्यक्ति कुछ-न-कुछ कर गुजरने की इच्छा शक्ति से प्रेरित रहता है, न कि दूसरों को पीछे छोड़ने की चाह से।"

संदर्भ सूची

- अग्नि की उड़ान
- टर्निंग पॉइंट्स
- तेजस्वी मन
- हम होंगे कामयाब
- करिश्माई कलाम
- क्या हैं कलाम
- ए.पी.जे. अब्दुल कलाम—रामेश्वरम से राष्ट्रपति भवन तक
- भारत भाग्य विधाता
- भारत की आवाज
- मेरे सपनों का भारत
- महाशक्ति भारत
- आपका भविष्य आपके हाथ में
- जाग्रत् भारत-श्रेष्ठ भारत
- परिवर्तन की रूपरेखा
- खुशहाल व समृद्ध विश्व
- भारत 2020
- Beyond 2020—A vision for tomorrow's India
- My Journey—Transforming Dreams into Actions
- Target Three Billion
- The Family and the Nation
- Envisioning An Empowered Nation
- Reignited-Scientific Pathways to A Brighter Future
- My India : Ideas for the Future
- Advantage India : From Challenge to Opportunity
- बिहार की समृद्धि का संदेश—बिहार विधानसभा सचिवालय, पटना, मार्च, 2007
- बिहार के 243 विकास स्तंभ, बिहार विधानसभा सचिवालय, पटना, अक्तूबर 2012
- विक्रम साराभाई, राजा पॉकेट बुक्स, दिल्ली
- विभिन्न समाचार-पत्र

  प्रभात खबर, पटना : दैनिक जागरण पटना; हिंदुस्तान पटना

  दैनिक भाष्कर, पटना; राष्ट्रीय सहारा, पटना एवं आज, पटना।

❑❑❑